DELIUS KLASING

W0174311

MEIN WEG ZU DEN

XAVIER PÉRON

MASSAI

DELIUS KLASING VERLAG

Für meine Tochter Gabrielle, in dem Wunsch,
sie möge in einem Zeitalter der Aufklärung,
der Liebe und der spirituellen Entwicklung leben.

Copyright © Arthaud, Paris, 2007
Titel der französischen Originalausgabe: Je suis un Maasaï

Bibliografische Information der Deutschen Nationalbibliothek
Die Deutsche Nationalbibliothek verzeichnet diese Publikation in der
Deutschen Nationalbibliografie; detaillierte bibliografische
Daten sind im Internet über http://dnb.d-nb.de abrufbar.

1. Auflage
ISBN 978-3-7688-2615-0
Die Rechte für die deutsche Ausgabe liegen beim Verlag
Delius, Klasing & Co. KG, Bielefeld

Aus dem Französischen von Christiane Hauert
Lektorat: Katja Ernst
Fotos: Yann Arthus-Bertrand, Berger-Levrault, Xavier Péron
Karte: Jacqueline Roumeguère-Eberhardt *(© Les Maasaï, guerriers de la Savane)*
Einbandgestaltung: Buchholz/Hinsch/Hensinger, Hamburg
Satz: Axel Gerber
Druck: Bercker Graphischer Betrieb, Kevelaer
Printed in Germany 2010

Delius Klasing Verlag, Siekerwall 21, D - 33602 Bielefeld
Tel.: 0521/559-0, Fax: 0521/559-115
E-Mail: info@delius-klasing.de
www.delius-klasing.de

Das Verhängnis des Abendlandes besteht darin, dass es niemals auf ein Gegenüber getroffen ist, das ihm hätte sagen können, wer und was es ist ... Es ist höchste Zeit, dass andere Kulturen – die nicht oder noch nicht über unsere Wortspiele, unsere formalen Spiele, unsere Experten, unsere Gestalter, unsere Wortschöpfer, unsere Herrscher über die Sprache, unsere Herrscher über die Scheidewege, unsere Zeugen der Andersartigkeit verfügen –, dass diese Kulturen uns helfen, uns selbst zu erkennen, indem sie uns sagen, wer wir sind, damit wir unseren Autismus überwinden und jene Verwirrung, die die Beziehung des Abendlandes zum Rest der Welt charakterisiert.

Alain Le Pichon

Inhalt

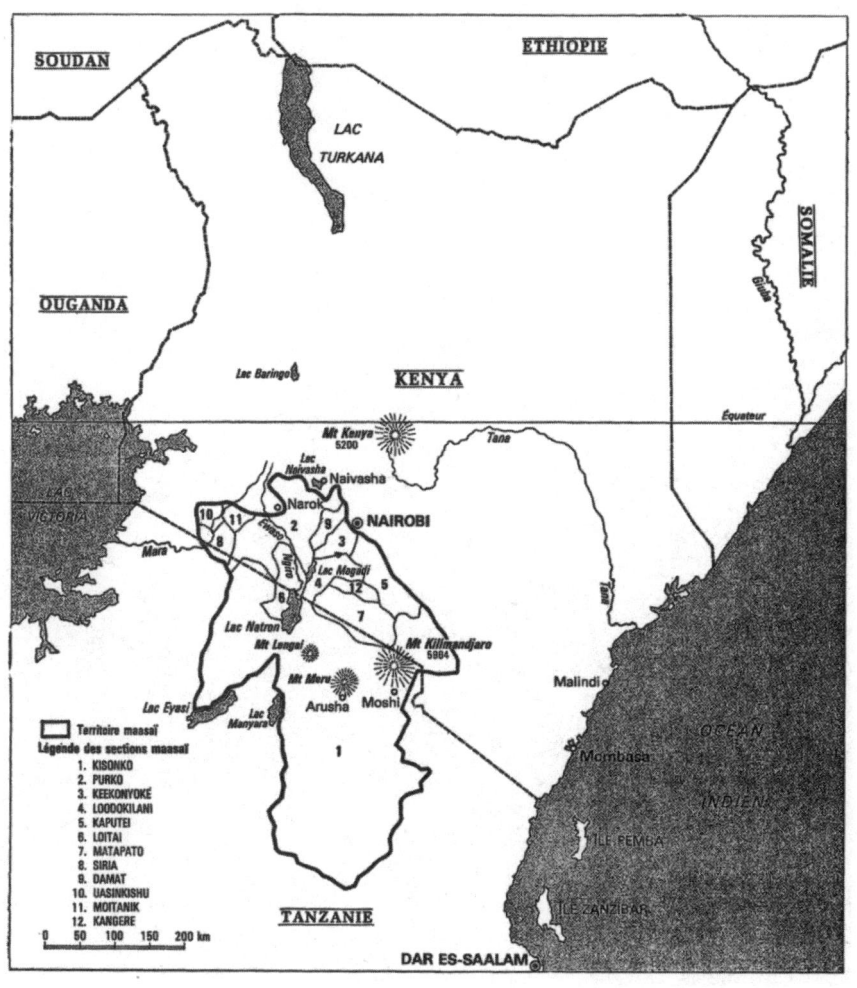

aus: Jacqueline Roumeguère-Eberhardt, Les Maasaï, Guerriers de la Savane; Fotos: Yann Arthus-Bertrand, Berger-Levrault, Paris 1984

Prolog

Der Mensch ist, was er denkt.
Buddha

*Sonntag, 8. Oktober 2006, in Karrec-Hir, Pays Pagan, Bretagne,
Springflut (Koeffizient 114), eine Stunde vor Niedrigwasser*

Der Himmel ist einheitlich grau und es nieselt, lautlos und unaufhörlich. Ich laufe mit weiten Schritten durch die nach jodhaltiger Fäule riechende Dünenlandschaft – die Bretagne, wo heute nicht mehr viele Menschen leben, Land meiner Kindheit. Ich unternehme eine Pilgerreise zu den Springfluten der Tagundnachtgleiche, die ich unter keinen Umständen verpassen will. Der Geruch reicht aus, um eine schnelle Folge von lebhaften Empfindungen und Schlüsselszenen aus meinen ersten Lebensjahren wachzurufen, aber auch deren Bedeutung, die sie dank meiner späteren Erlebnisse an ganz anderen Orten erhalten haben. Dieses Jahr wird es nicht anders sein. Schon sehe ich den dichten Teppich trocknenden Seetangs mit den darüber wachenden Lerchen vor mir. Und ich finde, dass die mit Erde oder Schlick bedeckten Seegrashaufen gar nicht so anders aussehen als die Kuppelhütten der Massai, die, wie umgedrehte Körbe, aus einem Geflecht von Ästen bestehen und mit Erdreich und Kuhdung verputzt sind, und die ich später kennenlernen sollte. Und auch die flache Landschaft mit dem in Büscheln wachsenden fahlgelben Gras, dem grauen Dunst, dem Geschrei der in Schwärmen auffliegenden Wasservögel – Strandläufer, Regenpfeifer, Schnepfen und Reiher – beschwört die Stimmung des Landes der Massai herauf. Wie oft habe ich mir, trunken von der Kakofonie der Watvögel, das weizenfarbene, leicht wellige Land Kenias betrachtend, vorgestellt, über diese Düne zu laufen, um am Ufer des Meeres zu stehen.

Es besteht eine geheimnisvolle Übereinstimmung, ausgehend von meiner Position im Verhältnis zu meinen Geschwistern: Dort bin ich der Neunte und Letzte, und die Neun ist die heilige Zahl der Massai! Die Zahlenmystik ist seltsam beharrlich mit allen wichtigen Ereignissen meines Lebens verbunden. Ich denke etwa an den 9. September 1962, einen Tag, an dem ebenfalls eine Springflut zu verzeichnen war, und an dem ein bedeutendes Ereignis meiner Kindheit geschah – an einem etwas weiter nördlich gelegenen Uferabschnitt. Im Alter von sechs Jahren befand ich mich in einer Art Geschwindigkeitsrausch auf einem Fahrrad, dessen Stützräder gerade entfernt worden waren, und ich hatte keine bessere Übungsstrecke gefunden als eine Laderampe, die zum tiefen Wasser hinunterführte. Dass ich damals nicht ertrunken bin, verdanke ich meiner Schwester Odile, die mich im allerletzten Augenblick aus den bewegten Fluten rettete. Das war am 9.9.1962, und wenn man die Ziffern der Jahreszahl addiert, so gelangt man wiederum zur Neun …

Der dichte Nieselregen hat den Strand durchnässt, und meine nackten Füße versinken im weichen Sand. Mein Blick fällt auf die riesigen, jetzt bei Ebbe für wenige Stunden trocken gefallenen Felsen und Steine, die wie hingeschüttet aussehen. Die Gegend um Kerlouan gilt als die wildeste Ecke der Bretagne und war einst berühmt-berüchtigt für ihre Strandräuber. Die Massai mochten mir meine Geschichten von den Kühen, die damals des Nachts Feuersglut zwischen den Hörnern trugen, um die Kapitäne der vorbeifahrenden Schiffe auf die tödlichen Steine zu locken, kaum glauben …

Mit – trotz der Kapuze meiner Öljacke – regenüberströmtem Gesicht gelange ich zu dem Saum aus Tang und Treibgut, der markiert, bis wohin die letzte Flut gekommen ist. Ich bin voller Aufregung bis hierher gelaufen, über diesen wellblechartigen Boden, der, so weit das Auge reicht, keine Zeichen menschlichen Lebens aufweist. Das muss am schlechten Wetter liegen! Umso besser, dann bleibe ich hier wenigstens allein. Ich durchquere ein wahres Labyrinth aus Steinen und Pfützen und orientiere mich an den Granitblöcken, deren Formen mir seit Langem vertraut sind. In dieser prächtigen, wenn auch feindseligen Umgebung gleicht kein Stein dem anderen. Und doch erkenne ich sie alle wieder, denn von Kindesbeinen an bin ich meinem Vater hier hinaus gefolgt, so wie er zuvor meinem Großvater. Meines Weges sicher, schlängele ich mich ohne weiteres Nachdenken zwischen den glitschigen und ein wenig unheimlich glucksenden Steinbrocken hindurch. Unter dem angehäuften Tang, den Algen jeglicher Farbe und Größe, rinnt und blubbert das Wasser, und es wimmelt von kleinen Tieren.

Denn natürlich herrscht hier reges Treiben. Nirgendwo fühle ich mich so frisch und lebendig wie wenn ich durch die Lachen patsche und beglückt zwischen den klebrig-glitschigen Haufen umherstolpere. Während ich so zwischen zwei Klippen stehe, die ich eingehend betrachte, läuft in meinem Kopf eine Art Film der Erinnerung ab. Im Rhythmus der Gezeiten wird mir meine Existenz bewusst, denn mein Geist ist hellwach. Ich bin eng verbunden mit dieser gesunden, intakten Natur und mit den Gestirnen, die das Kommen und Gehen des Wassers bestimmen. Das schlichte Erleben des Hier und Jetzt verleiht mir die Fähigkeit, mein Leben von der Geburt bis zum heutigen Tag wie in einem aufgeschlagenen Buch zu betrachten.

Als ich im Alter von sechs Jahren so plötzlich unter Wasser geriet, fehlte mir der Reflex, meinen Mund zu schließen, was vielleicht auf die Erinnerung an das Atmen im Mutterleib zurückzuführen ist. Damals wusste ich noch nicht, wie sehr dieses Ereignis, dessen Tragweite ich erst heute ermessen kann, mein Leben verändern sollte. Kurz nach diesem auf den ersten Blick traumatisierenden Vorfall begann ich nämlich, einen bestimmten Traum zu träumen, und zwar fünf- oder sechsmal im Jahr, und das bis ins Erwachsenenalter. In diesem Traum geleitete mich ein in ein rotes Tuch gehüllter Mann durch eine Umgebung, die der hiesigen ähnlich sah, und führte mich in einen riesigen Kreis von Tausenden und Abertausenden Kindern, die einander an den Händen haltend um einen gigantischen, einer Kugel gleichenden Felsen standen.

Zu meiner großen Überraschung sollte ich diesen Mann, der mich über Jahre in meinen Träumen heimgesucht hatte, im Jahre 1982 persönlich kennenlernen. Trotzdem musste ich bis 2006 warten, um meinen Traum endgültig entschlüsseln zu können. Dass sich der Schleier schließlich lüftete, ist sicher dem Abschluss meiner Initiation zuzuschreiben, in deren Genuss ich nicht in meiner Heimat kam, sondern die mir erst die Massai zuteil werden ließen und die ich unwissend und unvoreingenommen empfing. Heute fühle ich mich wohl, fast vollkommen erfüllt – und dabei habe ich noch nicht einmal mein 50. Lebensjahr vollendet. Das will für sich genommen nichts heißen, außer dass ich eben vor 24 Jahren zum ersten Mal in körperlichen Kontakt mit den Massai getreten bin, meine Initiation also vor 24 Jahren begann.

Die Massai rechnen mit 20 bis 25 Jahren, bis sich ein Mensch zu einem vollständigen, ausgeglichenen, verantwortungsbewussten Wesen und »Mit-Schöpfer« entwickelt hat. Was wollte mir mein Traum also sagen? Meiner Ansicht nach ist das ebenso eindeutig wie simpel. Der runde Felsen bedeutete nichts anderes als die Erde, die sich um einen zentralen Punkt, nämlich die Sonne, dreht. Was die im Kreis stehenden Kinder betrifft, so sollte mir mein Traum das Prinzip der kosmischen Intelligenz verdeutlichen, deren Struktur sich in jeder einzelnen Zelle unseres Körpers wiederfindet, weil nämlich jeder lebende Organismus um einen zentralen Kern gebaut ist und damit alle Elemente verbindet, die ihn umgeben. Die Leistung meines Traumes bestand darin, mir die absolute Notwendigkeit eines inneren Kernes zu Bewusstsein zu bringen, um den herum sich alle anderen Kräfte mobilisieren.

So unwahrscheinlich es auch klingen mag: Diesem meinem Traum aus Kinderzeiten, in dem ich von einem Massai geführt wurde, der später im wahren Leben mein Freund werden sollte, folgte eine lange Phase der Initiation, während der ich recht konkret über das zuvor beschriebene Naturgesetz aufgeklärt wurde. Ich danke meinen Freunden, den Massai, ich danke ihnen, dass sie mich von der Bürde der Unentschlossenheit befreit haben, ich danke ihnen, dass sie mich in die wahre Welt zurückgeführt haben, die sich in meinem Inneren und nicht außerhalb von mir abspielt! Seit ich verstanden haben, wie vergebens alle Anstrengungen sind, bei denen die eigene Energie nach außen gerichtet wird, bin ich ruhiger und körperlich und seelisch ausgeglichen.

Die Freude darüber, hier und jetzt am Leben zu sein, lässt mich den Nieselregen vergessen. Ich bücke mich und fahre mit ausgestreckten Armen mit dem Krabbennetz an der Unterseite eines flachen Felsens entlang, der ganz mit noch nässendem Seetang bedeckt ist. Diese Art der »Treibjagd« nach den großen bretonischen Garnelen versetzt mich in Aufregung. Ich beherrsche mich nur noch mit Mühe. Mein Herz schlägt bis zum Hals, und dabei besteht die Kunst gerade darin, absolute Ruhe zu bewahren …

Der Fischer muss mit dem Griff des Keschers verschmelzen, damit nichts die gleichförmige Bewegung des Netzes beeinträchtigt und es sich harmonisch in die Grotte fügt, um ihre Geheimnisse zu erkunden, denn beim geringsten Kontakt würde die mit hochsensiblen Fühlern ausgestattete Sägegarnele ihren kräftigen Schwanz zum Abstoßen nutzen und – auf Nimmerwiedersehen – zu einem enormen Sprung in eine der unzugänglichen Spalten ansetzen. Jahrelang habe ich meinen Vater bei dieser schwierigen Art des Fischens beobachtet und es schließlich zu einer gewissen Fertigkeit gebracht, die mir immerhin zu einer nicht ganz kleinen Schale mit Beute verhilft.

Als junger Erwachsener hatte ich Claudia, eine junge Deutsche, in die ich damals unsterblich verliebt war, an diesen Ort mitgenommen, um ihr, wie ich hoffte, dessen Magie und die Freuden der Garnelenfischerei nahezubringen. Doch der Ausflug war schnell zu Ende. Nicht nur, weil sie trotz meiner heimlichen Versuche, ihr ein Tier ins Netz zu schmuggeln, keine Garnele fing, sondern vor allem, weil sie paralysiert war von der Idee, die andere Seite des von all den Algen verformten Spiegels würde sie aufsaugen, sodass ich sie wie ein Baby nach Hause zurücktragen musste.

Diese Erinnerung ist mit keinerlei Sehnsucht verbunden, eher mit einem anhaltend zärtlichen Gefühl. Ich hatte Claudia 1981 im englischen Cambridge kennengelernt, wo ich in den Kolonialarchiven über die Massai recherchierte. Sie hatte bis dahin noch nicht einmal von der Existenz dieses Volkes gehört, und unsere Liebe auf den ersten Blick entzündete sich in der Lennox Cook School, wo wir beide unsere Englischkenntnisse auffrischten. Als ich sie jedoch das erste Mal zu Hause besuchte – sie hatte in einem riesigen viktorianischen Haus ein Zimmer gemietet –, rührte mich fast der Schlag.

Die Wände der Eingangshalle waren nämlich mit Massai-Schmuck behängt, und zwar mit authentischem, wie ich auf den ersten Blick erkennen konnte, und nicht mit dem bunten Touristentand, den Urlauber aus Kenia mitbringen. An jenem Tag erfuhr ich, dass die Wohnung im zweiten Stock einem ausgewiesenen englischen Spezialisten für Massai-Kultur gehörte! Dieses Zusammentreffen habe ich damals als Zeichen der Ermutigung gedeutet, den von mir eingeschlagenen Weg weiterzuverfolgen und mich zu ihnen – den Massai – leiten zu lassen. Aber ich begann auch zu ahnen, dass sich die Recherche eher zu einer persönlichen Herausforderung entwickeln und den Rahmen einer wissenschaftlichen Arbeit an der Universität sprengen würde. Meine Vermutung fand sich bald bestätigt, als ich den oben Genannten traf, sagte er mir doch, es sei bereits alles erforscht, was die Massai betreffe, und ich solle mich lieber mit den Völkern an der afrikanischen Westküste beschäftigen ... Als ich ihn verließ, schwor ich mir – für den Fall, dass auch ich Hochschullehrer werden sollte –, nie so zu werden wie er!

Ungeduldig ziehe ich das Netz zu mir heran, und bevor ich nur einen Blick hineinwerfen kann, merke ich an dem lebhaften, von den ruckartigen Bewegungen der Garnelen ausgelösten Plätschern, dass ich eine ganze Menge gefangen habe. Ich nehme eine gute Handvoll der etwa fingergroßen Tiere und lasse mich von den zartgliedrigen Rostren und den dunkelgetigerten Körpern faszinieren, die im Seetang kaum zu erkennen sind. »Ich bin mir ziemlich sicher, in einem früheren Leben einmal eine Garnele gewesen zu sein!«, sage ich laut, was die große Silbermöwe, die sich zwei Meter neben meinem Korb niedergelassen hat, bezeugen kann. *Vielleicht war ich auch ein Massai!*, denke ich. Ein merkwürdiger Gedankensprung! Schon als Kind, als ich noch keine Verbindung zwischen meinem immer wiederkehrenden Traum und den Massai hergestellt hatte, landete ich in meinen Tagträumen oft in einer mir fremden Welt. Denn ich hatte damals wiederholt »Patricia und der Löwe« von Joseph Kessel gelesen, und besonders ein Abschnitt hatte es mir angetan, den ich auswendig lernte und so manches Mal im Freien deklamierte: »Die drei Wanderer, die auf uns zukamen, zeichneten sich durch einen ungekannten Stolz aus, mit dem sie ihre Köpfe in die Höhe reckten, und bewegten sich mit einer unbeschreiblichen Freiheit. Sie waren von einer wunderschönen Nacktheit, und ihr lässiger und beschwingter Gang war charakteristisch für die Angehörigen ihres Volkes. Diese drei Männer waren Massai ...«

Heute entlarve ich so manches, was seit meinen Kindertagen dazu beigetragen hat, dass ich mich für die Massai zu interessieren begann. Verwirrende Zeichen und geheimnisvolle Übereinstimmungen gab es seit meinem Fahrradsturz, der beinahe zum Ertrinken geführt hätte, zur Genüge. Dazu zählt auch die Tatsache, dass meine ältere Schwester Brigitte, die zugleich meine Patin war, mit ihrem Ehemann nach Kenia auswanderte, als ich bereits in Landerneau das Gymnasium besuchte. Zum Abitur schickte sie mir ein Flugticket und lud mich zu einer Rundreise durch Ostafrika ein.

Ich lache so laut, dass die Möwe auffliegt, ohne ihren Anteil am Fang zu verlangen, und beleidigt das ihr eigene leise Lachen ausstößt. Ich habe das Gesicht meiner Mutter genau vor Augen, als ich ihr offenbarte, dass ich aufgrund meiner Reise nicht bei der Bekanntgabe der Abiturergebnisse anwesend sein könne. Ich höre mich noch zu ihr sagen: »Aber Mama, ich weiß, dass ich es geschafft habe, das ist mein Schicksal!« Sie hat das als Hochmut verstanden, was ich ihr nicht übel nehme. Für mich aber war es nicht mehr als eine geradezu selbstverständliche, unabdingbare Stufe meines Werdeganges. Und so strebte ich freudestrahlend und voller neuer Energie in Richtung der legendären »Dünen« des Ostafrikanischen Grabens.

Das wichtigste Souvenir dieser Reise ist mein nachhaltiger Eindruck von der uneinnehmbaren inneren Kraft der Massai, obwohl wir zu meinem großen Bedauern lediglich ihr Land durchquerten. Und so fasste ich bei meiner Rückkehr den Entschluss, mein Studium auf ein einziges Ziel auszurichten: eines Tages bei ihnen zu leben.

Einleitung

Bevor ich den Leser auf meine Reise mitnehme, die es mir ermöglichte, die Kultur der Massai als einer der Ihren zu entdecken, und die meine persönlichen wie beruflichen Geschicke bestimmen sollte bis hin zum feierlichen Abschluss meiner Initiation als einer der »Ältesten« in der Gesellschaft der Massai und als Forscher einer französischen Universität, das heißt, bevor ich Sie mit dem Wesen des Massai-Kultur vertraut mache, empfehle ich Ihnen die Lektüre des folgenden historischen sowie ethnografischen Abrisses. Doch eigentlich ist es egal, ob Sie dieses vor Ihrem Aufbruch ins Land der Massai lesen, um nicht ohne Gepäck zu starten, oder hinterher, um Ihre Erfahrungen mit eher theoretischem Wissen zu bereichern.

Die Massai, ein unbequemes Volk

Der Mythos der Massai in der westlichen Kultur entstand in der Mitte des 19. Jahrhunderts, als die ersten deutschen und englischen Forscher und Kolonisatoren Ostafrika entdeckten. Ihre Aufgabe war es, Handelswege nach Europa zu erschließen und es mit dem wohlhabenden Königreich Buganda zu verbinden. Immerhin gab es damals noch einen riesigen weißen Fleck unbekannten Terrains auf der Landkarte, der sich vom Kilimandscharo bis nach Uganda erstreckte. Doch die dort bereits tätigen Händler arabischer Provenienz und aus dem Sprachraum des Kiswahili waren bemüht, ihre Monopolstellung zu sichern und rieten den Europäern davon ab, weiter ins Landesinnere und damit auf die Territorien der Massai vorzudringen, wo ihren Angaben zufolge die blutrünstigsten Barbaren der Welt herrschten. Und auch die offiziellen Vertreter Großbritanniens, die in Mombasa an der kenianischen Küste stationiert waren, warnten die Eroberer ab 1850 vor den ungeheuren Gefahren, die die Durchquerung des Landes der gefürchteten Massai-Krieger angeblich barg. Trotzdem wurden mehrere Expeditionen durchgeführt, unter anderem 1877 unter der Leitung des deutschen Botanikers Johann Hildebrandt.

Doch sie alle sollten letztlich wegen der unbändigen Angst vor den legendären Massai scheitern. Die Gerüchte verbreiteten und verfestigten sich, ohne dass die westliche Zivilisation Gelegenheit zu konkreten Beobachtungen gehabt hätte. Und doch wurden sie alsbald als wissenschaftlich verbürgt behandelt, wie etwa durch den Redakteur des »New York Herald«, Sir Henry Morton Stanley, der vor allem deshalb berühmt wurde, weil er 1870 den verschollenen Missionar und Entdecker David Livingstone wiederfand, der vor der versammelten Royal Geographical Society verkündete, die Massai hätten eine Vorliebe für Blut. Am Rednerpult fuhr Stanley mit einem Vergleich der Massai mit den Kommanchen und Apachen Nordamerikas fort und endete: »Sollte sich unter Ihnen jemand befinden, der gern zum Märtyrer würde, so kann ich ihm nur empfehlen, ins Land der Massai zu reisen. Dort wird man es schneller als in jedem anderen Land, das ich bisher bereist habe.«

Im Jahre 1885 wurde das Land der Massai dennoch – zum ersten Mal und ohne Zwischenfälle – von dem jungen schottischen Geografen Joseph Thomson durchquert. Der reale Kontakt zu den Massai bot ihm die Möglichkeit, ihre menschlichen und spirituellen Werte, die dem alten Mythos gründlich widersprachen, zu entdecken und darauf aufmerksam zu machen. Auch Ludwig Ritter von Höhnel, der Entdecker des Rudolf- und des Stefaniesees, sollte sich radikal gegen die angebliche Aggressivität der Massai wenden: »Beim näheren Kennenlernen dieser gefürchteten Krieger reifte die Überzeugung, dass wir dort nicht mit Gefahren rechnen mussten, ganz im Gegenteil.« Damit war allerdings auch schnell die Grundlage für die weitere »Entdeckung« des Landes gelegt: Die Kolonisatoren hatten gelernt, dass die Massai »mit List« zu beschwichtigen waren, und außerdem vermittelte ihnen der Mythos der Gefährlichkeit weiterhin Rückendeckung für eine groß angelegte Ausbeutung des Landes, die alsbald geplant wurde. Die Engländer waren bis 1901 bestrebt, ihre Präsenz in Uganda auszubauen, doch mit dem enorm kostspieligen Bau der Eisenbahn, die ihr Protektorat mit der kenianischen Küste verbinden sollte, verlagerten sich die wirtschaftlichen Erfordernisse. Die einzige Lösung sah man augenscheinlich in der Ansiedlung von Bauern und Großgrundbesitzern aus Europa, Australien und nach dem Burenkrieg auch aus Südafrika entlang der Eisenbahnlinie.

Die Weiden im Hochland der Massai, im Rift Valley und auf der Laikipia-Hochebene, wurden von den britischen Behörden als die besten der Welt gerühmt und damit blitzschnell zum bevorzugten Ziel der Landnehmer. So entstand hier ein Land des weißen Mannes ... Man vertrieb die Massai und richtete ihnen Reservate ein. Dies bereitete den Europäern keinerlei Kopfzerbrechen, denn die Englische Krone sprach den Afrikanern ohnehin den Rechtsanspruch auf gemeinschaftlichen Landbesitz ab, was es ihr erlaubte, sich der als »frei und herrenlos« geltenden Ländereien zu bemächtigen. Das britische Außenministerium, das mehr auf das eigene Ansehen bedacht war als etwa darauf, die Interessen der afrikanischen Bevölkerung zu wahren, engagierte sich für eine feierliche Lösung, die den Massai die Illusion eines gerechten Abkommens vermitteln sollte. Man verlieh Olonana, dem spirituellen Oberhaupt der Massai, den Titel eines »Paramount Chief«, eines obersten Führers des Volkes der Massai, und ließ ihn und seine Begleitung von etwa zehn Ältesten am 9. August 1904 einen ersten »Vertrag« unterzeichnen, indem sie ihre Fingerabdrücke neben ihre Namen setzten. Offensichtlich waren die wenigen Massai den anwesenden Briten nicht nur in der Zahl unterlegen. So wurden sie der Möglichkeit beraubt, die Tragweite ihres Handelns zu erfassen, zumal ihr Übersetzer europäischer Herkunft war und man die Massai in der Überzeugung ließ, die Weißen würden nur vorübergehend auf ihrem Land siedeln und es ihnen bei ihrer Abreise zurückgeben. Die anderen Angehörigen des Massai-Volkes, und dabei handelte es sich um eine überwältigende Mehrheit, besaßen nicht die geringste Vorstellung von der Bedeutung eines solchen Vertrages, doch blieb ihnen nichts anderes übrig, als ihre angestammten Ländereien zu verlassen.

Der verlogene Vertrag lautete wie folgt:»Wir, die Massai, haben aus freien Stücken und im Interesse unseres Volkes entschieden, mit unseren Herden in die beiden Reservate zu ziehen, deren Grenzen wir anerkennen. Sie liegen in gehörigem Abstand zur Eisenbahn und dem sie umgebenden Siedlungsgebiet der Europäer. Wir erklären unsere Zufriedenheit mit den Bestimmungen des Vertrages, weil die Schaffung der beiden Reservate, deren Existenz ein für alle Mal gesichert bleibt, zum Wohl unseres Volkes erfolgt.« Bald – und trotz der schriftlichen Versicherung, die für die Gültigkeitsdauer des Vertrages (nämlich solange das Volk der Massai existiert) zusagte, dass kein Kolonisator Anspruch auf die Ländereien der Reservate hatte –, sehr bald schon verlangte es jene weißen Viehzüchter, die nicht in den Genuss einer 99 Jahre während Landkonzession gekommen waren, nach den lieblichen Weideplätzen innerhalb des Reservats nördlich von Laikipia. Und wieder sollte der Status Olonanas – den die Englische Krone als das traditionelle Oberhaupt der Massai anerkannte, und der ihn berechtigte, als Vertreter und im Namen des Volkes über das Schicksal und die Entwicklung des Territoriums zu entscheiden – letztlich nur den Interessen der neuen Regierung des Protektorats Kenia dienen. Allerdings wartete man bis zu seinem Tod am 7. März 1911, um sich des Fingerabdrucks (seines Leichnams!) zu bedienen, und damit eine »Unterschrift« unter einer Aussage zu fälschen, die da lautete, die Massai hätten sich entschieden, das Reservat Laikipia zu verlassen und sich in dem anderen, im Süden Nairobis gelegenen Reservat zu vereinen. Auf dieser Grundlage wurde am 29. Mai 1911 ein weiterer Scheinvertrag besiegelt, aus dem hier ein wichtiger Ausschnitt folgt:»Die Massai geben sich zugunsten der Interessen des ganzen Volkes und anlässlich der sich jetzt bietenden Gelegenheit vollständig zufrieden mit dem einen Reservat, in dem sie vereint leben können [...] und stimmen der folgenden Übereinkunft einstimmig und in voller Freiheit zu.«

Damit verloren die Massai nicht nur mehr als die Hälfte des ihnen noch im Jahre 1904 zugestandenen Territoriums, sondern faktisch auch den Zugang zu allen Flüssen und Bächen, die permanent Wasser führten. Dennoch, und nicht ohne Zynismus, wurde das neue Reservat als »Garten Eden« gelobt. In Wirklichkeit waren allerdings mehr als 50 Prozent der Fläche mehr oder weniger unbrauchbar, handelte es sich doch um unfruchtbares, teilweise von Zecken und Tsetsefliegen verseuchtes Weideland. Es macht den heutigen kenianischen Teil des Territoriums der Massai aus.

Bereits die erste »Enteignung« von angestammtem Massai-Land – nämlich der fruchtbaren Weideflächen am Ostafrikanischen Graben sowie an den Seen Naivasha, El(e)mentaita, Nakuru und Baringo und den dort mündenden Flüssen – hatte die Massai und ihre nachhaltige Form des Hirtennomadentums stark eingeschränkt. Die zweite Vertreibung, die mit einer umfangreicheren und grundlegenderen Umsiedlung einherging, führte zu hohen Verlusten in der Bevölkerung wie an Tieren, und es ist keineswegs übertrieben, wenn man diese »Umsiedlung« als die größte und folgenreichste in der Geschichte des englischen Kolonialreichs bezeichnet.

Die größte Gefahr dieser Art der Vertreibung barg zweifellos die Überweidung der ohnehin knappen und ariden Weidenflächen, weil sie den Fortbestand der Massai-Kultur ernsthaft bedrohte. Doch trotz ihrer so oft als hinterwäldlerisch bezeichneten Methoden, trotz des Landraubs und anderer Widerwärtigkeiten, denen die Massai ausgesetzt waren und noch heute ausgesetzt sind, konnte sich ihre Kultur mehr oder weniger anpassen und überleben.

Mit der Erlangung der Unabhängigkeit teilte der Staat Kenia sein Land neu auf, und das Reservat wurde zwei getrennten Distrikten zugeschlagen. In den 1970er-Jahren erfolgte eine radikale Bodenreform und die Einführung von »Group Ranches«, dem gemeinschaftlichen Landbesitz, den man auch den Massai aufoktroyierte. Damit wurden Familien gezwungen, sich zu klar definierten Gruppen zusammenzufinden und bestimmte, begrenzte Stücke Land gemeinschaftlich in Besitz zu nehmen. Das Ziel, das die Weltbank mit dieser Maßnahme verfolgte, jedoch nicht offen darlegte, war die Abschaffung des traditionellen, als altertümlich erachteten Pastoralismus sowie die Gründung weniger privater Zuchtunternehmen. Die Leiter der Group Ranches wurden der Politik unterstellt, damit sie sich nicht ihren Mitbesitzern, sondern vielmehr der Staatsmacht verpflichtet fühlten. Dies hatte zur Folge, dass den Politikern – illegal – Parzellen zugeschanzt und so aus dem Gemeinschaftseigentum herausgelöst wurden. Es war der Beginn des großen Ausverkaufs …

Über 30 Jahre erfuhren die Massai auf diese Weise eine Ausgrenzung durch ihre eigenen korrupten Führer und begannen sich nach und nach mit der Privatisierung ihres Gemeinschaftseigentums anzufreunden. Wie schon 1904 sind sie auch heute über die eigentlichen Machenschaften nicht informiert – nämlich darüber, dass sich ein Netzwerk aus Politikern und Funktionären, getarnt durch ein undurchschaubares Dickicht von Grundbucheintragungen, Falschaussagen, Austausch von Namen, Manipulationen mit Fingerabdrücken und gefälschten Besitztiteln, illegal bereichert ... All diese Gaunereien sind vor allem dazu angetan, den traditionell lebenden Massai das Leben zu erschweren! Die offizielle Meinung unterstützt diese Variante des Landraubs, zumal die Massai noch immer als Barbaren gelten, während die Europäer und der postkoloniale Staat mit Zivilisation und jede Art von Entwicklung mit Fortschritt gleichgesetzt werden. Die »kulturlosen« Massai mussten deshalb den »zivilisierten« Menschen ihre Territorien überlassen. Doch im Gegensatz zu den anderen in Kenia lebenden Ethnien haben die Massai weder das Postulat der Ungleichheit noch die Überlegenheit des westlichen Modells akzeptiert ...

Seit den 1940er-Jahren sehen sich die Massai mit einer neuen Äußerung der Zivilisation konfrontiert. Wieder werden sie auf drastische Weise von ihrem besten Weideland vertrieben, nur diesmal zwecks Schutz der wild lebenden Tiere, für die man allerorten Reservate und Nationalparks einrichtet. Und wieder stören die Massai, weil sie sich gegen die Einzäunung der Gebiete wehren. Sie sind die perfekten Sündenböcke! Man spricht ihnen die Verantwortung im Sinne des ökologischen Gleichgewichts ab, obwohl die Gebiete, die man ihnen entzieht, weltweit die größte Vielfalt wild lebender Tiere bieten. Serengeti, Massai-Mara, Ngorongoro, Tsavo, Amboseli usw. – die Liste der magischen, den Massai abgetrotzten und stattdessen der touristischen Ausbeutung zugeführten Areale ließe sich beliebig fortsetzen. Lehrsätze und Lügen! Die Touristen werden im Glauben gelassen, es handele sich um eine freie und seit der Entstehung der Welt unberührte Natur. Dabei haben die Massai dieses angeblich unangetastete Land mit der Spiritualität der Hirtennomaden geprägt und damit zur Entfaltung der enormen Biodiversität beigetragen. Doch mit einer möglichen Abkehr vom sogenannten Naturschutz ist nicht zu rechnen, zumal die Touristen die bedeutendste Devisenquelle des Landes darstellen ... Man sollte diesen Touristen trotzdem erklären, dass der Bestand der Tiere wirklich bedroht ist, doch dies sicher nicht wegen der Massai, die man gern als »Wilde auf der Jagd nach Trophäen« verspottet, sondern eher wegen der weißen Jäger, die von einem Gemetzel zum nächsten hetzen, und die man paradoxerweise allzu gern als »auf Safari gehende Naturliebhaber« bezeichnet. Dazu nur ein Beispiel: Der amerikanische Präsident Theodore Roosevelt hat auf einer einzigen Safari nicht weniger als 5000 Tiere 70 verschiedener Arten getötet, darunter neun Breitmaulnashörner! Man fragt sich, wer hier nun die Wilden sind …

Ich kann mich in diesem Fall nicht der psychologischen Erklärung enthalten, die der Ethnologe Georges Condominas in den 1980er-Jahren lieferte:»Ich ist ein anderer, der andere, der kulturell am stärksten von mir distanzierte, der es mir erlaubt, ihm die Verantwortung zu übergeben für alles Schädliche in mir. Das ›Ich‹ wird zu jenem Massai dort, in dem sich alles Hassenswerte findet.«

Was ich seit 20 Jahren in aller Welt und in allen Sprachen zu erklären versuche, müssen die Biologen, die sich mit der wilden Flora und Fauna beschäftigen, heute bestätigen – zweifellos aus reiner Notwendigkeit, weil die zuletzt veröffentlichten Zahlen von einem dramatischen Rückgang der Tierwelt um 30 Prozent in den letzten 20 Jahren sprechen, und zwar innerhalb der sogenannten Schutzgebiete! Jüngste Forschungen erkennen endlich die lebenswichtige Notwendigkeit der Interaktion der Massai-Rinder mit den wild lebenden Wiederkäuern an, wie sie seit Jahrhunderten oder, wie ich meine, seit Jahrtausenden besteht: Die wilden Tiere ernähren sich von dem kurzen Gras, das die Massai-Herden stehen lassen. Die Nationalparks sind somit Teil eines größeren Ökosystems, in dem die wilden Tiere mit den Rindern seit ewigen Zeiten umherziehen. Wenn man aber die wilden Tiere in den Parks ein-, und die Rinder aussperrt, wird die wilde Fauna zugunsten der eingezäunt lebenden verschwinden! Damit wäre das Klischeebild des Massai der Lächerlichkeit preisgegeben, und Karikaturen von Moranen – grell geschminkt und gekleidet – müssten zur Belustigung der Touristen herhalten …

Das Volk der Rinder

Die Massai beziehungsweise jene, die Maa sprechen – Maa kommt von *ilmao*, die Zwillinge, und bezieht sich auf die spirituelle Vorstellung, dass jedes Ding mit einem anderen verbunden ist –, stammen vermutlich vom oberen Niltal und sind somit Niloten. Viel mehr kann die Wissenschaft zur Geschichte und Herkunft der Massai nicht sagen, zumal das Volk keine Überreste hinterlassen hat; ihre aus pflanzlichem Material erbauten Hütten und Siedlungen waren schon wenige Monate nach dem Verlassen verrottet, und die Toten wurden von den aasfressenden Tieren verspeist. Überdies praktizieren die Massai die Teknonymie – sie sehen jeden Menschen im Verhältnis zu seinen Vorfahren wie zu seinen Nachkommen. Alle kurz zurückliegenden Ereignisse beziehen sie auf ihre Altersklasse, und sie reden sich untereinander nur allgemein mit der jeweiligen Altersklasse an (also beispielsweise mit »Moran« oder »Ältester«), ohne Rücksicht auf die exakte Genealogie. Außerdem lassen sich der Vater und die Mutter oft mit dem Namen ihres ältesten Sohnes ansprechen, während dieser den Vornamen seines Vaters benutzt usw. Diese beabsichtigte Form von Gedächtnisschwund bietet jedem Menschen die Möglichkeit, seine verwandtschaftlichen Beziehungen großzügig selbst zu bestimmen.

Die Massai bezeichnen sich als das Volk *Inkishu*, was wörtlich »die Rinder« bedeutet und auf ihre besondere Beziehung zu den als heilig geltenden Hornträgern hinweist. Die etwa vier Millionen Rinder – zusammengenommen die größte Zebuherde in ganz Afrika – sind für die in Kenia und Tansania lebenden rund 800 000 Massai nebst ihren Kindern und dem Land, auf dem sie ihre Tiere weiden lassen, das wichtigste Kapital, und zwar nicht nur auf ökonomischer Ebene, sondern vor allem – und das möchte ich hier ausdrücklich betonen – stellen sie einen großen spirituellen Wert dar. Die Massai glauben, dass *Enkai Narok* (der Gott wie die Göttin, aber auch der Vater und die Mutter der Welt) sie mit der Aufsicht aller Rinder (weltweit!) betraut hat. Diese Gabe besiegelt auch die heilige Allianz, wie sie ein Massai-Sprichwort beschreibt: »*Enkai* hat uns die Rinder und die Weiden gegeben, und wir werden uns von den Gaben, die er uns anvertraut hat, nicht trennen.« (Sprichwörter sind in der oralen Kultur der Massai von zentraler Bedeutung, und das auch heute noch, vor allem bei den Älteren.) Die Massai respektieren alle Lebewesen auf der Erde, was so weit geht, dass sie weder Fisch noch Wild essen und es vermeiden, die »Mutter-Erde« aufzugraben oder zu bearbeiten.

Dies hat zwei wichtige Konsequenzen – im Hinblick auf die Ernährung und auf die Wohnverhältnisse.

Über Jahrhunderte haben die Massai Landwirtschaft als Sakrileg betrachtet und sich ausschließlich von den Erzeugnissen ihrer Rinder, und zwar vornehmlich von deren Milch, ernährt. Schon im 9. Jahrhundert berichtete ein chinesischer Chronist »aus dem Binnenland von Popali [Ostafrika], wo sich die Bewohner von Milch und Fleisch ernähren und kein Getreide kennen [...] Sie führen ihre Tiere zum Aderlass und trinken das Blut, vermischt mit Milch.« Aus diesem Grund bestehen die Herden – anders als in der modernen Rinderzucht üblich – auch heute zum überwiegenden Teil aus Milchkühen. Ich habe einmal ausgerechnet, dass ein erwachsener Massai zur Deckung seines täglichen Bedarfs in der Regenzeit zwei bis drei, in der Trockenzeit zehn bis 15 und in Dürreperioden bis zu 30 Kühe benötigt. Dank dieser hyperspezialisierten, auf nicht pasteurisierter Milch basierenden Kost zählen die Massai zu den wenigen Völkern unserer Erde, die praktisch keine Herzkreislauferkrankungen kennen. Der niedrige Cholesterinspiegel erklärt sich durch ein spezielles biologisches Merkmal, das über einen sehr langen Zeitraum erworben wurde: Professor Kang-Jey hat bei den Massai eine hohe Konzentration von Immunglobulin A diagnostiziert, welches es ihnen ermöglicht, ein Großteil des mit ihrer recht fetten Nahrung aufgenommenen Cholesterin zu absorbieren. Der Studie zufolge dauert es Jahrtausende, bis eine derart spezialisierte Nahrung zu einer genetischen Veränderung (dem hohen Immunglobulinwert) in der gesamten Bevölkerung führt.

Die zweite bedeutende Konsequenz ihrer Verbindung zu ihrem Gott *Enkai* zeigt sich im Verhältnis der Massai zu ihrer Umwelt. Wie oben beschrieben, gestehen sie jedem Wesen auf der Erde das Recht auf Leben zu und sind im Sinne ihrer heiligen Mission, über alles Lebende zu wachen, bestrebt, das zwischen allen Lebewesen bestehende Gleichgewicht zu erhalten. Sie vergleichen die Natur mit einem riesigen Spinnennetz, dessen Existenz bedroht ist, sobald einer der Fäden reißt. Besonders Bäume besitzen für sie eine enorme spirituelle Bedeutung, und ihr eigenmächtiges Fällen wäre ein entsetzlicher Tabubruch. Ein rituelles Gebet kann zwar helfen, die Folgen einer solchen Übertretung zu lindern, aber im

Prinzip unterbleibt das Fällen von Bäumen. Auch alle Wasserstellen wie Flüsse, Quellen, Sümpfe und Brunnen gelten als heilig, und im Umkreis von fünf Kilometern dieser Orte darf kein Dorf errichtet werden. Unter dem Einfluss dieser einzigartigen Auffassung von ihrem Verhältnis zur Welt ist das Verhalten der Massai in und gegenüber ihrer Umwelt – und das zweifellos bereits seit Jahrtausenden – von absoluter Gewaltfreiheit geprägt; es dient der Unabhängigkeit aller Wesen und beschränkt sich im Prinzip auf ihre Aktivitäten als Hirten.

Die Wertbeständigkeit des Hirtennomadentums gründet sich auf eine Vielfalt kleinerer Ökosysteme. Die Massai verstehen sich als Herrscher, im Sinne von Beschützern, des großen Territoriums, das 1000 bis 2000 Meter über dem Meeresspiegel liegt, sich vom nördlichen Kenia bis ins Zentrum des heutigen Tansania erstreckt und auf etwa 1200 Kilometern Länge durch die topografischen Kapriolen des Ostafrikanischen Grabens geprägt ist. Man bezeichnet die Massai als ein umherziehendes Volk, doch ihre Mobilität ist vor allem eine überlebenswichtige Strategie, Ressourcen in Anspruch zu nehmen, ohne sie zu erschöpfen. Sie ist niemals zufällig, sondern gehorcht dem jahreszeitlich bedingten Bedarf. So ziehen die Massai in der Trockenzeit in die höher gelegenen und damit feuchteren Weidegebiete und nutzen das Gras der Ebenen vornehmlich in der Regenzeit. Alle Flächen werden nur jedes zweite Jahr aufgesucht. Hin und wieder ziehen die Herden auch weiter, um Insekten wie Tsetsefliegen oder Zecken zu entfliehen, die an Rinder, Schafe und Ziegen – die in großen Mengen gezüchtet werden und als zusätzliche Nahrung wie als Tauschmittel dienen – tödliche Krankheiten übertragen.

Man sollte sich klarmachen, dass die »Herrschaft« über das Land bei den Massai keineswegs die Aneignung bedeutet. So lautet denn auch ein weiteres Massai-Sprichwort: »Kein Mensch ist Besitzer des Landes!« Das Land gehört nämlich *Enkai*, und die Massai sind nur dank seiner Gnade auf Erden. Aus Angst, jemand könnte in Versuchung geraten, sich ein Stück Land anzueignen, untersagen die Massai sogar den Mitgliedern eines Clans, sich in demselben Landstrich niederzulassen. Auch soll die Gemeinschaft nicht unter der etwaigen Aneignung einer kleinen Gruppe zu leiden haben, und zu diesem Zweck haben die Massai eine Einteilung in 15 Gesellschaftsgruppen, die *iloshon*, vorgenommen, die auf nachbarschaftlicher Basis und ohne Ansehen des Verwandtschaftsgrades gemeinsam in einem Gebiet leben. Die beiden bedeutendsten *iloshon* sind die *Ilpurko* auf kenianischem und die *Ilkisonko* auf tansanischem Territorium.

Doch die Massai hätten sich niemals so lange als »Lords of East Africa« (so der Ausdruck des britischen Historikers Richard Waller) behaupten können, hätte nicht ein dauernder Austausch zwischen den drei in Ostafrika vorherrschenden Lebens- und Wirtschaftsformen – dem Hirtennomadentum, der Landwirtschaft und den Jägern und Sammlern – stattgefunden. Denn wenn auch das Nomadentum immer das angestrebte Ideal der Massai gewesen ist, so hat es von jeher eine beträchtliche Mobilität zwischen allen drei Gruppen und auch Ethnien gegeben, ohne die das Überleben der nomadischen Massai gar nicht gewährleistet gewesen wäre. Das gilt nicht nur für die Massai, die etwa infolge einer Dürreperiode oder einer Epidemie all ihre Rinder verloren haben und vorübergehend die kulturelle Identität ihrer Nachbarn (der Bauern beziehungsweise Jäger und Sammler) annehmen, um dann, wenn sie ihren Tierbestand wieder aufgebaut haben, in ihre ursprüngliche Kultur zurückzukehren, sondern dies gilt für jeden Menschen, der sich eine Herde aufgebaut und damit die Möglichkeit erlangt hat, ein Massai zu werden! Die Achtung vor dem Recht, das jedem Menschen den Zugang zu allen Ressourcen der Natur gewährt, hat seit Menschengedenken die Grundlage für die wichtigsten Sozialstrukturen der Massai gelegt, nämlich für die Bildung der Clans, der Wohnbereiche (Sektionen) innerhalb des Dorfes und der Altersklassen.

Die Massai haben ein patrilineares Verwandtschaftssystem, praktizieren die Polygamie und leben im Prinzip dort, wo der Vater lebt (patrilokale Residenzwahl). Die zusammengesetzte Familie (*olmarei*) lebt in einem Dorf (*enkang*) und findet ihr Symbol in einer Art Tor aus zwei Rundstämmen – die in die Einfriedung des Dorfes durch Dornengestrüpp eingelassen sind –, durch welches die Rinder des »Familienoberhauptes« am Morgen hinaus- und am Abend wieder eintreten. Jeder verheiratete Mann verfügt über so ein *enkishomi*, was übersetzt in etwa »familiäre Schranke« heißt, und seine (Ehe-)Frauen errichten ihre jeweiligen Hütten in einem bestimmten Verhältnis dazu: die erste Frau rechts davon, die zweite links, die dritte wieder rechts, die vierte wiederum links usw. Die Pfosten (*entaloishi*) dienen auch dazu, die Hütten innerhalb der Einfriedung in eine rechte und eine linke Gruppe einzuteilen.

Dieses Einteilung innerhalb eines familiären *enkang* findet sich im übertragenen Sinne auch in der Gemeinschaft der Massai wieder: Jede Frau und jeder Mann gehört durch Geburt oder Adoption zu einem der insgesamt sechs Clans, aus denen sich die Massai-Gesellschaft konstituiert – den *Laiser, Lukumai, Molelian, Mokesen, Tarosero* oder *Mamasita* – und dementsprechend auf die Seite links oder rechts des Tores, die beide perfekt symmetrisch sind. Gemäß ihrer Zugehörigkeit zu einem der sechs Clans ist eine Person entweder der rechten Hälfte und damit den *Odomong'i* (wörtlich: denen, die rot sind wie die roten Rinder) oder der linken Hälfte und damit den *Orokiteng* (denen, die schwarz sind wie die schwarzen Rinder) zugeordnet. Wenn man sich also in einem Massai-Dorf befindet und eine verheiratete Frau fragt, wohin sie gehört, so antwortet sie entweder »zur rechten Hälfte«, wenn sie dem Clan *Molelian, Mokesen, Tarosero* oder *Mamasita* angehört, oder »nach links«, wenn sie zu den *Laiser* oder den *Lukumai* zählt. Diese Bezeichnung der Seiten entstand vor Urzeiten, als die beiden ersten Söhne des Gründervaters sich – gemäß ihrer Vorliebe für rote beziehungsweise schwarze Rinder – rechts oder links der *enkishomi* niederließen. Es ist charakteristisch für die Kultur der Massai, dass sie sich nicht nach den Namen des Gründervaters und seiner beiden Söhne benennen, sondern vielmehr nach der Farbe der Tiere, welche diese am liebsten mochten. Wie diese Beispiele zeigen, ist es für einen Massai von großer Wichtigkeit, in einem festen, engen Verhältnis zur Gemeinschaft zu stehen, in der die Verwandtschaftsverhältnisse allerdings ungewöhnlich großzügig ausgelegt werden. Die politische Führung beruht auf der Einteilung in Altersklassen und ist eine gemeinschaftliche Leistung der Altersklasse der Ältesten, also der reifen Persönlichkeiten, und wird nicht einer womöglich spezialisierten Person überantwortet.

Über die Zugehörigkeit zu einem Clan hinaus – obwohl innerhalb der Stammes- und Gebietssektionen organisiert – sind es die

Altersklassen (*ilporori* oder *ilajijik*), die die Identität jedes einzelnen Massai im Rahmen einer 20 bis 25 Jahre dauernden Initiation definieren und so den Zusammenhalt der Gesellschaft gewährleisten. Dies bezieht sich vornehmlich auf die Männer, während die Mädchen und Frauen der jeweiligen Altersklasse ihres Vaters und später ihres Ehemanns angehören und untereinander bestimmte rituelle Aktivitäten entfalten.

Die Rinderhorn-Zeremonie (*emowuo olkiteng*) wird nur einmal und nur in der Gruppe der *Ilkeekonyokie* begangen. Sie gilt bei allen Massai als Vorbereitung für den Eintritt in eine neue Altersklasse. Es folgt, und zwar in allen 15 Gesellschaftsgruppen der Massai, eine Zeremonie namens *enkipaata* (Tanz), welche den Beginn einer neuen, vier bis sechs Jahre dauernden Phase anzeigt, in der die 13- bis 16-jährigen Bewerber beschnitten werden. Um einen zu großen Altersunterschied innerhalb der Gruppe der zu Beschneidenden zu vermeiden, wird diese in den meisten Gesellschaftsgruppen (außer bei den *Ilkisonko*) in eine Untergruppe der Jüngeren namens *Emurata Tatene* (Beschneidung der rechten Hand) und in die der Älteren, *Emurata Kedianye* (Beschneidung der linken Hand), aufgeteilt. Beide Gruppen durchlaufen den Initiationszyklus getrennt, um schließlich gemeinsam in die nächste Altersklasse aufzusteigen. Nach der Beschneidung nennt man die jungen Männer *Ilmurran* (Morane). Sie verlassen nun die familiäre Unterkunft und leben bis zu neun Jahre lang gemeinsam mit ihren Altersgenossen in eigens gebauten Siedlungen, die man *emanyata* (Mehrzahl: *imanyat*) nennt. Sie sind es, die den Mythos des »blutrünstigen Kannibalen« begründeten, auch wenn dessen Bild auf Postkarten und in Hochglanzmagazinen nicht mehr nur das des rohen Wilden ist. Folgendes kann man in diesen Tagen in der größten Tageszeitung Kenias lesen: »Die jungen Morane sind faul und neigen zu kriminellen Handlungen. Sie müssten in die Siedlungen ihrer Eltern zurückkehren und eine Arbeit annehmen, um am Aufbau der Nation mitzuwirken [...] Würde man das Moranentum abschaffen, dann müssten sich die Massai von ihren Lanzen trennen und schließlich lernen, die einzige Lanze zu akzeptieren, die ihnen bleibt, nämlich den Füllfederhalter, der ihnen die besten Entwicklungsmöglichkeiten bietet! [...] In unserer Zeit sind die Mittel allzu beschränkt, als dass sich unsere Gesellschaft eine Gruppe leisten könnte, die in Laken gehüllt durch die Savanne streut und Vieh stiehlt; ein Volk, das danach dürstet, sich mit Löwen zu messen, und doch nichts anderes tut als zu wildern; eine Gemeinschaft, die ihre Kinder aus der Schule reißt, damit sie jahrelang im Busch leben, sich selbstverliebt die Haare mit Erde bestreichen und immer höhere Sprünge vollführen!« Hinter so viel Gehässigkeit und Unverständnis steht wohl die Absicht, die Eckpfeiler der Massai-Kultur anzugreifen. Schon die ungenaue Übersetzung des Ausdrucks *Olmurrani* mit Krieger anstelle von Moran, obwohl die Wurzel dieses Maa-Wortes in *emurata* (also: Beschneidung) zu finden ist, spricht Bände! Die Morane sind im Grunde die beschnittenen Jungen oder jungen Männer, manchmal werden auch alle Jungen so bezeichnet, die eine bestimmte Altersklasse bilden und sich damit in einer bestimmten Phase der Initiation befinden. Zwar zählt die Verteidigung des Landes der Massai zu den Aufgaben der Morane, doch ebenso sollen sich die Jungen mit der Beobachtung der Wolken und der Entwicklung bestimmter Pflanzen beschäftigen, um Hinweise auf die langfristige Wetterentwicklung zu erhalten und Regen oder Trockenheit vorhersagen zu können. Die Morane sind es auch, die in Dürrezeiten die besten Weiden ausfindig machen, die Rinder dorthin begleiten und verlorene Tiere zur Herde zurückholen. Ich würde die *imanyat*, also die großen Siedlungen der Morane, als die traditionelle Schule der Massai bezeichnen. Dort werden sie in die Geheimnisse ihrer gefahrenträchtigen Umwelt eingeweiht, lernen den respektvollen Umgang mit Löwen, Leoparden, Büffeln und extrem giftigen Schlangen. Dort erproben sie sich in der Gemeinschaft und lernen das Teilen, indem sie den Reiferen den Vortritt gewähren. Am Ende dieser langen Ausbildung stehen die innere Reife und das Bewusstsein von der Dualität, wodurch der Mensch zum Schöpfer neben dem Gott *Enkai* wird. So heißt es denn auch: »Die Massai und Gott sind gleich!« In den gemeinsamen Jahren als Schüler *Enkais* erfahren die Morane die duale Ordnung des Lebens; sie lernen, dass Bewegungen oder Entwicklungen zwischen zwei Orten, zwei Elementen, zwei Wesen oder zwei Zuständen stattfinden. Zu diesen Paaren oder Gegensätzen zählen etwa Mann und Frau, rechts und links, Tag und Nacht, Sonnenaufgang und Sonnenuntergang, Geburt und Tod, Temporalität und Ewigkeit, Schwarz und Weiß, Hoffnung und Verzweiflung usw. In all diesen Paaren steht sich etwas gegenüber, das zugleich voneinander abhängig ist und ohne den anderen Part nicht existierte. Jeder heranwachsende Massai lernt während seiner Ausbildung vornehmlich durch seine Erfahrung, wie er sich im Verhältnis zu den anderen Mitgliedern seiner Altersklasse zu verhalten hat. Dieses von Gleichgewicht und Weisheit geprägte Verhalten findet seinen vertrautesten und persönlichsten Ausdruck in Kämpfen, Spötteleien, Streitereien und gegenseitigen Beleidigungen, wobei jeder Einzelne darum bemüht ist, nicht zu selbstgefällig zu erscheinen und vor allem die vollständige Unabhängigkeit und Freiheit des Gegenübers zu achten. In den Lagern der Morane, den *imanyat*, kristallisieren sich Führungspersönlichkeiten, talentierte Erzähler und Wortführer heraus, die es noch stärker als ihre Altergenossen vermeiden, sich in den Vordergrund zu spielen oder andere zu erniedrigen. Nach sieben bis neun Jahren begehen die Morane der »rechten Hand« mit dem monatelang dauernden *eunoto* (Pflanzung) das wohl wichtigste Fest der Massai, das der langen Trennung der Morane vom Rest der Gemeinschaft ein Ende setzt und den Männern erlaubt, eine Familie zu gründen. In den folgenden rund zehn Jahren findet eine ganze Reihe von Ritualen statt, welche die Verbote aus der Zeit der Initiation nach und nach auflösen, bis es – zumindest in der Gruppe der *Ilkisonko* – zu einem letzten großen gemeinsamen Fest der Altersklasse namens *olngesher* (Fleischrost) kommt, bei dem die jungen Männer einen neuen, endgültigen Namen erhalten und in die Klasse der Ältesten wechseln. Bei allen anderen Gesellschaftsgruppen heißt diese Zeremonie *enkang olorikan* (Dorf der Hocker). Zu diesem Anlass vereinigt sich die Gruppe der »linken Hand«, die sämtliche Initiationsstufen in einem verkürzten Zeitraum durchlaufen hat, mit der der »rechten Hand« zu einer gemeinsamen Altersklasse.

Die lange Initiation ist in erster Linie eine Zeit der Erziehung, die im Prinzip von jedem Mann durchlaufen wird. In dieser Zeit reift seine Persönlichkeit heran, und der Mann lernt, seine Unabhängigkeit zu erlangen, ohne dabei egoistisch zu sein oder Herrschaft über andere auszuüben. Der Erfolg dieser recht informellen Ausbildung ist vor allem einem überaus wichtigen Patenschaftsverhältnis geschuldet.

Der *olpiron* ist der (männliche) Feuerstock oder Quirlstab, den man in einer (weiblichen) Mulde auf einem Brettchen platziert und zwischen den Händen rollt, um einen Funken zu erzeugen. Die zwischen den zwei Hölzern auflodernde Flamme symbolisiert eine neue Wesenheit, und der männliche Stab wird als ihr Schöpfer angesehen. Im weiteren Sinne bezeichnet *olpiron* die wechselseitige solidarische Verbindung von zwei Mitgliedern unterschiedlicher Altersklassen. Mit dem Recht, das rituelle Feuer zur Ausbildung einer Altersklasse anzuzünden, sind allein die Ältesten (der höchsten Altersklasse) betraut. Sie werden *Iloopapaai Enkimai* genannt, auf Deutsch etwa: die Väter meines Feuers. Die Verbindung, die als *olpiron* bezeichnet wird, entspricht somit der generativen Beziehung zwischen Vätern und Söhnen, aus der sich der wechselseitige Respekt der Initiierten und ihrer Paten herleitet. Doch die erzieherischen Befugnisse sind keinesfalls zwangsläufig. Allein die Erlangung der vollen sozialen Reife erlaubt es den Ältesten, eine Patenschaft zu übernehmen. Im Grunde stellen sie ihren Erfahrungsschatz in den Dienst der jungen Männer und erteilen Ratschläge ohne jeglichen Zwang. In den *imanyat* nehmen die Ältesten an etlichen Aktivitäten teil, beraten die Morane und überwachen das Geschehen, ohne direkt einzugreifen, damit ihre geistigen Söhne ihre eigenen Erfahrungen mit Werten wie Gleichheit, Gemeinschaftsgeist und Gegenseitigkeit machen können. Die Massai sagen, dass jemand, der nicht in einer *emanyata* gelebt hat, absolut nichts über das Leben weiß, denn dort und im Austausch mit den Kameraden seiner Altersklasse lernt er, wie er sich als Erwachsener zu verhalten hat. Die Ältesten helfen dabei und geben weiter, was sie selbst in der gleichen Situation erfahren haben. Die Schlüsselrolle der Ältesten beim *olpiron* ist also die Weitergabe von Werten und die Bewahrung des kulturellen Erbes der Massai, wobei sie sich so benehmen, wie sie es von den Jüngeren erwarten.

Zum Schluss werde ich hier einige grundlegende Werte nennen, wie ich sie im Zusammenleben mit den Massai kennengelernt habe. An erster Stelle steht der Respekt (*enkanyit*), den ein Massai etwas anders versteht als ein Europäer. Für die Massai ist *enkanyit* eine Art Richtlinie, die das soziale Leben verschiedener Altersklassen untereinander regelt, und die persönliche Reife des

Einzelnen bemisst, mit der er andere wichtige Werte wie etwa Mut, Verantwortungsbewusstsein und vor allem Großzügigkeit (*enkaminino*) umsetzt. Ein Massai sollte »einen klaren Blick, Selbstbeherrschung und einen flinken Schritt« haben, denn es ist in seiner Kultur von größter Bedeutung, seine soziale Funktion mit den Augen und der Körperhaltung auszudrücken und zu unterstreichen. Das Augenmerk liegt dabei mehr auf den Gesten und dem Gebaren, die einen echten Massai von einem Angehörigen eines anderen Volkes unterscheiden, als auf der Physiologie oder etwa der Kleidung. Diese Körpersprache führt offensichtlich zu außergewöhnlicher Freiheit, gepaart mit einer unabhängigen, offenen und direkten Haltung gegenüber anderen Individuen wie der ganzen Welt. Daraus folgt die Möglichkeit einer tatsächlichen Demokratie, die dem System der Herrschaft, das durch Befehl und Gehorsam geprägt ist, entgegensteht. Als ein Volk, das eine dauernde Verbindung zur Mutter Erde wie zum Gott *Enkai* aufrechterhält, gestehen die Massai niemandem außer den *Iloiboni Kitok*, den großen Priestern, gottähnlichen Vermittlern, Propheten und renommierten Medizinmännern, einen übergeordneten Status zu. Diese haben zwar keine Möglichkeit, anstelle der Ältesten zu entscheiden, doch mit ihren prophetischen Qualitäten (*aibonoki* – reales Geschenk Gottes) und ihrer Gabe, im Namen aller zu Gott zu beten (*aomon*), zu weihen (*emayian*) und zu läutern (*aipok*), inspirieren sie die gegenwärtigen wie die zukünftigen Entscheidungsträger.

Was nun folgt, ist meine Reise auf diesem Weg.

1

– 1982 –
Adoptiert am Fuße der Löwenberge

Freitag, 3. Februar, Piste von Kajiado zum Kilimandscharo, 15.30 Uhr

Ich bin ganz ruhig, nicht das kleinste bisschen aufgeregt. Ich habe auch keine Angst, nein, ich lasse mir Zeit und gerate nicht in Panik – und trotzdem! Mein Vorderreifen hält den vielen Schlägen auf der holprigen Schotterpiste einfach nicht stand und ist gerade zum dritten Mal geplatzt. Die erste Reparatur hat 30 Minuten gedauert und die zweite nur noch 25, doch jetzt mühe ich mich schon seit 40 Minuten und bekomme es einfach nicht hin. Was soll's! Ich setze mich auf eine kleine Anhöhe, doch nicht, um neue Kraft zu schöpfen, sondern um dieses exzessive Wohlgefühl besser auszukosten, das sich meiner unverständlicherweise bemächtigt hat und meinen Körper bis in die letzte Zelle durchdringt. Meine Verwandlung ist geradezu mit Händen zu greifen, und ich bin felsenfest davon überzeugt, dass mir nichts, absolut nichts Böses passieren kann und ich das Glück gepachtet habe!

Der Himmel wölbt sich in einem derart klaren Blau, das wir bei uns nur im Herbst kennen, und die Temperaturen sind überaus angenehm. Ich spähe hinüber zur magischen Kuppe des Kilimandscharo, die so deutlich sichtbar ist, dass ich an ihrer Existenz zu zweifeln beginne. Dann breche ich in ein irres Gelächter aus: Ich verwirkliche meinen Traum, ganz einfach! *Du wolltest bei den Massai leben, also gut, du bist angekommen!* Ich beklage mich nicht, oh nein! Ich versuche nur, die Freude, die mich übermannt hat, wirklich zu spüren und ihre Ursache zu analysieren, denn ich möchte sie verstehen, und vor allem möchte ich diesen beglückenden Augenblick festhalten. Vorerst bleibt die Freude, die mich fast ein wenig zu verhöhnen scheint, oder, besser gesagt, die teilnahmsvoll nach der Unruhe und der Furcht forscht, die mich noch am Morgen plagten, als ich nämlich bei Sonnenaufgang in

Nairobi aufbrach, und die verschwanden, sobald ich den Asphalt der A104 hinter mir gelassen und diese Piste erreicht hatte. Ist es die Energie dieses Ortes, die mir zu dieser Glückseligkeit verholfen hat? Werde ich mich daran laben können, solange ich im Land der Massai verweile?

Aus dem Schatten eines Afrikanischen Fieberbaums lösen sich plötzlich einige Giraffen und setzen mit lässig schlenderndem Gang und scheinbar wie in Zeitlupe ihren Weg fort – ohne die geringste Scheu vor meiner Mobylette, die dort unten auf ihrem Ständer steht –, obwohl sie eigentlich recht ängstlich sind. Ich erhebe mich, um sie von ihrem Ziel abzulenken. Ich zähle mindestens 25 Tiere, die noch kurz von der anmutigen Akazie naschen, bevor sie auf die andere Seite der Piste wechseln. Hilfe kann ich hier weder von ihnen noch von irgendwelchen Menschen erwarten. Seit ich vorhin von der Straße abgebogen bin, habe ich nur einige Ziegen getroffen, jedoch nicht ein einziges Rind, geschweige denn einen Massai. Sehr merkwürdig! Rings um mich streicht der Wind durch die gelbe Graslandschaft, in der eigentlich Tausende von Zebus weiden sollten. Doch davon weiß ich noch nichts …

Ich wende mich erneut meinem Moped zu, aus dessen vorderem Schlauch noch immer Luft entweicht, und fange wiederum an, wie ein Irrer zu lachen. Doch ich muss mich an die Arbeit machen, denn es ist spät, und ich bin von wilden Tieren umringt, während meine menschlichen Schwestern und Brüder wie vom Erdboden verschluckt bleiben. Hinzu kommt, dass ich nicht genau weiß, wo ich bin, und dass meine Reifen für dieses Terrain nur schlecht geeignet sind. Trotzdem bin ich glücklich wie nie zuvor. Ich muss den Fehler finden! Als ich bei Peugeot nach einem Moped fragte, mit dem ich mich im Land der Massai fortbewegen wollte, hielt man das zunächst für einen schlechten Witz. Doch natürlich meinte ich es ernst, und ich versuchte die Herren schließlich damit zu überzeugen, dass Peugeot in der Verkehrssprache Kenias, dem Kiswahili, zum Synonym für robust und schnell geworden ist und dass ich zum Dank ein Foto mit einem Löwen – dem Firmenlogo – aufnehmen und eine entsprechende Anzeige gestalten wollte, die den Absatz von motorisierten Zweirädern rasant steigern würde … Ob man nun überzeugt war oder nicht: Jedenfalls beeilte man sich bei Peugeot, mir eine Mobylette zur Verfügung zu stellen. Schließlich wollte ich auf keinen Fall in einem Geländewagen bei den Massai auftauchen! Und trotz dreier Pannen habe ich meine Meinung nicht geändert. Vielleicht wäre ich mit einem Wagen auch nicht weitergekommen …

Am schwierigsten ist es, die kleinen Löcher ausfindig zu machen, aus denen die Luft ganz langsam entweicht, ohne den Schlauch in Wasser zu tauchen. Stattdessen fege ich Staub, von dem es mehr als genug gibt, zu einem Haufen zusammen und tauche den mithilfe meiner Fahrradpumpe aufgepumpten Schlauch Stück für Stück hinein. Mit angehaltenem Atem und der Nase auf Höhe des ockerfarbenen Bodens lauere ich auf etwaige Mini-Stürme, die aus dem Gummi hervorbrechen. Zur Unbeweglichkeit verdammt, schmerzt schon mein ganzer Körper, als ich endlich eine leichte Durchlässigkeit und einen schwachen Luftzug verspüre. Ich starre auf die Stelle und suche derweil mit einer Hand in meinem Rucksack nach dem Schmirgelpapier, der Klebe und dem Flicken. Ich, der ich mich niemals handwerklich betätigt habe und es immer schick fand, mein Desinteresse oder gar meine Ablehnung solchen Arbeiten wie überhaupt allen materiellen Dingen des täglichen Lebens gegenüber kundzutun, ich also entwickele plötzlich ein erstaunliches Geschick beim Reparieren! Und finde überraschenderweise sogar Gefallen daran! In Rekordzeit ist das Loch geflickt, der Schlauch unter dem Mantel versteckt und der Reifen montiert. Das nächste Mal – und ich bin sicher, dass es ein nächstes Mal geben wird – bemühe ich mich um einen Eintrag ins Guinness-Buch der Rekorde!

Bevor ich wieder auf mein Moped steige – ich kann hier nicht endlos bleiben, die Sonne steht schon recht tief –, nehme ich den Fünf-Liter-Ersatzkanister vom Gepäckträger und fülle das Benzin-Öl-Gemisch nach. Dann schultere ich den Rucksack und starte. Ob die Reparatur hält? … Es hat geklappt! Ich bin wirklich stolz auf meine Heldentat!

Nach zwei oder drei Kilometern durch eine hügelige Landschaft mit kleinen Schluchten – die Füße habe ich lässig auf die Motorabdeckung gestellt – reißt mich der Anblick einer Gabelung der Piste jäh aus meinen Träumen. Ich bin unsicher: Soll ich nach rechts oder nach links fahren? Das einzige Verkehrsschild weit und breit ist ein weiß-rotes Dreieck mit einem schwarzen Rind.

Gemessen an dem täglichen, oder sagen wir besser wöchentlichen, Verkehrsaufkommen erscheint mir die Warnung vor möglichen die Fahrbahn kreuzenden Kühen doch eher verzichtbar ... Ein Reisender meines Schlags erhält hier dagegen keinen Hinweis. Dass sich ein Europäer nicht vorstellen kann, so zu reisen wie ich, verstehe ich ... Aber ist mein Verhalten für die Leute hier wirklich ebenso unverständlich?

Wenn ich mich nach der Menge der Spuren im Sand richte, sollte ich mich ebenfalls nach rechts wenden, nach links ist niemand gefahren. Zufrieden mit der Interpretation der Gegebenheiten ziehe ich eine kleine Karte der Region aus der Tasche. Natürlich ist diese Gabelung nicht verzeichnet. Auf gut Glück hole ich auch das Heft heraus, in dem ich die Tipps von meinem Lehrer Stanley ole Kenana aufgeschrieben habe, der mich in den letzten drei Monaten in Nairobi in Maa unterrichtet und mir als Anlaufstelle und erstes Quartier seine Kasuku-Freunde im Weiler Mashuuru empfohlen hat. Die Entscheidung ist kein Problem. Ich bin hier an Bord der Kapitän und bestimme: Nach Steuerbord!

Mit der Nase eben über dem Lenker beschränke ich mein Sichtfeld auf das Nötigste und konstatiere beiderseits der Piste dichte Vegetation mit Dornenbüschen. Es ist bereits fünf Uhr. Hier kann ich nirgends bleiben, und wie oft in solch ausweglosen Lagen träume ich von einem fliegenden Teppich. Ich drehe auf, zumindest mental, denn noch geht es bergauf, aber bald werde ich meine kleine Blaue auf abschüssiger Bahn ordentlich beschleunigen! Sie schafft die Steigung mit Ach und Krach, und oben stoßen wir plötzlich auf eine Rinderherde, angekündigt vom bekannten Geläut ihrer Schellen und Glocken. So wie sie auseinanderstieben, habe ich die Tiere ganz offensichtlich überrascht. Ihr junger Hirte ruft sie mit einem schrillen Pfiff zur Ordnung, sodass sie auf die Piste zurückkehren und in meine Richtung weitertrotten. Im Gegensatz zu seinen erschrockenen Schützlingen scheint er mich nicht zu bemerken. Als ob solche Wesen wie ich hier alltäglich wären ... Ich nutze die Gelegenheit, um in situ (um eine hohle Floskel der universitären Sprache zu gebrauchen) ein paar Brocken jener Sprache anzuwenden, die ich theoretisch längst beherrsche.

»*Koree Mashuuru Kelakua?*« (Geht's dort nach Mashuuru? Ist es noch weit?) Ich schreie, um meinen Motor und das Muhen der

Zebus zu übertönen. Der junge Mann überwindet sein Phlegma, doch kann er mir kaum antworten, so schallend muss er lachen. Dann erweist er sich aber als durchaus beredt und hebt zu einer ausgiebigen Erklärung an, von der ich nicht ein einziges Wort verstehe. Es lebe die Theorie! Weil er jedoch mit seinem langen Hirtenstab immer wieder in die Richtung weist, in die ich unterwegs bin, fühle ich mich in meiner Entscheidung bestätigt. Immerhin scheint er den Sinn meiner Frage erfasst zu haben ...

Kurz darauf entdecke ich ein riesiges, an einem Hang erbautes und von einer hohen Dornenhecke eingefasstes Dorf, dessen rote Kuppelhütten mich irgendwie an Iglus erinnern. Die Natur atmet auf, die endlose, leicht hügelige Steppe ist in honigfarbenes Licht getaucht. Ich bin von einem stillen, tiefen Glück erfüllt wie nie zuvor. Ich bin nun nicht mehr allein, ich habe einen Unterschlupf für die Nacht gefunden, denn ich weiß, dass die Gastfreundschaft zu den wichtigsten Werten der Massai zählt, und gleichzeitig kann ich jederzeit wieder aufbrechen, hinaus in den Busch.

Die Piste ist recht sandig geworden, und ich gleite dahin. Mit zunehmender Geschwindigkeit haben meine Füße aus reiner Vorsicht wieder ihren Platz auf den Pedalen gefunden. Der Motor brummt gleichmäßig. Kiebitze ziehen über meinen Kopf hinweg und ermutigen mich mit ihrem »Kiewitt«. Die unerbittliche Sonne scheint mir ebenfalls ein letztes Zeichen geben zu wollen, bevor sie am Horizont versinkt. Eine Nachricht der Hoffnung, denn obwohl mich die letzten flachen Strahlen fast blind machen, so reflektieren sie doch auf den Blechdächern. Ob das Mashuuru ist? Eine Stunde später, nachdem die Nacht plötzlich und fast ohne Dämmerung, wie wir sie vom mitteleuropäischen Sommer kennen, hereingebrochen ist, habe ich schon fast die Hoffnung aufgegeben, die Häuser noch zu erreichen, die mir bereits so nahe erschienen waren. Je nachdem, ob ich gerade auf einem Buckel oder in einer Mulde fahre, tauchen sie auf und verschwinden erneut. Um ehrlich zu sein: Jetzt habe ich doch Angst. Ich hatte mich unbesiegbar gefühlt, aber mit der Finsternis hat sich das gewandelt. Es packt mich der Verfolgungswahn: Jeder etwas größere Busch lässt mich zusammenzucken, Adrenalin durchströmt meine Wirbelsäule, und schon meine ich, im schwachen, flackernden Lichtkegel meiner Scheinwerfer die Mähne eines Löwen zu erkennen. Um mir etwas Mut zu machen, rede ich mir ein, die nächste Kurve wird die letzte sein. Und tatsächlich! Schon bald erscheint Mashuuru im Licht meiner Mobylette. Oder zumindest das, was ich für Mashuuru halte. Jedenfalls werde ich nicht weiterfahren! Mein Maa-Lehrer hat von einer Kirche gesprochen, in der ersten »Straße« links, von dort sind es nur noch 300 Meter zu den Kasuku. Zwar gibt es hier ein paar mit Wellblech gedeckte Lädchen, insgesamt wohl ein Dutzend, doch ich kann nirgendwo ein Lebenszeichen oder gar eine Menschenseele entdecken. Ich wage kaum weiterzufahren, da der Weg abrupt im Dunkeln endet und kein Mond die Szenerie zu erhellen vermag. *Komm zur Besinnung, keine Panik! Du musst es versuchen, du hast keine andere Wahl!* Ich taste mich also weiter, in Erwartung eines Abgrundes ...

Und wirklich komme ich auf einen Weg, der über einen Sandhügel führt und nach links abzweigt. Ist es der richtige? Ich biege ab, und alsbald taucht ein Schild mit dem englischen Hinweis auf eine Pfingstkirche auf. 200 Meter weiter stehe ich vor einem rechteckigen grauen Gebäude, das ich ohne das Kreuz für einen Schuppen gehalten hätte. Ich gehe noch ein bisschen weiter und finde zu einem kleinen Haus auf einer Hügelkuppe, aus dessen zahlreichen Fenstern der Schein von Kerzen oder Petroleumlampen dringt. Mit einem Wort: Dies ist das Haus, in dem ich zumindest die nächste Nacht verbringen kann! Hundgebell erklingt, drei gelbliche Tiere stürzen auf mich zu. Mir sackt das Herz in die Hose, ich erstarre vor Schreck. Glücklicherweise scheine ich einen Schutzengel zu haben, denn es kommt eine Frau zu meiner Begrüßung herbeigeeilt, und die wilden Bestien haben sich bereits mit eingezogenem Schwanz getrollt. Ich erkläre, dass ich Xavier heiße und ein Freund, Stanley ole Kenana, mir ihre Adresse gegeben habe. Ich hätte vor, eine Studie über die Massai ... Das alles auf Englisch, um jede Diskussion abzublocken und ja nicht wieder hinaus in die Dunkelheit zu müssen. Doch sie unterbricht meine Tirade: »Ja, ich bin Agnès, ich bin auf dem Laufenden. Willkommen in meiner bescheidenen Hütte!« Dabei zeigt sie auf die Veranda, wo ich mein Moped unterstellen soll. Sekunden später sitze ich auf einem mächtigen, bequemen Sofa, das mit handgestrickten Wolldeckchen überzogen ist.

Meine Gastgeberin entschuldigt sich. Sie habe in der Küche mit dem Abendessen zu tun. Und da ich dermaßen erleichtert bin, dass sich das Ende meiner ersten Strecke so gut anlässt, hätte ich ihr alles Mögliche zugestanden …

Die Ruhe des Ortes ist ansteckend, und erneut fühle ich mich unendlich wohl. Das Licht aus der Karbidlampe lässt ein Ballett von Schatten an der niedrigen Decke tanzen. Ich weiß nicht, warum, aber ich fühle mich in die trügerisch beunruhigende Stimmung eines Wachsfigurenkabinetts versetzt. Im gedämpften Licht erkenne ich den Massai-Schmuck, mit dem alle Wände über und über behängt sind, aber auch einen bunten Strauß mit Kunstblumen, der auf dem Tisch steht, und schließlich auch einen alten Massai, der in einer Ecke des Raumes eingenickt ist und sich bisher weder durch eine Bewegung noch einen Ton bemerkbar gemacht hat. Agnès kehrt ins Zimmer zurück und bringt mir einen Kanne mit Wasser sowie eine Schüssel, damit ich mir die Hände waschen kann. Ich benetze auch meinen Körper, was mich außerordentlich belebt.

Mit ihrem rundlichen, fröhlichen Gesicht und ihrem leuchtend roten Lendenschurz bewegt sie sich gemächlich, wenn auch zielstrebig wie jene afrikanischen Frauen, die in den Genuss der traditionellen wie der modernen Erziehung und Bildung gekommen sind und sich im Dorf wie in der Großstadt wohlfühlen. Nun reicht sie mir einen dampfenden Teller, bis zum Rand gefüllt mit dem kenianischen Nationalgericht *ugali*, einem für meinen Geschmack ungenießbaren Maisbrei, begleitet von den unvermeidlichen *sukuma wiki*, gekochten Kohlblättern. Glücklicherweise bietet sie mir dazu eine große Tasse frischer Milch an. So bekomme ich den »Zement« besser herunter!

Der alte Mann ist erwacht, als sei nichts geschehen, und scheint kaum überrascht, mich zu sehen, wechselt ein paar leise Worte mit der Hausherrin und setzt sich dann mir gegenüber auf ein kleineres Sofa, um wie ein wahrer Connaisseur immer abwechselnd einen Schluck Milch und einen Happen der falschen Polenta zu sich zu nehmen. »Morgen, wenn es hell wird, kannst Du auf der anderen Seite des Ortes das sehr breite Bett des Flusses Olkerie erkennen. Dieser Mann lebt am anderen Ufer. Er hat fast alle seine Rinder bei einer Zeckenepidemie verloren und kümmert sich jetzt um meine Tiere, bis er seine Herde wieder aufgestockt hat.«

Ich nicke freundlich, doch in erster Linie bin ich damit beschäftigt, meinen Hunger zu stillen. Zu diesem Zweck hätte ich fast alles heruntergewürgt …

Sehr bald fühle ich mich verpflichtet, meiner Gastgeberin meine Geschichte zu erzählen, als müsste ich ihr eine gewisse Sicherheit geben. Sie lauscht respektvoll und kommentiert jeden Satz mit einem »Really?«, mit »oh!« oder »nein!«. Ich versäume es auch nicht, ihr von den zurückliegenden drei langen Monaten zu berichten, während derer ich in Nairobi festsaß und jeden Tag im Büro des Präsidenten vorsprach, um immer wieder abschlägige Bescheide zu erhalten, bis ich schließlich letzte Woche die Erlaubnis erhielt, mich im Land der Massai frei zu bewegen und meine Studien durchzuführen. Ich ende mit ihrem Freund Stanley und überreiche ihr einen Brief von ihm. Ohne diesen zu öffnen, wiederholt sie erneut: »Ich weiß ja Bescheid!« Wie ist das möglich? Ich staune. Stanley hat mir erzählt, er könne sie auf keinen Fall treffen, und mir deshalb dieses »Empfehlungsschreiben« mitgegeben, das ihr Vertrauen einflößen soll. Als ich mich im Halbdunkel umschaue, bemerke ich Lichtschalter und Steckdosen, in der Nähe der Küchentür stehen sogar ein Fernseher und ein Kühlschrank. Es gibt also Strom, aber ein Telefon hat sie nicht?!

»Nein, leider. Das ist ein Traum, ein unerreichbarer!«, entgegnet sie.

»Und wie haben Sie dann von meiner Ankunft und meinen Plänen gewusst?«

»Das geht leichter, als du denkst. Du bist ein guter Europäer, man muss dir alles erklären, nicht wahr? Entspann dich. Du kannst eine kleine Pause gut gebrauchen. Dein Moped kannst du hier lassen, hier ist es sicher, und wenn du es brauchst, holst du es einfach ab. Du kannst mich leicht finden, ich bin Grundschullehrerin in Mashuuru. Morgen früh, im Morgengrauen, gehst du zu Fuß bis Entepesi, dem Dorf von Takuna. Dort kannst du deinen Forschungen nachgehen, so wie du es dir wünschst. Du kannst es nicht verfehlen, ich erkläre dir beim Aufbruch genau, wie du dorthin kommst. Und eine letzte Sache: Ich habe ein Postfach in Kijiado, dahin kannst du dir deine Briefe schicken lassen, das könnte dir nützlich sein.«

Ich bin so verblüfft, dass ich nur mit einem schlaffen »Ja« antworten kann. Und obwohl ich zu gern mehr wüsste, kann ich ihr auf keinen Fall meine Ungeduld und Neugier offenbaren. Außerdem habe ich so eine Ahnung, dass alles, was ich bei den Massai erleben werde, dass also dieses Leben, von dem ich noch gar nichts weiß, außer dem, was ich in Büchern und Archiven gelesen, von Stanley und im Traum erfahren und bei einer eintägigen Reise durchs Land gesehen habe, dass all das Neue im Land der Massai außergewöhnlich sein wird.

Samstag, 4. Februar, zu Fuß unterwegs von Mashuuru nach Entepesi, 7.30 Uhr

Ich gehe schnellen Schrittes, in Gedanken versunken. Ich denke an mein Glück und kann nicht anders, als mich an meinem Leben zu erfreuen. Ich bin hier, ich bin frei, voller Lebensfreude, stark und habe die Chance, am Ende dieses Weges ein Dorf zu finden, in dem ich mich niederlassen kann, um endlich mit meinen Forschungen über die Massai zu beginnen. Für diese hätte ich eigentlich ein präzises Ziel formulieren sollen, eine Art These, das Thema meiner Doktorarbeit. Doch folge ich bis auf den heutigen Tag keinem konkreten Programm, und das werde ich auch in Zukunft nicht tun, um meine Erfahrungen nicht von Vorurteilen beeinflussen zu lassen. Ich habe das Gefühl, die Dinge werden sich hier wie selbstverständlich ergeben: Man stellt mir eine Mobylette zur Verfügung, ich lerne Stanley, später Agnès kennen, mit denen mich, wie mit den Massai im Allgemeinen, eine tiefe Übereinstimmung verbindet, eine instinktive Sympathie, fast eine universelle Liebe, und dazu ein verwandter Blick, ein spontan gleichartiges Verständnis vom Leben.

Nachdem das erste Unbehagen der Dämmerung im Licht der aufgegangenen Sonne gewichen ist, genieße ich den Marsch durch die wilde Grassteppe in vollen Zügen. Es wird ein schöner Tag, schon flimmert das Licht über den wie gepeinigt wirkenden Bäumen, deren Namen ich nicht genau kenne, vielleicht sind es Myrrhen, die sich durch besonders starke Verästelungen auszeichnen. Der Himmel ist an diesem Morgen von ungewöhnlicher Reinheit und zeigt sich in einem metallischen Blau, bevölkert von einigen

Aasgeiern, die sich von einem Aufwind in die Höhe tragen lassen ... Ich wiederhole, was Agnès mir einbläute, als sie mir den schweren Wanderstab aus Ebenholz, einen *esiare narok*, anvertraute, der meine einzige Waffe ist. »Das wird reichen, du machst damit Krach, dann werden die Tiere fliehen!« Dass ich von Zeit zu Zeit zusammenzucke und hochfahre, weil ich befremdende Geräusche höre, es klingt wie ein Rascheln oder Knistern von Papier, vermag auch er nicht zu verhindern. Und der Name der dunklen Bergkuppe im Nordosten, in deren Richtung ich meine Schritte lenke, ist auch nicht gerade eine Beruhigung: Man nennt sie hier die ... Löwenberge!

Erst einmal erstreckt sich vor meinen Augen bis zum Horizont ein Plateau. Und wenn sich der Weg, der sich als ockerfarbenes Band durch das weite Weideland schlängelt, nicht ab und zu im Lateritboden verlöre, um nach Hunderten von Metern gleich einer Quelle wieder an die Oberfläche zu kommen, wäre ich in keiner Weise beunruhigt. Später erweist sich die Strecke tatsächlich als nicht ganz ungefährlich, obwohl das Phänomen von auffallender Schönheit ist und eine lyrische Stimmung schürt – eine Schlange in der Farbe von Asche, die vor mir genauso erschrickt wie ich vor ihr. Aber ich besitze ja meinen Stab – vielen Dank!

Die Vegetation wird spärlicher, beherrscht von kurzen Gräsern. Das mag ich lieber. Mehrfach schrecke ich beim leisesten Geräusch auf, von dem Schweißausbruch wegen eines aufgescheuchten Frankolins, der hier doppelt so groß wie ein Rebhuhn ausfällt, gar nicht zu sprechen ... Mein Rucksack beginnt schwer auf dem Rücken und den Schultern zu lasten, und nach gut zwei Stunden des Wegs wird meine Stimmung schlechter. Mit einem Freudenschrei entkomme ich meiner Lethargie: Dort vorn, endlich, sehe ich die lang erwartete Dornenfestung. Sie ist in einem Talgrund angesiedelt und von zartem Gras umgeben. Eine Reihe großer, edler Bäume, die sich noch vor dem Dorf auftut, fesselt meine Aufmerksamkeit. Nach Agnès sind es *iltepes*, Seyal-Akazien, die in dieser Region häufig sind und ihr den Namen gaben.

Das Terrain ist leicht abschüssig, und ich brauche nur noch hinunterzusteigen. Die Bäume stehen weniger dicht, dafür sind sie aber höher gewachsen. Zur Rechten fällt mein Blick auf eine Giraffengazelle, die auf den Hinterbeinen stehend die obersten

Zweige eines Dornenbusches zu erreichen versucht. Ich bleibe aufmerksam, sozusagen auf der Lauer, zumal sich der Weg durch ein Dickicht und aufgehäufte Steine windet. Er endet schließlich auf einem Plateau, das frei von Strauchwerk ist, auf dem aber die hohen Akazien wachsen, die ich zuvor schon gesehen habe. Ich entschließe mich, inmitten dieser magischen und schattigen Welt eine kleine Pause einzulegen, nehme meine Trinkflasche aus dem Rucksack und setze mich. Obwohl es schon recht warm ist, belebt mich das Wasser, denn die brennende Sonne hat mich regelrecht ausgetrocknet. Die frisch aufgeblühten, großen gelben Blüten über mir verströmen einen berauschenden Duft, doch die riesigen, gut zehn Zentimeter langen Dornen hindern mich, sie von Nahem zu betrachten. Agnès hatte mir diese Dornen beschrieben, auch ihre Form, und dazu die Farbe der Bäume: »hervorspringend und spitz und zugleich abgeflacht, der Stamm hellgelb.« Das müssen sie sein …

Ich mache nun große Schritte, denn ich will nicht endlos hier verharren. Solange es sich um Antilopen und Gazellen und andere Wiederkäuer handelt, habe ich keine Angst, doch allein der Gedanke an die anderen Tiere lässt meine Beine weich werden. Als ich endlich aus den Bäumen heraustrete, bin ich unglaublich erleichtert und beginne, aus vollem Halse loszuschreien. Weiter geht es nun lange Zeit über flaches Terrain, bis ich schließlich zu einem Pfad gelange, der zunächst ganz gerade verläuft und sich dann bis zum höchsten Gipfel der Löwenberge hinaufwindet, um dort erneut die Richtung zu ändern und nach links hinunter zu führen. Plötzlich aber vermag ich kaum meinen Augen zu trauen: Ich bemerke eine Gruppe von Frauen, die sich mit im Wind flatternden Umhängen im Gänsemarsch in Richtung Westen bewegt und irgendwann meinen Weg im rechten Winkel kreuzen wird. Je näher ich komme, desto deutlicher erreicht eine mir noch fremde »Musik« meine Ohren: das Klappern, Klimpern und Rasseln von Schmuck beim Gehen. Ihre Hälse haben die Frauen mit roter Erde eingerieben und mit schweren, sehr breiten Halsringen geschmückt, die bis über die Schultern reichen. Dazu tragen sie wunderschöne Frisuren. Als sie mich bemerken, flüchten sie sich in ausuferndes Gelächter. Ich laufe zu ihnen hinüber und frage sie, ganz außer Atem: »*Aewuo pee adol Takuna. Koree enkang enye?*«

(Ich komme, um Takuna zu treffen. Wisst ihr, wo sein Dorf zu finden ist?) Fassungslosigkeit. Es bleibt lange still. Ich bin nicht wenig stolz auf meinen langen Satz, und da ich nun ein schüchternes »*Ee*« (Ja) höre, haben mich die Frauen wohl verstanden, und ich nehme an, ich solle ihnen folgen. Ich lasse mich nicht lange bitten, denn ich bin heilfroh, aus der womöglich feindlich gesonnenen Welt herausgefunden zu haben und endlich in Begleitung zu sein.

Obwohl die Sonne sticht und das Licht jetzt zur Mittagszeit intensiv geworden ist, fühle ich mich nicht mehr müde. Die Erregung hat meine Müdigkeit verdrängt. Die Frauen drehen sich immer wieder nach mir um und lachen aus vollem Halse. Mache ich mich lächerlich? Sie jedenfalls scheinen voller Lebensfreude. Von hinten kommen weitere Frauen heran und gesellen sich zu uns. Es herrscht allgemeine Heiterkeit. Bis zu diesem Zeitpunkt haben sich noch nie so viele Frauen gleichzeitig für mich interessiert! Dann ist es plötzlich still, doch nicht aus Feindseligkeit oder Befangenheit, wie sie sich manchmal zwischen einander fremden Menschen einstellt, sondern die Stille hat eher einen ankündigenden Charakter. Und bald verstehe auch ich: Nach etwa 200 Metern beginnen die Frauen auf eine gigantische Einfassung aus Dornengestrüpp zu zeigen, ähnlich einem riesigen Nest, das ein Sturm zu Boden geweht hat. Das muss das Dorf sein!

Bald ist die Prozession der Frauen dort angelangt und begibt sich durch eine Lücke im Gewirr aus Ästen und Zweigen hinein. Gerade will ich ihnen folgen, als mich eine Männerstimme anspricht: »*Olpayian, wou ene!*« (Junger Mann, komm hierher!) Im Umdrehen mache ich zwei Männer aus, die im Schatten einer Akazie auf Hockern sitzen. Ein alter von, wie mir scheint, hoch aufgeschossener Statur und ohne ein Gramm Fett am Körper drückt mir mit ungespielter Warmherzigkeit die Hand und bittet mich, zu seiner Rechten auf einem weiteren aus Holz geschnitzten Hocker Platz zu nehmen. Der linke Platz ist mit einem Jüngeren in Polohemd und Jeans besetzt, der äußerst fröhlich und entspannt wirkt. »*Lo lee!*«, flüstert mir der Alte zu. Ich antworte ohne Zögern: »*Papaai, oe!*« Die Regeln besagen, dass ich einen Mann im Alter meines Vaters so zu begrüßen habe, und ich danke Stanley im Stillen für die wichtige Unterweisung. Der andere antwortet nach einer kurzen Pause: »*Supa!*«, worauf ich »*Ipa!*« entgegne und damit die höflichen Präliminarien beende. Wer sich so gut wie ich in der Unterhaltung geschlagen hat, der muss befürchten, dass die sprachlichen Hürden höher gesteckt werden. Und genau das ist der Fall. Schon kommt mir ein erster kompletter Satz mit Subjekt, Prädikat und Objekt zu Ohren, was für mich wie Kauderwelsch klingt. Ich fluche! Er wiederholt seine Rede, diesmal ganz langsam: »*Kaji ing'uaa? Wou inosakaki ilomon lenkang ino* …« Auch das bleibt mir unverständlich. Ich schüttele verdrossen den Kopf. »Ich heiße Meeli und bin sein ältester Sohn!«, kommt mir der Jüngere in tadellosem Englisch zu Hilfe. Dann berichtet er, sein Vater habe nur wissen wollen, woher ich käme und ob es Neuigkeiten gäbe. Ein wenig gekränkt wechsele ich nun auch in die Sprache Shakespeares und überlasse es ihm, seinem *Papaai* als Übersetzer zu dienen.

Während ich kurz das Warum meiner Anwesenheit erkläre, betrachte ich sein schönes Gesicht, das heiter und ernsthaft zugleich wirkt, aber keineswegs Erstaunen darüber ausdrückt, mich hier zu sehen. Nach der Abfuhr von Agnès wage ich nicht, ihn zu fragen, ob er denn von meinem Erscheinen gewusst habe. Seit gestern lebe ich in einer fiktiven Welt, einer zugegebenermaßen spannenden, aber irrealen, denn es kann nicht das wirkliche Leben sein, weil ich nichts davon erklären könnte. Es ist absolut unglaublich. So wie etwa das kleine, barfuß laufende Mädchen, das plötzlich wie aus dem Nichts auftaucht und ein kochend heißes Getränk bringt; sie reicht es mir, nachdem sie sich gebührend vor meinem Alter verneigt hat und sich, den Sitten gemäß, ihre schöne, rechte Hand auf den glänzenden Kopf gelegt hat. Eine hochheilige Geste voller Emotionalität. Ihre schelmischen Augen wirken angesichts ihres rasierten Schädels umso größer. Bevor *Papaai* weiterspricht, zieht er die rote Wolldecke, in die er gehüllt ist, ein Stückchen höher, sodass das rot karierte, über einer Schulter zusammengeknotete Laken darunter nicht mehr zu sehen ist. Die Anwesenheit eines Übersetzers beruhigt mich, denn ich werde alles verstehen … Noch immer verblüfft über die Leichtigkeit, mit der sich hier alles anlässt, lausche ich seinen Worten: »Takuna ist auch ein Sohn von mir, er ist der Nächstjüngere nach Meeli und der Sprecher der Klasse der 20- bis 25-Jährigen. Du hast es in unserem Dorf gut getroffen, fühle dich wie zu Hause, *ti Enkai* (Gott sei Dank!) Du wohnst, wenn du möchtest, am besten mit in meinem Haus. Gott ist unberechenbar, er hat dich an einem Tag geschickt, der für uns von größter Bedeutung ist ...«

Seine ruhige, tiefe Stimme klingt magnetisierend. Der Ort, an dem wir uns niedergelassen haben, ist bestens vor der sengenden Mittagssonne geschützt. Allein die wirklich zahlreichen Fliegen, die meinen Kopf umschwirren, veranlassen mich zu ein paar nervösen Bewegungen, welche die Harmonie beeinträchtigen. Ich tauche meine Lippen in die noch warme Flüssigkeit und koste von dem leicht karamellisierten Tee mit Milch. *Papaai* fährt fort: »Wir feiern heute Takuna, der vor drei Trockenzeiten die Massai vor der Sklaverei gerettet hat. Ein Tyrann namens Arinkon, der sich als Massai ausgegeben und etliche Massai-Siedlungen terrorisiert hatte, war mit dem Befehl an dieses Dorf herangetreten, 10 000 Flöhe zu fangen und ihm zu überbringen. Und die Massai waren dank einer List meines Sohnes erfolgreich. Der nämlich überbrachte Arinkon das Fell eines schwarzen Schafes, das er zuvor geschnitten hatte, sodass schon bei einem leichten Luftzug Tausende von Härchen aufflogen, die so aussahen wie Tausende springender Flöhe. Jedenfalls hat Arinkon dies geglaubt und den Massai also auch keine Strafe auferlegt. Als nächstes forderte er, dass man ihm eine Tasse Milch bringe, die so frisch sein sollte, dass sich der Schaum vom Melken noch darauf befand. In diesem Fall bewies Takuna eine noch größere Weitsicht. Er holte eine Kuh ganz nahe ans Dorf, sodass der Schaum auf der Milch beim Transport bis zur Hütte des Chefs erhalten blieb. Als Arinkon die Massai ein weiteres Mal herausfordern wollte, entschied sich Takuna, ihn zusammen mit den jungen Männern seiner Altersklasse aufzusuchen und ihm ein für alle Mal zu erklären, dass die Massai sich jeglicher Fremdherrschaft widersetzten. Und das saß! Und zwar so sehr, dass man sich noch heute, wenn sich das Dorf vor vollendete Tatsachen gestellt sieht, des glorreichen Sieges über Arinkon erinnert und folgenden Fluch ausspricht: ›*Arinkon inkoo ena niyieu!*‹ (Entscheidet, was ihr wollt, es ist uns egal!)«

Ich falle in ein langes Schweigen, denn die Bilder haben mich aufgewühlt. Ihr Reichtum, aber auch ihre Weisheit treffen mich wie ein Schlag. *Papaai* scheint das zu spüren, denn er fasst mich sehr fest am Unterarm, als wolle er mich trösten. Das ist paradox, denn ich brenne geradezu darauf, ihm zu erklären, dass es mir sehr gut geht, und zwar besser, als jemals zuvor! Es ist, als hätte ich dank eines Schlages mit dem Zauberstab alle meine fünf Sinne zurückgewonnen. Andererseits wird mir ebenso schlagartig klar, was ich in der Vergangenheit verpasst habe.

»Ich werde dir das Dorf zeigen. Doch zuerst bringen wir deine Sachen in die Hütte meiner Mutter.« Während er dies vorschlägt, streckt Meeli seinen athletischen Körper, was mich daran erinnert, dass ich noch lange kein richtiger Massai bin. Ich verabschiede mich von dem ehrwürdigen Alten, der in seinen Händedruck so viel Lebensfreude legt, dass die blutroten Ohrringe an den langen Ohrläppchen ins Schwingen geraten. Und ich verstehe: Hier bin ich in den richtigen Händen, alles wird gut!

Ohne mich zu fragen, schultert sein Sohn meinen Rucksack. Und während ich ihm in die Einfriedung folge, stieben die Kinder, die uns von drinnen beobachtet haben, auseinander, als machte ich ihnen Angst. Das Dorf ist großflächig, ein Ende ist nicht in Sicht. Die Kuppelhütten aus Lehm sind von derselben Farbe wie der Boden und dicht an die Dorneneinfriedung herangebaut. In ihrer Mitte liegt eine kreisrunde Arena, deren Boden mit Kuhfladen bedeckt ist. Diesen Platz, der den Rindern vorbehalten ist, nennen die Massai *emboo*. Meeli schreit, um sich verständlich zu machen, denn von allen Seiten kommen Menschen herbei, und es herrscht ein enorm lautes Stimmengewirr. Hektik breitet sich aus. Die zahlreichen Gäste sind in dem dichten Qualm, der, wenn ich den vielversprechenden Duft richtig deute, von einem Grillplatz herrührt, kaum zu erkennen. Wir laufen am Rand des Dorfes entlang, und wäre da nicht die Meute der Kinder auf unseren Spuren, so würde wohl kaum jemand von mir Kenntnis nehmen. »Hier ist es!« Im Eingang zur Hütte räuspert sich Meeli – so machen sich die Massai also bemerkbar … Und tatsächlich höre ich eine Frau aus dem Inneren etwas wie »*tijing'u*!« antworten. Ich folge Meeli leicht geduckt in einen verwinkelten Flur. Die Dunkelheit zwingt mich, mich an der Wand entlangzutasten. Meine Augen tränen. Zentimeter für Zentimeter taste ich mich in dem scheinbar endlosen, rauchgeschwängerten Korridor voran, bis ich schließlich im Hauptraum stehe!

Inmitten der warmen Naturtöne komme ich mir vor wie in einer Kulisse für einen Abenteuerfilm, dessen Hauptrolle ich spielen soll. Es ist sehr heiß, und der dichte weiße Qualm wird von einem Lichtstrahl erhellt, der durch das Dach aus Zweigen hineinfällt. Meeli nimmt mich an die Hand und zieht mich zu sich auf einen Sitzplatz herunter, wo ich erleichtert aufatme. Ich fühle unter meinem Hintern eine große, ausgedörrte Tierhaut, und in der Tat sind es mehrere Lagen, die über ein Gerüst aus runden und flachen Ästen – wohl das Bett – gelegt sind. Die Luft ist geschwängert von fremden Gerüchen, die unter anderem einem Feuer aus Zweigen und trockenen Gräsern entstammen, welches direkt auf dem Boden inmitten dreier behauener Steine entzündet ist. Nach und nach lassen sich die Umrisse des Raumes erkennen. Zur Rechten sind vom Boden bis zum Dach Holzscheite und Äste gestapelt. Auf dem Bett mir gegenüber sitzt eine Frau mittleren Alters mit glänzendem, lehmbedecktem Schädel. Wahrscheinlich handelt es sich hier um ihr Schlafzimmer, das im Übrigen durch ein großes, mit langen, aus Leder und Pflanzenfasern geflochtenen Zöpfen geschmücktes Schild abgetrennt ist. »Nenn mich *Mamai!*«, bittet sie mich mit ihrer rauen, freudig klingenden Stimme.

Sie ist dabei, mit dem glühenden Zweig einer Wilden Olive eine Kalebasse zu sterilisieren, wie mir mein aufmerksamer Begleiter erklärt, und schaut mich wohlwollend und ohne jegliche Scheu an. Wie versteinert starre ich auf den Rauch und stelle mir vor, daraus eine Botschaft zu lesen. Doch was mich wirklich fasziniert, sind die Gebärden von *Mamai*, und es juckt mich in den Fingern, den Fotoapparat hervorzuholen und alles auf Zelluloid zu bannen. Wie immer in einem unpassenden Moment. Zu gern würde ich diesen Augenblick unsterblich machen, ihn mit anderen teilen – vielleicht vor allem deshalb, um sagen können: Dort bin ich gewesen, das habe ich erlebt. Niemand hat das zuvor fotografiert, es ist meine Aufnahme. Ich bin ein Abenteurer – und du nicht!

Mamai führt Zweige in die Kalebasse ein, um sie von der Asche zu säubern. Der eine ist am Ende mit einer Bürste aus Rinderborsten versehen und holt die letzten Holzkohlespäne hervor. Als sie den Mund öffnet und mit vertraulicher, ernster Stimme verkündet, dass ich das *eruat kitok* (das große Bett) mit *Papaai* teilen soll, schwinden die letzten Zweifel: Ich gehöre zur Familie!

Ich kann kaum glauben, dass wirklich wahr ist, was ich in den letzten 24 Stunden erlebt habe. Drei lange Monate hatte ich mich in Nairobi gelangweilt, war fast verzweifelt und hatte schon mit dem Gedanken gespielt, nach Hause zurückzukehren ... Dann, als ich die Hoffnung schon aufgegeben hatte, erhielt ich plötzlich die Erlaubnis herzukommen. Und nun ergibt sich etwas, das ich aus der Ferne für unerreichbar gehalten hatte, völlig zwanglos!

Nachdem wir jeder zwei Schüsseln frischer Milch getrunken haben, kehren wir ins Freie zurück. Ich blinzele, vom gleißenden Sonnenlicht geblendet. Aber ich fühle mich gestärkt, denn die Milch hat mir all meine beim morgendlichen Weg verbrauchte Energie zurückgegeben. Jetzt höre ich von Meeli, dass Takuna in der Nähe sei und uns erwarte.

Auf dem Weg erkenne ich, dass die Hütten in Zweier- oder Dreiergruppen rechts und links eines Tores stehen, das aus zwei dicken, in das Dornendickicht der Einfriedung eingelassenen Pfählen besteht. Der ältere Bruder Takunas erläutert ihre Funktion: »Wir Massai gliedern alles in Paare. Das ist wie im Leben, wo im Allgemeinen auf Freude Leid, auf eine Trockenzeit eine Regenzeit folgt usw. Unsere Altersklassen und auch unsere Familien sind paarweise geordnet: hier die Gruppe der rechten Hand, dort die der linken. Und diese Aufteilung findet man auch bei den Hütten. In der Mitte steht die des männlichen Familienoberhauptes, und rechts und links findet man die der Ehefrauen. Bei uns gibt es nur zwei Häuser, denn mein Vater hat nur einmal geheiratet. Doch in den anderen Familien baut die erste Ehefrau ihr Haus rechts von der Barriere, die zweite links, die dritte rechts, die vierte wieder links. Die erste und dritte Ehefrau sowie deren Kinder sind die Familie des rechten Pfostens, die anderen die Familie des linken Pfostens. Sie bilden zwei sich ergänzende Gruppen, nicht zwei sich widersetzende!«

Im Schatten einer Schirmakazie macht sich der in rote Tücher gewandete Takuna an einem Feuer zu schaffen, oder besser: Er stellt kreuzweise aufgespießte Fleischstücke am Rande der Feuerstelle auf, sodass sie, wie er uns versichert, außen schön kross werden und innen noch blutig bleiben. Mit einem leisen Luftzug weht mir ein delikater Duft in die Nase und weckt meinen Appetit. Unterdessen reckt sich Takuna, der mich um gut einen Kopf überragt, und ich werfe einen Blick auf seine muskulösen Beine. Sein Kopf und sein Nacken sind mit Lehm und Fett eingerieben. Er wirkt tiefgründig und weder duldsam noch anmaßend, und er langt nach einem der knusprigsten Stücke Fleisch, das er offensichtlich mit mir teilen möchte. Wir setzen uns zum Essen auf einen liegenden Baumstamm. Den beiden mageren, in gehörigem Abstand wartenden Hunden läuft schon das Wasser im Maul zusammen. Takuna hat sein Schwert aus der Scheide gezogen und schneidet von dem noch brutzelnden Fleisch abwechselnd für mich, Meeli und sich selbst kleine Stücke ab. Ich genieße diese Köstlichkeit, obwohl das Fleisch ein wenig zäh ist, was wohl seiner Frische zuzuschreiben ist, und ich kaue es so lange durch, bis sich meine Hand mit den vielen kleinen Stücken gefüllt hat, die mir Takuna nach und nach reicht.

Ungeachtet ihrer gleichen Statur ähneln sich die beiden Männer weder in ihrem Äußeren noch in ihrer Ausstrahlung. Während Meeli, von dem ich höre, dass er Soldat sei, wie ein sportlicher Durchschnittskenianer aussieht, besitzt Takuna – trotz seiner sehr männlichen Muskulatur, seiner hohen Wangenknochen und breiten Schultern – mit seinen feinen, weichen Gesichtszügen eine feminine Seite. Ich warte darauf, dass er mich fragt, woher ich komme und was ich will, also danach, was ich an seiner Stelle von einem Fremden wissen wollen würde. Doch nichts dergleichen erfolgt. Stattdessen beehrt er mich mit einem lang anhaltenden Lachen. Und Meeli beeilt sich, ihm den Inhalt der Unterhaltung mit seinem Vater zu unterbreiten, was ich den zwei oder drei mir bekannten Worten entnehme. Was mich betrifft, so möchte ich am liebsten alles kennenlernen, und zwar umgehend – das ist ja nach dieser langen Wartezeit auch nur allzu menschlich! –, aber gleichzeitig habe ich auch verstanden, dass ich ab nun lernen muss, mich in Geduld zu fassen.

»Möchtest du mich morgen zum Fluss begleiten?« Takunas Stimme klingt gleichgültig, als er sich erhebt, um uns einen weiteren Streifen Fleisch zu bringen. Ich beeile mich nachzufragen: »Zum Fluss?«

Takuna bringt seine Rinder alle zwei Tage hinunter zum Wasser, damit sie sich an einem Wasserloch satttrinken können. Und ich könnte ihm dabei behilflich sein. Natürlich willige ich begeistert ein.

Ich merke sehr wohl, dass er mich prüft, wie sie mich alle prüfen. Gleichzeitig empfinde ich eine enorme Erleichterung, dass sich hier alles so gut anlässt: Ich habe ein Dach über dem Kopf, ich bin auf der Suche nach einem Forschungsgebiet fündig geworden – davon können andere Wissenschaftler nur träumen! Lassen wir uns also gehen, und kosten wir den Augenblick aus! Takuna muss Gedanken lesen können, denn er schlägt vor, zu den Sängern und Tänzern hinüberzugehen, die sich im *enboo* formieren.

Zwei Reihen von Männern tanzen in entgegengesetzter Richtung aneinander vorbei, ihre rot gefärbten Schädel machen den Rhythmus mit, die Knie sind stark gebeugt, die Oberkörper ganz aufrecht. Es scheint, als würden sie einander inspizieren, wenn sie dem Gegenüber im Vorbeitanzen kurz auf die Schulter schlagen. Immer wieder treffen die Reihen aufeinander, um sich alsbald wieder zu trennen. Ein anmutiger Ausdruck von Kraft und Stärke! Auch die Frauen und Mädchen haben sich zusammengefunden; sie drängen von allen Seiten herbei und fallen mit ihren hohen Stimmen in den kräftigen Bass der Männer ein. Auch Meeli und Takuna lassen sich nicht lange bitten. Und ich genieße die Stimmung und lasse mich wie ein Kind vom Enthusiasmus der anderen mitreißen.

Zum Glück nötigt mich niemand, mitzutanzen oder zu singen, was ich als sehr feinfühlig zu würdigen weiß! Und dann stürze ich mich doch noch ins kalte Wasser. Das amüsiert vor allem die Frauen, weil ich – ich merke es wohl! – nicht ihren Rhythmus finde, es ist aber auch ein teuflischer Takt, dem sie mit unsagbarer Leichtigkeit folgen! Was für eine Qual! Ich bin mir des lächerlichen Bildes bewusst, das ich abgebe, aber ich schaffe es einfach nicht, mich zu entspannen. Die Menge der Tanzenden wird immer dichter und verschmilzt zu einer homogenen Masse. Mit Ausnahme von mir …

Sonntag, 5. Februar, unterwegs zum Trockenfluss Olkerie, 7.00 Uhr

Es war eine wunderbare Nacht, meine erste bei den Massai, in ihrer Rundhütte aus Pflanzenresten, Holz, Lehm und Kuhdung. Trotz der harten Unterlage und dem Schnarchen *Papaais* habe ich wie ein Murmeltier geschlafen, eingelullt von dem Knacken des Holzes und den Stimmen im Busch. An diesem Morgen bin ich übermütig und erregt, wie ich es von mir gar nicht kenne. Ich vibriere an Leib und Seele. Alles erscheint mir größer, opulenter. Die aufgehende Sonne färbt das Land bis zum Horizont blutrot, sodass die eigentlich sommerweizengelbe Piste, der wir folgen, seit zehn Minuten alles und jeden, das und der sich ihr auch nur nähert, in ein lebhaftes Orange taucht. Takuna trennt zwei junge Stiere, die miteinander gekämpft haben, und kehrt dann an meine Seite zurück, ohne den Blick von seiner Herde abzuwenden.

Die Rauchwolke über den Zebus verblasst und verleiht ihnen eine Art Heiligenschein. Knapp einen Meter vor uns bricht ein riesiges Warzenschwein – zu erkennen an seinem überdimensionierten, abgeflachten Kopf und den nach oben gebogenen Stoßzähnen – aus seinem Versteck, den Schwanz hoch gereckt wie eine Antenne. Ich hole tief Luft und inhaliere die leichten Ausdünstungen, die dem Fell der Rinder entströmen. Die Tiere sind kleinwüchsig, und ihre Farbenvielfalt ist derart groß, dass jedes anders aussieht, was der Besitzer zu schätzen weiß. Obwohl diese Bezeichnung nicht stimmt, denn ich erinnere mich an einen Aphorismus, den ich von Stanley gelernt habe: »Die Kuh hat keinen Eigentümer.« Takuna trägt eine knallrote Toga über den Schultern, eine zweite hat er wie einen Rock um die Hüften gewickelt. In der rechten Hand hält er zur Abschreckung möglicher menschlicher Feinde eine Keule aus einem unregelmäßig gewachsenen Wurzelkopf, in der Linken einen langen Stab, mit dem er seine geliebten Wiederkäuer einschüchtert und zusammentreibt. Und das tut Not! Ich, der ich keine Ahnung von der Arbeit auf einem Bauernhof habe, bemerke die Unruhe, die in so einer Herde herrscht, angefangen bei den Stieren, die nichts unversucht lassen, bis sie endlich die Nähe einer Färse finden! Ein ständiges Gerangel und ein Muhen, das Tote erweckt, sind immer mit von der Partie. Ganz zu meiner Erleichterung und Freude, weil der Lärm die Schlangen aufschreckt, sodass sie sich rechtzeitig aus dem Staub machen.

Und gerade das ist es, was ich jetzt von Takuna wissen möchte. Ich lege mir im Kopf bereits die Schlüsselwörter zurecht: Schlange, gebissen, Rinder, wir, oft … Ich versuche mich an einem Satz und lauere auf seine Reaktion. Er beginnt zu lachen, und er hat doch – sofort – den Sinn meiner Worte erfasst. Ist es nicht wunderbar, dass man sich in jeder Sprache irgendwie verständigen kann?! Takunas Antwort, die wie ein Schwall aus ihm herausgeschossen kommt, bleibt mir dagegen unklar. Ich lasse sie ihn wiederholen, einmal, zweimal, dreimal … Schließlich ahmt er mich nach und spricht jedes Wort – und nicht den ganzen Satz – langsam und deutlich aus und unterstreicht es mit einer Geste. Nach einigen Verrenkungen seinerseits, meine ich den ungefähren Sinn seiner Antwort zu verstehen: Rinder werden nur selten angefallen, und wenn, dann vor allem nachts, sogar innerhalb der Dorneneinfriedung des Dorfes; Menschen sind noch seltener Opfer und nur dann, wenn sie sich falsch verhalten. Wenn wir uns nichts zu Schulden kommen lassen, kann uns Menschen eigentlich nichts passieren, uns würde weder eine Schlange beißen noch ein Löwe zerreißen … Ich lache nicht, sondern im Gegenteil: Ich lasse mir Zeit und verinnerliche die Information, die mir so viel mehr über die Kultur der Massai verrät als das längste Gespräch oder die Beobachtung eines Rituals, bei dem ich Zuschauer bliebe. Seit vorgestern bin ich mittendrin im Leben der Massai, und nie in meinem Leben habe ich mich so wohlgefühlt wie in diesen letzten 48 Stunden!

Unterhalb unseres Weges öffnet sich eine weite, mit feinstem, sehr hellem und glitzerndem Sand bedeckte, ebene Fläche von etwa 400 Metern Breite. Es ist der Olkerie beziehungsweise sein Bett, denn er ist ein Trockenfluss. Takuna schlägt mit seinem Stab auf den von hellen Sandkörnern bedeckten Boden, um seine Rinder zusammenzutreiben, die – offensichtlich von der Gier auf das Wasser berauscht – immer unruhiger werden, scharren und trampeln. Auch ich spüre die Nähe des Wassers, und ich absorbiere mit allen meinen Poren die Leben spendende Luft, die ich mit dem Meer assoziiere. Wir sind hier doch an einem Strand! Ich sehe doch all die Frauen, die sich in diesem endlosen Panorama weißen Sandes verteilen und aus gar nicht so tiefen Löchern oder Brunnen Wasser schöpfen und mich an die Kinder erinnern, die an unseren Urlaubsstränden Löcher graben und ihre Eimer füllen. In dem mäandrierenden Flussbett wird überall gegraben, geschöpft und umgefüllt, und das Plätschern des Wassers mischt sich unter das fröhliche Stimmengewirr und die Kakophonie der tierischen Laute. Ein paar besonders tiefe Wasserstellen liegen direkt am Ufersaum, im Schatten einiger wirklich majestätischer Akazien, und sind über steile, in den leicht matschigen Lehm getretene Steigen zu erreichen. An ihren Rändern haben sich Rinder, Schafe, Ziegen und Esel eingefunden. Auch Hunderte von Lastentieren, bepackt mit Kanistern und Eimern, warten ungeduldig, dass sie endlich die Dornenabsperrung passieren und sich an dem Wasser laben dürfen.

»Dort ist es!« Takuna weist auf eine sehr hohe Begrenzung – ein Dickicht aus Ästen und Zweigen, die mit enormen Dornen bewehrt sind –, hinter der zu meinem Erstaunen ein durchweichter Weg hinunter zur Tränke führt. Zwei hochgewachsene junge Männer mustern mich scheinbar teilnahmslos und schweigend.

»Mein kleiner Bruder! Ein Moran …« Takuna hätte mir das nicht zu erklären brauchen, denn die Ähnlichkeit ist unübersehbar. Ich habe schon vorher bemerkt, dass die Massai einander selten mit ihren Namen bezeichnen, sondern eher mit ihrem Alter oder der Altersklasse oder dem Namen eines Tieres, das sie mit der betreffenden Person getauscht haben. Takuna nennt seinen Bruder *Olmurrani*, was so viel bedeutet wie »Krieger während der Initiation«. Als ich allerdings hartnäckig frage, erfahre ich auch seinen Namen: Kimakon. Die beiden scheinen mich ansonsten zu ignorieren; sie strahlen eine enorme Ruhe und Kraft aus, und ich erinnere mich an eine Geschichte, die ich im letzten Jahr über die berühmt-berüchtigten Morane gelesen habe: »Ein Moran hatte seinen Kopf auf einem gerade von ihm getöteten Löwen abgelegt, als plötzlich aus dem Gestrüpp eine Gruppe von Feinden hervordrang, die den Mann ausgestreckt daliegen sah. Der Moran blieb ungerührt und zeigte nicht die geringste Angst. Einige der Feinde erhoben ihre Lanzen und zielten auf den Moran, um ihn zu töten, doch ihr Anführer hielt sie zurück, so beeindruckt war er von der Kühnheit des jungen Mannes. Dieser hütete sich, dem Alten für die Rettung seines Lebens zu danken. Vielmehr hob er den Kopf und schrie: ›Sei verflucht, ich habe dich um nichts gebeten. Warum hast du verhindert, dass deine Leute ihre Arbeit verrichten? Mach das nicht noch einmal, schließlich sind wir keine engen Verwandten!‹«

Kimakon wirkt – wie sein großer Bruder – mit seinem feingliedrigen Körper, den weichen Gesichtszügen und der äußerst gepflegten, glatten Haut recht feminin. Besonders auffallend sind seine langen, zu vielen kleinen Zöpfen geflochtenen Haare, die auf Höhe der Schulterblätter mit einem Lederband zusammengehalten werden. Er und sein Gefährte sind mit rasiermesserscharfen Lanzen bewaffnet, die sie in Reichweite im Sand aufgepflanzt haben – für den Fall der Fälle?!

»Wou ene, tipika enkare empeut!« (Komm und schütte Wasser in die Tränke!) Während er mir die Arbeit zuteilt, steht Takuna schon schenkeltief im Wasserloch. Er ist bemüht, die in den Lehm geformte Vertiefung, die als Tränke dient, voll Wasser zu halten. Unterdessen führen Kimakon und der andere Moran die Rinder hinunter. Es sind jeweils neun Stück, die auf der einen Seite hinuntersteigen, und neun weitere, die auf der anderen wieder hinaufklettern. Die beiden agieren ruhig und selbstbewusst und gebrauchen nichts anderes als ihre Stimme, die mit Kehl- und Klicklauten die Herde dirigiert. Ich bin beeindruckt! Bei uns hätte man die Tiere mit Stockhieben auf Trab gebracht …

Ich steige zu Takuna hinab, der sich unablässig bückt und wieder aufrichtet, ohne dass dies besonders anstrengend aussähe. Das möchte ich auch können! Zum Glück trage ich Shorts. Ich stelle mir vor, wie sie sich über mich lustig machen, gesetzt den Fall, ich zöge meine Jeans aus und arbeitete in Unterhose – schließlich hat jeder seinen Stolz, auch wenn er nicht angebracht sein mag. Bereit, die Herausforderung anzunehmen, steige ich in den Tümpel und genieße das kühlende Nass. Selbstsicher behaupte ich, ich wüsste schon, was zu tun sein. Takuna hat gerade noch die Freundlichkeit, mir den Umgang mit dem Eimer zu erklären, als ich, der ich seinen Job als allzu leicht erachte, bereits anfange, einen Eimer mit ausgestreckten Armen aus dem Loch zu hieven. Wie habe ich mich getäuscht! Ich schaffe es nur mit Ach und Krach, den Inhalt in die Tränke zu kippen, die zwei Meter über meinen Füßen positioniert ist. Außerdem finde ich schlecht Halt und rutsche immer wieder weg. Ich strenge mich höllisch an, tauche den Eimer tief unter Wasser, hole ihn mit einem Schwung herauf bis über meinen Kopf, schütte ihn aus, und das Ganze beginnt von vorn … Natürlich versuche ich, eine gute Figur zu machen, aber die Arbeit strengt mich so sehr an, dass ich nach zehn

Minuten, die mir vorkommen wie eine halbe Ewigkeit, Takuna um Ablösung bitte. Der lächelt verständnisvoll. Er weiß genau, dass ich nicht gerade lange durchgehalten habe, aber immerhin habe ich es versucht, und ich schwöre mir, dass ich den Job in sechs Monaten genauso lässig werde verrichten können wie mein Mentor! Und dass ich – was für eine aberwitzige Hoffnung – sein werde wie ein Moran!

***

Den Rest der Zeit verbringe ich damit, meine Unterwäsche und meine T-Shirts zu waschen, die, im Dornengestrüpp aufgehängt, im Handumdrehen wieder trocken sind. Danach lehne ich mich an den roten Stamm einer Akazie an der Uferböschung und schlummere ein wenig, bevor ich, geschützt vor den Blicken der Frauen, an einer ausgiebigen Waschung im blendenden Sonnenlicht teilnehme, zu der auch Meeli herbeigekommen ist. Die Luft wird lauer, und wir steigen gemeinsam zum Dorf hoch, begleitet vom Glockengeläut der Tiere und den gepfiffenen Melodien der Männer. Takuna flüstert seinem älteren Bruder etwas ins Ohr, ohne dass dieser aufbegehrt, und als wir an dem ausgetrockneten Lauf eines kleinen Baches vorbeigehen, wendet er sich mit ernster Stimmer an mich, wobei Meeli ihn unterstützt: »In etwas mehr als einem Monat, bei Vollmond, also nicht beim nächsten, sondern beim übernächsten, musst du ohne Begleitung bis zum Ende der Arroi-Ebene gehen und dort im Dorf einen sehr angesehenen *loibon*, einen Medizinmann, aufsuchen, der Tag und Nacht dafür betet, dass *Enkai* uns seine Kraft für den Frieden schickt! Bis auf den heutigen Tag hat er noch keinen Mann gefunden, der fähig wäre, seine Nachfolge anzutreten. Letzte Woche wurde wieder ein kleiner Junge geboren, und so wird der *loibon* erneut das gewohnte Ritual durchführen und prüfen, ob dieser endlich der Richtige ist. Der Ritus besteht darin, den Neugeborenen mitten in den Haupteingang des Dorfes zu legen und dann alle Rinder hereinzuholen. Wenn alle Tiere rechts und links an dem Jungen vorbeilaufen, ohne ihn zu berühren, werten wir dies als Zeichen, dass er mit genügend Macht ausgestattet ist, um im Erwachsenenalter seinerseits ein gottähnlicher Mittelsmann zu werden. Diese

Zeremonie, so will es der Brauch, muss von einer unserer Kultur völlig fremden Person überwacht und für gültig erklärt werden. Wir haben beschlossen, dass du dieser wichtige Zeuge sein sollst! Willigst du ein?«

Ich schaue Takuna starr und ein wenig entgeistert an, und ich frage mich, ob er es ernst meint oder ob das Ganze ein Spaß ist. Das alles geht so schnell. Als wolle er mich ablenken, reicht mir Takuna ein Stück Hibiskusholz, auf dem ich herumkaue.

Ohne nachzudenken, will ich von ihm wissen, was passiert, wenn die Rinder den Säugling niedertrampeln. »Das wird niemals passieren, die Morane werden dort sein und, wenn nötig, eingreifen. Im Allgemeinen wird es nicht schlimmer, als dass ein Tier dicht an ihm vorbeiläuft!«

Ich kann es nicht fassen: Die Massai kennen mich gerade zwei Tage, und schon haben sie entschieden, mir dieses Vertrauen entgegenzubringen. Ich soll mit einem ihrer höchsten spirituellen Führer ein Geheimnis teilen und eine Aussage machen, von der abhängt, wer sein Nachfolger wird.

»Ich nehme an, ich habe keine Wahl!«, sage ich und bin zerrissen zwischen der Erregung über die einmalige Aussicht, an einem unglaublichen Ereignis teilzunehmen, und der Angst, dabei zu versagen.

»Man hat immer eine Wahl, aber niemals zwischen dem Guten und dem Bösen, denn das eine kann es ohne das andere nicht geben!« Als Takuna dies antwortet, wirbeln die Rinder mit ihrem Getrampel eine besonders dichte Staubwolke auf. Und während ich noch über die Interpretation dieser Worte nachsinne, kündige ich an: »Ich werde gehen!«

Montag, 6. Februar, im Dorf von Takuna, im Nachbarhaus, 0.30 Uhr

Ein Nachbar von Takuna, der seiner Altersklasse angehört, hat unbedingt gewollt, dass ich bei ihm schlafe. Nachdem wir zusammen das Abendessen eingenommen haben, das aus drei großen Tassen frischer Milch und dem unvermeidlichen Klumpen »Zement« bestand, ist er nun zum Schlafen weggegangen, wahrscheinlich zu einem gleichaltrigen Freund, der ebenfalls ... Das dämmrige Licht von den verglühenden Ästen macht mich schläfrig, doch schaffe ich es einfach nicht, mich von Morpheus' Armen wiegen zu lassen. Wessen Arme? Wie sollte ich, nach allem was sich gestern Abend ereignet hat, einschlafen?

Die Eigentümerin der Hütte, eine 18-jährige Frau von aufreizender Schönheit, hat sich noch lange mit mir unterhalten, und ich habe so gut es eben ging Rede und Antwort gestanden. Sie schien alles recht schnell zu begreifen, obwohl ich nicht ganz die richtige Betonung hinbekam. Für mich war es eine gute Übung, weiter nichts. Ich dachte an die gute Gelegenheit, meine Sprachkenntnisse zu verbessern. Das ging bestimmt zwei Stunden, vielleicht auch drei, so genau kann ich mich nicht erinnern, jedenfalls verstanden wir uns außergewöhnlich gut. Ich fühlte mich wohl, und zwar so sehr, dass mir eigentlich die Worte fehlen, mein Glück auszudrücken. Und schließlich kam sie, ohne jedes vorherige Zeichen, zu mir ins Bett, in das große Bett ihres Ehemannes! Sie legte sich mir gegenüber auf die Seite, das rechte Bein angewinkelt und das linke zu den rußgeschwärzten Zweigen an der Hüttendecke zeigend.

Noch jetzt habe ich ihren betörenden Geruch in der Nase, eine Mischung aus Shea-Butter und einer Art würzigem Lavendel. Ihre lachenden Augen, ihre Stupsnase und ihr sinnlicher Mund zogen mich in ihren Bann, und ich blieb reglos liegen. Ich erinnere mich, dass sie meine Hand nahm, und ich … ich tat nichts. Mein Körper erstarrte in dem Moment, als ich zu denken begann. In erster Linie an ihren Mann. Ich stellte mir vor, er käme herein, fände mich in den Armen seiner Frau und durchbohrte mich mit seiner Lanze. Ich sah mich schon auf dem Titel einer französischen Gazette: »Junger französischer Wissenschaftler bei den blutrünstigen Massai von einem Eifersüchtigen getötet!« Dann, ganz vorsichtig und ohne ein Wort zu verlieren, wandte sie ihren Blick von mir ab, ließ meine Hand los, streckte ihr rechtes Bein aus, ließ ihr linkes fallen und verließ das Bett in Richtung ihres Zimmers.

***

Ich habe natürlich die ganze Nacht kein Auge zugemacht. Und das Frühstück war die reinste Qual. Die junge Frau sprach nicht ein Wort mit mir, und schlimmer noch: Sie drehte sich ostentativ weg, als sie mir meinen Tee reichte. Ich wusste kaum wohin mit mir. Jetzt plagen mich düstere Gedanken. Ich muss mich dieser furchtbaren Last, dieses kriechenden Schuldgefühls entledigen! Ich muss also mit jemandem darüber sprechen, und zwar schnell! Meeli scheint mir ideal dafür, doch ist er nicht schon abgereist? Ich meine, er sollte am Montag zu seiner Garnison zurückkehren.

Glücklicherweise treffe ich ihn bei *Papaai,* wo er gerade seinen morgendlichen Tee schlürft. *Mamai* macht den Eindruck, als würde sie meine Qualen spüren. Jedenfalls neckt sie mich mit Fragen wie:»Na, hattest du eine schöne Nacht?« Als die Luft endlich rein ist, frage ich Meeli, ob er Zeit hat, mit mir einen kleinen Spaziergang außerhalb des Dorfes zu machen, ich hätte ein paar Fragen. Er schlägt vor:»Dann lass uns zum *osoit lenkima* gehen!«

»*Osoit lenkima?!* Was ist das?«

»Eine Felskuppe, von der man einen wunderbaren Blick hat. Nicht weiter als einen Kilometer von hier. Im Haushalt von *Mamai* und auch in der Hütte, in der du letzte Nacht geschlafen hast, bezeichnet man so auch den dritten von drei Steinen, auf die man einen Behälter übers Feuer stellt. Und man verbindet mit diesem Begriff eine Diskussion, die zu keinem Ende kommen kann, solange nur zwei Personen daran teilnehmen ...«

Sehr interessant, doch was hat das mit dem zu tun, was mir den ganzen Tag schon durch den Kopf geht? Meint er damit vielleicht die Ereignisse der letzten Nacht? Die Natur scheint alles wegzuwischen. Und jeder baut sich selbst sein Gefängnis! Fünf Minuten später stehe ich auf dem höchsten Punkt einer beeindruckenden Anhäufung von fremdartig glänzenden, mit Glimmer bedeckten grauen Felsen. Es ist geradezu märchenhaft, wie sehr sie mich an die Klippen erinnern, unter denen ich in der Heimat Garnelen fange. Ein Glücksgefühl durchströmt mich, zumal es in der Morgendämmerung herrlich frisch ist. Wir schauen über die unendliche Ebene. Die hellgelben Gräser wogen sanft im Wind und trotzen noch der weißglühenden Sonne, die bald das Land bis hin zu den Löwenbergen beherrschen wird. Der Kilimandscharo gleicht aus dieser Ferne einem friedlichen Eisberg in einem Meer von Wolken.

»Hast du gut geschlafen?« Die abrupte Frage stammt von Meeli. Sie müssen also miteinander gesprochen haben, anders kann ich es mir nicht erklären!

»Um ehrlich zu sein, es ist komisch, dass du mir diese Frage stellst, denn das wollte ich dich gerade fragen.«

»Wie? Ob ich gut geschlafen habe?«

»Nein, warum ich schlecht geschlafen habe!«

»Aha! Du hast also schlecht geschlafen!«

»Allerdings! Ich hab eine furchtbare Nacht hinter mir!«

»Wegen des Bettes oder wegen Selenoi?«

»Heißt sie Selenoi? Ich wusste nicht einmal ihren Namen! Ja, in gewisser Weise ihretwegen. Es ist …«, zögere ich. Womit soll ich anfangen? Wie soll ich es ausdrücken? Immerhin kenne ich Meeli noch nicht sehr gut, auch wenn alles sehr schnell gegangen ist seit meiner Ankunft. Außerdem geht es hier schließlich um mein Privatleben! Auf einmal bin ich mir nicht mehr sicher, ob ich mit meinen Bekenntnissen fortfahren soll. Wenn er es nun falsch versteht … Aber na ja, ich habe ja wirklich nichts Böses getan, mein Herz ist rein. Trotzdem muss ich mich zwingen, weiterzusprechen: »Also, ich habe einen fabelhaften Abend verbracht. Wir haben lange miteinander gesprochen, Selenoi und ich. Ihr Vorname passt wirklich gut zu ihr! Wir haben uns gut verstanden, so gut, dass sie schließlich zu mir ins Bett gekommen ist, und da habe ich offensichtlich nicht so reagiert, wie sie es sich gewünscht hat …«

»Ich verstehe«, antwortet Meeli und bricht in ein herzhaftes Gelächter aus. »Du hast ihr gefallen, das ist alles. Und sie wollte dir die Gastfreundschaft der Massai beweisen …«

»Was ist das genau, die Massai-Gastfreundschaft?«

»Es ist eine Frage der Generation, der Altersklasse, der du angehörst. Ich nehme an, sie weiß, dass du derselben Altersklasse angehörst wie ihr Mann, wie auch ich und wie Takuna. Da ist nichts Böses dabei, im Gegenteil. Die Massai betrachten die Frauen als mit der ganzen Altersklasse ihres Ehemannes verheiratet. Wenn ein Mann von seinem Freund aus derselben Altersklasse Besuch bekommt, muss er sich im Sinne der Gastfreundschaft aus dem Staub machen und seinem Freund seine Ehefrau für die Nacht überlassen. Der Gast braucht nicht zu befürchten, dass der Ehemann vor Morgengrauen zurückkehrt oder ihm Fragen stellt.

Was zwischen dem Freund und der Ehefrau passiert, geht nur die beiden etwas an.«

»Dann habe ich also nichts Falsches getan?«

»Nein, schlimm wäre nur gewesen, wenn du sie in dein Bett gezwungen hättest. Das wird hart bestraft, und zwar mit der Verwirkung aller Rechte, die du als Massai hast. Wenn du dich eines solchen Vergehens schuldig machst, kannst du deine Forschung vergessen!«

»Und die Eifersucht? Gibt es bei euch keine Eifersucht?«

»Nein, ausgeschlossen. Die Massai halten die Eifersucht für eine Krankheit, die der Gesellschaft in besonderem Maße schadet. Willst du, dass ich dir eine bekannte Legende über die Eifersucht erzähle? Ich sage »Legende«, weil wir diese Geschichte immer als eine solche erzählen, doch sie ist wirklich passiert. Es ist die Geschichte eines alten Mannes, der mit einer sehr jungen, sehr hübschen Frau wie etwa Selenoi verheiratet war *(die Fliegen schwirren umher ...)*, und er war so eifersüchtig, dass er sie nie aus den Augen ließ und ihr überallhin folgte. Außerdem hatte er entschieden, niemals mit seiner Frau zu schlafen, sodass er für den Fall, dass sie dennoch schwanger würde, einen Beweis hatte ... Am Rande der Verzweiflung ersann die Frau eine List, um ein für alle Mal die Wachsamkeit ihres Ehemannes zu hintertreiben. Sie gab vor, ihre Mutter sei schwer krank und sie müsse sich am nächsten Tag in ihr Dorf begeben, das etwa zehn Kilometer entfernt lag. Der Mann erlaubte dies, stellte aber zur Bedingung, dass er sie begleitete. Was sie – natürlich – vorhergesehen hatte. Unterwegs folgte der Mann seiner Frau wie ein Schatten und war beruhigt, wie immer, wenn er sie im Blick hatte. Doch auf der Höhe eines riesigen Feigenbaumes täuschte sie eine Ohnmacht vor. Der Mann wusste, dass sie Wasser brauchte, doch zögerte er, sie allein zu lassen, um hinunter zum Fluss zu gehen und Wasser zu schöpfen. Schließlich gab er sich einen Ruck, nahm seinen leeren Wasserbehälter und ging zum Fluss. Doch schon auf der Hälfte des Rückwegs war sein Behälter wieder leer, denn seine Frau hatte Vorsorge getroffen und ihn durchlöchert wie ein Sieb. So oft der Mann zum Fluss zurückkehrte, scheiterte er wieder und wieder. In der Zwischenzeit kam der auf einem Ast wartende Liebhaber der Ohnmächtigen zu Hilfe ... Neun Monate später brachte sie einen hübschen Sohn zur Welt. Der Mann aber war inzwischen zum Gespött seiner Altersklasse geworden und hatte keine andere Wahl, als das Kind zu adoptieren. Und die Moral von der Geschichte: Selbst wenn du deiner Frau Tag und Nacht folgst, wird sie immer eine Gelegenheit finden, ihre Wünsche zu verwirklichen, wenn sie es denn wirklich will. Die Massai-Frauen besitzen also die Freiheit, andere sexuelle Beziehungen als die zu ihrem Ehemann einzugehen, vorausgesetzt, er gehört derselben Altersklasse an. Selenoi muss sich unendlich gedemütigt fühlen. Du musst wissen, dass die Massai-Frauen sehr stolz sind – so sehr, wie du es dir kaum vorstellen kannst. Das Maa-Wort *enkitok* steht zugleich für Frau wie für etwas Großes, sehr Wertvolles und Wichtiges. Nach einer weiteren Legende waren es früher die Frauen, die die Männer kulturell dominierten. Sie lebten getrennt, und die Frau besuchte einen Mann nur, um sich schwängern zu lassen. Dennoch haben sich Männer und Frauen immer sehr gut verstanden und sich gegenseitig ergänzt. Es herrschte Frieden, und die Frauen waren verantwortlich für die Herden. Diese bestanden damals noch nicht aus Rindern, sondern aus Elan-Antilopen, und anstelle der Esel hatten die Massai Zebras. Und weißt du, wie sie sich fortbewegten? Du wirst sagen, mit dem *piki-piki*, dem Moped. Nein! Auf dem Rücken von Elefanten! Ja, wirklich! So, nun verstehst du vielleicht ein bisschen besser, warum Selenoi so beleidigt reagiert hat. Die Frauen sind Königinnen …«

»Und was kann ich tun, damit sie mir verzeiht und wieder mit mir spricht?«

»Nichts! Gar nichts! Du kannst nichts anderes tun als warten. Und versuche vor allem nicht, ihr zu erklären, dass es sich um ein kulturelles Missverständnis handelt, sie könnte dich dann nur noch stärker begehren!«

Dienstag, 7. Februar, im Vorland des Oldoinyo Lolenengasaloi, des Löwengebirges, 15.00 Uhr

»Dies, das wir *erikaru* nennen, und das dort, das *enaimurwai*, sind die beiden bei den Massai-Rindern beliebtesten Grasarten.« Neranto und Naserian, die beiden Mädchen, mit denen ich seit dem Morgengrauen die Rinder von *Papaai* hüte, ereifern sich im Chor, mir ihre Welt zu erklären. So lerne ich wieder einmal neue Begriffe: Pflanzen- und Baumarten, heilmedizinische Eigenschaften ...

Es ist die erste Pause seit der Morgendämmerung, und sie kommt mir sehr gelegen. Nicht, dass wir sehr weit gegangen wären: Wir haben den Umkreis von vier bis fünf Kilometern um das Dorf herum nicht verlassen. Aber wir sind die ganze Zeit im Geröll herumgeklettert – und das mit der Angst im Bauch, womöglich einem Raubtier, vielleicht einem Löwen, zum Opfer zu fallen. Von Schlangen ganz zu schweigen ... Stellen Sie, lieber Leser, sich einmal ein sommerliches Weizenfeld kurz vor der Ernte vor. Sie machen ein Picknick, fühlen sich wohl, sogar sehr wohl, und plötzlich denken Sie, Sie haben eine Halluzination. Aber nein, es stimmt, was Sie sehen, nämlich Dutzende von Schlangen, die wie Forellen aus dem Meer von Pflanzen hochspringen. Wahrscheinlich, um nach Insekten zu schnappen. Und was machen Sie? Woran denken Sie? Ich denke natürlich an das, was mir Takuna erklärt hat: »Solange du dich richtig verhältst ...« Um genau zu sein, plagt mich noch immer die durchwachte Nacht und vor allem das Ungemach, das ich Selenoi bereitet habe. Die Schlangen, deretwegen ich noch immer am ganzen Körper zittere, halte ich für eine Strafe der Götter. Ich habe dem Charme einer Göttin widerstanden, und nun zahle ich für die Sünde der Majestätsbeleidigung!

»*Torrono, ilpapit!*« (Das ist nicht schön, dieses Haar!) Schon zum x-ten Mal streicht mir Neranto mit leichter Schadenfreude über meine Unterarmhaare. Manchmal hebt sie auch mein T-Shirt hoch, als erwarte sie dort einen Schatz zu finden, fährt durch meine Brusthaare und wendet sich voller Ekel ab. Neranto ist die Rädelsführerin, unglaublich aufgeweckt, immer kurz davor, in Lachen auszubrechen, aber ihr Selbstbewusstsein mir gegenüber ist wohl auch dadurch begründet, dass sie das Nesthäkchen von *Papaai* und *Mamai* ist. Allerdings habe ich sie seit meiner Ankunft kaum gesehen, weil sie es vorzieht, bei ihrem Bruder Takuna zu leben. Naserian ist ganz anders. Sicherlich ebenso alt, also elf oder zwölf Jahre, aber bereits eine kleine Dame: Sie spricht wenig und drückt sich vor allem durch ihre Haltung, Gesten und durch Ausweichmanöver aus.

Über die Buschlandschaft hinweg blicke ich auf unser Dorf, dessen Umrisse einem mit Kreide gezeichneten Kreis gleichen. Die Grillen zirpen, der Himmel ist klar. »*K'aja?*« (Wieviel?), will Neranto wissen und vollführt eine Geste der Zurückweisung. »Acht«, antworte ich voller Überzeugung, doch habe ich eher geraten. Wie immer werde ich geprüft, wenn ich es am wenigsten erwarte. Man will kontrollieren, ob ich alle Gesten gelernt habe, die die Massai für Zahlen benutzen – und zwar weitaus lieber, als die Nummern explizit zu nennen. Im nächsten Moment sitzt Neranto rittlings auf einem riesigen Bullen. Der zuckt nicht mit der Wimper – nicht, dass er zahm wäre, ganz im Gegenteil habe ich eher den Eindruck von einem hyperaktiven Tier gewonnen, aber mir scheint, die kleine Dame hat ihn schlicht bezwungen. Noch so eine dieser stolzen Nachfahrinnen jener Frauen, die einst die Elefanten bändigten!

Jetzt, am späten Nachmittag, atmet die Natur auf, und wie jeden Tag seit meiner Ankunft löst die Abendbrise bei mir ein Glücksgefühl aus. Es wird Zeit, zum Dorf hinunterzusteigen und in seinen Schutzwall aus Dornengestrüpp zurückzukehren ...

Freitag, 9. Februar, auf dem großen Bett in der Hütte von Papaai, 5.30 Uhr

Riesige Ungeheuer mit schrecklichen Klauen und schaukelndem Gang umringen mich. Ich bin verloren, ihr Gebrüll und ihr Gelächter ... Aber nein, das ist die Stimme von *Papaai*: »*Olashumpai, Olashumpai!*« (Der Europäer!) Es ist nur ein Albtraum gewesen, ich bin erleichtert. Aber was will er? Ist es schon Zeit für den Tee? Von draußen höre ich das Pfeifen heftiger Böen und unterdrückte Stimmen, so ungewohnt, dass mich Angst überkommt. »*Olashumpai*, du musst aufstehen!«, wiederholt *Papaai* und schüttelt mich wie einen Pflaumenbaum. »Ist es denn schon so spät?«, frage ich, noch halb in meinem Traum gefangen. Und dann meine ich zu verstehen, dass man schon auf mich wartet. Wie in Trance steige ich aus den Federn. Bevor ich in meine Schuhe steige, leuchte ich mit der Taschenlampe hinein – weil ich gehört habe, dass die Reisigbündel ganz in der Nähe des Bettes bei Skorpionen besonders beliebt sind, schlafe ich zur Sicherheit nur noch mit griffbereiter Taschenlampe …

Ich schaue vor die Tür, und tatsächlich weht draußen ein heftiger, sehr böiger Wind. Die Morgenröte beginnt bereits den Himmel zu verfärben, und er nimmt langsam ein Indigoblau an. Ich fröstele. Takuna flüstert mir etwas zu, doch ich verstehe nicht, was er von mir will. Ich habe ihn noch nie so ernst gesehen. Er nimmt mich an der Hand und führt mich zur Einfriedung der Schafe. Die Tiere sind verängstigt. Die Abzäunung ist leicht beschädigt, aber drinnen entdecke ich Schlimmeres: Drei Tiere liegen leblos auf der Seite.

»Sie wurden vor einer Stunde getötet!«, informiert mich Takuna und lässt den Lichtkegel der Taschenlampe zu einer breiten Kriechspur im aufgewühlten Lehm wandern.

»Eine große Schlange, nicht wahr?«

»Ja, eine …«

Ihren Namen verstehe ich nicht, aber wenn ich sehe, wie aktiv die Freunde von Takuna sind, dann werde ich sie sicher bald zu Gesicht bekommen. Wenn ich die Spur richtig interpretiere, muss es sich jedenfalls um ein außergewöhnlich großes Tier handeln. Und ich lasse die möglichen Beutegreifer im Kopf Revue passieren: Eine Python – nein, ausgeschlossen, die hätte nur ein Schaf getötet und niemals den Kadaver liegengelassen; vielleicht eine Kobra?

»Komm mit mir, *Olashumpai*, wir folgen ihrer Spur!«, fordert mich Takuna auf, der sich bereits mit einigen langen Stäben, einer Lanze und einer Hacke bewaffnet hat. Mindestens zehn andere Männer folgen mit äußerster Konzentration und in leicht geducktem Gang der Fährte des mysteriösen Reptils. An der Dorneneinfriedung verschwindet ihre Spur. Wir nehmen den Ausgang, der nur wenige Meter entfernt liegt, und lenken unsere Schritte dorthin, wo die Spur wahrscheinlich weitergeht. Der Himmel am Horizont färbt sich purpurrot; gleich wird es hell sein, wenigstens das dient unserer Beruhigung! Ich beuge mich hinunter und gewinne den Eindruck, die weiterführende Fährte habe sich wie durch eine Lupe betrachtet enorm vergrößert. Wohin wird uns das alles führen?

Takuna dreht sich zu mir um und weist auf eine massive Lehmfeste, deren skurrile Bauweise an Ferdinand Cheval erinnert: ein Termitenhügel! Und die mäandrierende Fährte der Schlange führt hinein! Takuna reicht mir die Hacke. Wozu bloß? Er nimmt sie mir wieder aus der Hand und führt mir die Bewegung vor. Ich verstehe, dass man von mir erwartet, das Loch, durch das die Schlange offensichtlich verschwunden ist, zu vergrößern. Doch warum ich? »Wir wissen doch, wie es geht. Und du sollst es lernen!«, erklärt mir Takuna, ohne eine Miene zu verziehen. »Du brauchst keine Angst zu haben, die Schlange steckt dort fest, sie kann sich drinnen nicht umdrehen.« Das überzeugt mich noch lange nicht! Was passiert beispielsweise, wenn der ganze Bau zusammenstürzt? Würde das gejagte Tier dann nicht zum Angriff übergehen? Das alles gefällt mir nicht! Takuna hält mir erneut das Werkzeug hin, und also fange ich an zu graben wie ein Besessener. Aber meine Gedanken sind bei Selenoi: *Ich habe mir nichts vorzuwerfen, ich habe mir nichts vorzuwerfen, ich habe ...!* Beim letzten Schlag halte ich plötzlich inne.

Der Zugang zum Hohlraum ist durch mein Hacken zusammengebrochen, und mein Blick fällt auf das Ende eines dicken, olivbraunen Schlauches. Ich bin sprachlos und unfähig zu jeder weiteren Tat, dazu wahrscheinlich leichenblass wie der Himmel, der sich plötzlich bezogen hat. Man nimmt mir die Hacke aus der Hand. Mein Job ist getan. Lange bleiben meine Augen auf dieses mythische Wesen geheftet. An seiner Identität lässt sich nicht zweifeln. Es ist eine Schwarze Mamba, die größte Giftschlange Afrikas. Ich habe irgendwo gelesen, dass sie in der Lage ist, mit ihrem vorderen Körperdrittel vom Boden abzuheben und in alle Richtungen zuzustoßen und loszubeißen. Wie groß mag dieses Tier sein? Vier, fünf Meter – oder gar länger? Ich halte Abstand und schaue mir das Ganze aus gut zehn Metern Entfernung an. Man kann nie wissen ...

Takuna hat die Leitung der Operation übernommen, und die anderen stehen ihm zur Seite – bereit, ihre Lanze oder ihren Stab sprechen zu lassen. Die Wände des Termitenbaus brechen nach und nach ein wie ein Kartenhaus, bloß, dass sich darunter nicht Großvaters Wohnzimmertisch befindet, sondern eine große, böse Mamba. Ich sage böse, weil sie die schlechte Idee hatte, in ein Massai-Dorf einzudringen, und deshalb wird sie ihre Haut jetzt wohl nicht mehr retten können! Meeli hat mir erklärt, dass es den Massai widerstrebt, ein Lebewesen zu töten, weil sie alle Lebewesen achten, und wenn sie dennoch – etwa für eine Zeremonie – einen Baum fällen oder ein Rind schlachten müssen, dann beten sie zu *Enkai* und bitten ihn dafür um Verzeihung. Dasselbe gilt natürlich auch für das Töten von Raubtieren, auf die sie normalerweise mit Intelligenz und Besonnenheit zu reagieren wissen und mit denen sie friedliche Beziehungen unterhalten. Wenn allerdings dieses Gleichgewicht zerstört wird, ein Tier die Grenzen überschreitet und Menschenleben in Gefahr sind, dann wird eine Ausnahme gemacht. Doch selbst für den Fall, dass eine Schlange in ein Dorf eindringt, gibt es eine Ausnahme, nämlich wenn zum gleichen Zeitpunkt jemand aus dem Dorf »eingeschlafen« ist, was bedeutet, dass er gestorben ist. Die Massai glauben nämlich, dass diese Person vielleicht als Schlange wiedergeboren wurde und der Familie eine Friedensbotschaft überbringen will. In diesem Fall wird die Schlange nicht getötet, sondern man gibt ihr als Zeichen der Ehrerbietung sogar etwas Milch …

Ich höre den harten Klang der Hacke, die mit einem letzten, gewaltigen Schlag niedergeht. Dann herrscht wieder Stille. Die Mamba ist tot, der Hieb hat ihr das Rückgrat gebrochen. Doch es wird nicht gejubelt, statt Freude herrscht eher besinnliche Andacht. Behutsam hebt Takuna den bewegungslosen, glänzend grauen Körper auf, dessen Größe meine Schätzungen noch übertrifft. Fünf bis sechs Meter ist das Reptil lang und dicker als ein Schlauch meiner Mobylette! Ich betrachte den Kopf, der merkwürdigerweise seitlich abgeflacht ist, und staune über die zwei gut sichtbaren Giftzähne in dem blaugrauen Maul. Takuna legt sie unter einer Akazie ab und beginnt erneut, mit der Hacke den Boden zu bearbeiten, dieses Mal, um die Schlange zu begraben. »Das tun wir, damit die Kinder nicht mit ihr spielen. Sie ist die giftigste aller Schlangen …« Nachdem das Loch zugeschüttet ist, richtet er sich auf und stimmt im Sprechgesang ein Gebet an *Enkai* an, das die anderen im Chor wiederholen. Ich bin fassungslos und irgendwie total durcheinander: zum einen begeistert von der Vielfalt der Erlebnisse, zum anderen aber auch unfähig, nicht an all die »Schlangen« zu denken, mit denen Selenoi in den letzten zwei Tagen zu tun hatte …

»Du bist sehr stark gewesen und mutig, und wir haben es geschafft!«, lobt mich Takuna und streift leicht meine Hand. Die Männer hier lieben den Körperkontakt, und wenn sie miteinander reden, streicheln sie meist auch die Haut des anderen, vor allem die Hände und das Gesicht. »*Wou amu chai!*« (Der Tee ist fertig!), höre ich *Mamai* rufen und werde von einer aufrichtigen, kindlichen Freude überwältigt. Der »Held« ist müde ...

Montag, 13. März, unterwegs zum Dorf von Soitanai,
Arroi-Ebene, 17.15 Uhr

Das blendende Licht ist plötzlich mild geworden. Meine sechste Woche in diesem großartigen Land hat begonnen, aber meine Ankunft könnte ebenso eine Stunde wie drei Jahre her sein, denn seit ich hier bin, hat die Zeit für mich eine grundlegend andere Bedeutung bekommen. Zum Beispiel ist mir bewusst geworden, dass sich niemand über die Zeit hinwegsetzen kann und dass jede vergangene Sekunde ein Teil der Ewigkeit ist. Was ich bei uns – die wir Zeit wie eine Qual begreifen, die wir schnell hinter uns bringen möchten – als endlos empfunden hätte, verstehe ich hier als Wohlbefinden.

Und ich habe schließlich auch verstanden, weshalb: Man kennt hier weder Einsamkeit noch physische Abhängigkeit. Eifersucht, emotionale Erpressung oder Hintergedanken, all diese vom Intellekt erfundenen »Scherze«, gibt es hier folglich nicht, weil es keinen Grund dafür gibt. So einfach ist das! Der Zähler wird immer wieder auf Null gestellt, die Beziehungen der Menschen untereinander sind gleichbleibend und warmherzig.

Doch jetzt bin ich am Rande der Erschöpfung. Der Weg hierher war lang und teilweise recht aufreibend, weil ich nämlich nicht wusste, welchem *enkoitoi*, also welchem Weg oder welcher Spur ich folgen sollte und welchen Tieren ich begegnen würde. Zu Anfang sah ich reichlich Tiere, ging durch offenes Gelände und fühlte mich in der Weite inspiriert und frei. Aber hatte ich nicht bekundet, bereit zu sein für die Berge und eine Begegnung mit einem Löwen, wenn es denn nicht zu umgehen war?! Die ersten beiden Stunden in der Kühle des Morgens genoss ich sehr. Gewaltige weiße Wolken von atemberaubender Schönheit waren zum Greifen nah und formierten sich im Nordwesten, sodass von den Hügeln und durch die Bäume hindurch eine leichte Brise heranwehte. Geradezu magisch war der Anblick einer riesigen, gleichförmigen bläulichen Wolke, die in Wellen über die Landschaft wehte und sich als ein dichter Schwarm von Perlhühnern entpuppte, der aussah wie von einem Schatten gefolgt – von einer Meute von Wesen, die aus der Ferne wie Hunde wirkten. Und tatsächlich, von Nahem erwiesen sie sich als Afrikanische Wildhunde! Ich hatte es mir immer gewünscht, so durch die unverdorbene Natur zu streifen ... Doch mit dem Dunst der Mittagsstunde, der alle Formen einebnet, verflog meine Begeisterung und mein Selbstvertrauen bekam Risse, wie der aufgesprungene Boden, und ich begann zu zweifeln und ungeduldig zu werden. Als ich schließlich die schier endlose Hügellandschaft mit ihrem Auf und Ab durchwandert hatte, fiel mein Blick endlich auf die kreisrunde Dorneneinfassung des Dorfes von Medizinmann Soitanai ole Seggi, von dem es hieß, er würde meine Ankunft bereits erwarten ...

Jetzt dringe ich durch das verdorrte, aschfarbene Gestrüpp und staune über die gähnende Leere und die wenigen Hütten, die einen baufälligen Eindruck machen. Ich hatte Gedränge erwartet, und nun scheint es, als lebe hier keine Menschenseele. Was soll ich tun? Es ist bereits spät, und ich habe im Umkreis von Kilometern kein anderes Dorf entdecken können. Hektisch laufe ich den Dornenwall von innen ab, doch umsonst: kein Lebenszeichen. Als ich mich noch einmal umdrehe, entdecke ich einen alten Mann, dessen Körper so perfekt in seine trockene Umgebung eingepasst ist, dass er auch eine Stabheuschrecke sein könnte ... Trocken und gewunden wie ein Ast des Balsambaums liegt der Mann ausgestreckt auf einer Decke, die gefärbt ist wie das tote Gras ringsum. Seine Ohrläppchen hängen hinunter bis in die verwaisten Täler über seinen Schlüsselbeinen und signalisieren so – nach Meinung der Massai – höchste Aufmerksamkeit. Sofort werde ich des Lebens gewahr, das aus seinen Augen strahlt, obwohl sein Blick auf einen Haufen mit Steinen gerichtet ist. Er nimmt mich dennoch wahr und bedeutet mir, mich ihm gegenüber niederzulassen. Froh, ihn schließlich gefunden zu haben, lasse ich mich nicht lange bitten, obwohl ich mich frage, was das Ganze zu bedeuten hat. Aber ich werde wohl genügend Zeit haben, es zu verstehen. Vor allem möchte ich wissen, wie es angeht, dass diese Mumie der biologische Vater eines Neugeborenen ist. Oder wo mag sich dieser Vater versteckt haben? Und wo die Frauen, Kinder, Rinder? Wo haust an diesem düsteren Ort das Leben?

Meine Lungen beginnen sich in der frischen Abendluft zu weiten, und der Himmel schmückt sich mit rosa und goldenen Streifen. Ich zögere, den in seiner Unbeweglichkeit beeindruckenden Propheten auszufragen. Plötzlich schaut er mich mit seinen lebhaften Augen an und wirft mir lapidar einen Satz an den Kopf, der mich ins Mark trifft: »Deine Frau hat dich verlassen, und du möchtest, dass sie wiederkommt ...!« Verblüfft und buchstäblich überrascht von einer außergewöhnlichen Begebenheit, die ich in keiner Weise erwartet habe, brauche ich mehrere Sekunden, bis ich schließlich reagiere. Ich bin hierhergekommen, weil Takuna mich gebeten hat, diese immens wichtige Mission zu übernehmen, und nun stehe ich unversehens vor einem Wahrsager! Wie konnte er das erraten? Seit meiner Ankunft werde ich immer wieder von der Fähigkeit der Massai – wie *Papaai*, Takuna, Agnès oder heute dieser Alte – überrascht, mich auf Anhieb zu durchschauen. Ich muss mich ein für alle Mal daran gewöhnen!

Der Alte mustert mich mit ausdrucksvoller Zuneigung und Gutmütigkeit. Bin ich denn derart bemitleidenswert? Es stimmt ja tatsächlich: Während meines Aufenthalts in Nairobi hatte ich einen Brief von meiner Freundin erhalten, in dem sie mir ankündigte, etwas auf Distanz zu mir gehen zu wollen. Damit bekräftigte sie im übertragenen Sinne, was ich bereits räumlich vollzogen hatte. Trotzdem hatte ich wegen ihrer Entscheidung gelitten. Und wenn ich glaubte, es überwunden zu haben, so war das weit gefehlt. Dass jemand diese Geschichte jetzt und dazu auf so unerwartete Weise anspricht, lässt meine unerfüllte Liebe erneut aufflammen.

»Ich werde es richten, du wirst sie wiederfinden!«, fährt er mit zitternder Stimme fort. Ich bin so aufgeregt, als hätte Claudia mein jetziges Leben bei den Massai zumindest für eine Sekunde lang ausgelöscht. Der alte Mann richtet sich auf und macht es sich im Schneidersitz bequem. Seine Beweglichkeit erstaunt mich. Er schüttelt eine Kalebasse, spuckt aus, murmelt einen Zauberspruch und schüttet eine Sammlung runder, glatter Steine in der Größe von Murmeln in seine rechte Hand. Er stapelt sie zu kleinen Haufen, betrachtet diese minutenlang, analysiert ihre Konstellation und wiederholt den Vorgang ein paar Mal. Ich verspüre plötzlich eine mit Zweifeln gepaarte Ungeduld, die typisch ist, wenn man einen Wahrsager konsultiert. Ich erwarte seinen Spruch und kneife mich abergläubisch, damit er positiv ausfalle. Er fällt wie ein Beil; es sind nur zwei Worte: »*Ilomon aare* ...« (Zwei Neuigkeiten ...) Die Worte verstehe ich, doch was will er damit sagen? Und als würde er meine Verunsicherung spüren, erklärt der Alte in langsamen Sätzen: »Beim nächsten Vollmond wirst du von deiner Frau zwei Mitteilungen erhalten, welche die bevorstehende Aussöhnung ankündigen, vorausgesetzt, du befolgst genau meine Anweisungen!«

Ich bin so gebannt, dass ich nicht einmal gemerkt habe, dass es inzwischen dunkel geworden ist und bereits unzählige Sterne am Himmel funkeln. Selbst der Mond steht schon am Horizont. Mir wird kalt! Den Medizinmann stört das nicht weiter, er hat sich in seine dicke Wolldecke gewickelt: »In diesem Monat bis zum nächsten Vollmond wartest du jede Nacht, bis alle im Dorf schlafen, verlässt deine Hütte und begibst dich mitten auf den *emboo*. Dort, inmitten der Rinder, wirst du ein Ritual vollziehen, welches ich dir genau beschreibe. Du pustest ein wenig geweihtes Pulver aus der zerstoßenen Rinde eines kalten Baumes (die Massai kennen zwei Arten von Bäumen: die »heißen« mit Dornen und die »kalten«, heiligen Bäume ohne Dornen) in alle vier Windrichtungen und sagst dazu viermal: »Mein Gott, mach, dass meine Frau zurückkommt!« Der Alte gibt mir eine kleine Zellophantüte, die, wie ich annehme, das geheiligte Pulver enthält. Ich bemühe mich, aus seinem Gesichtsausdruck zu lesen, wüsste ich doch allzu gern mehr über die Gründe meines Besuches hier bei ihm sowie über die Geschichte des Kindes und seiner Nachfolge.

Ich frage: »Wo befindet sich Ihr Jüngstgeborener?«

»Ein Neugeborener? Ich bin viel zu alt! Ich lebe hier allein, und man versorgt mich täglich mit einer Kalebasse Milch.«

Ich bedränge ihn nicht weiter, denn es sind viele Fragen, die mich beschäftigen, und vielleicht ist es besser, sie bleiben zunächst unbeantwortet. Unterdessen erhebt sich der alte Mann – erstaunlicherweise trotz seines ausgezehrten, gebrechlich wirkenden Körpers ohne das geringste Zeichen von Anstrengung –, tätschelt mir mit seinen knotigen Händen freundlich den Rücken und weist auf seine Hütte. Ich folge ihm.

***

Zum Glück habe ich geistesgegenwärtig meinen Schlafsack mitgenommen, denn die Nacht wäre ohne ihn eine Qual. Nach dem Abendessen, das aus einer Tasse lauwarmer Milch besteht, lege ich mich neben den Alten auf sein Lager aus Fellen. Doch kaum dass ich mich ausgestreckt habe, lassen sich die ersten, enorm großen Kakerlaken von der Decke herabfallen und setzen zum Sprint auf mein ungeschütztes Gesicht an. Zuerst glaube ich an eine persönliche Heimsuchung, doch mithilfe meiner Taschenlampe stelle ich bald voller Entsetzen fest, dass es in dieser Hütte von den Tierchen nur so wimmelt. Ich verkrieche mich tief in meinem Schlafsack, doch das dumpfe Aufschlagen der fröhlichen Nachtschwärmer lässt mich immer mehr erstarren. Jede Sekunde dieser Nacht – die ich nicht so leicht vergessen werde! – kommt mir vor wie eine Ewigkeit.

Dienstag, 14. März, auf dem Rückweg, 16.00 Uhr

Obwohl ich wegen der durchwachten Nacht und der überwältigenden Wahrsagung ziemlich groggy bin, habe ich den Aufbruch geschafft. Ich will unbedingt vor Einbruch der Dunkelheit zurück in Entepesi sein! Noch mehr als ein bisschen frisches Wasser reizt es mich herauszufinden, warum Takuna mich getäuscht hat. Der Blick auf den wohlgerundeten Oldoinyo e Kiloo sowie im Süden auf die rundliche Kuppe des Löwenberges bestätigt mir, dass ich auf dem richtigen Weg bin. *Kiloo* bedeutet »weitläufig« und »vielfältig«, was mir auf Anhieb verständlich ist, denn die Landschaft ist lieblich und zieht, dem Geruch nach zu urteilen, auch eine Menge Rinder an, die sich an den verschiedensten Gräsern und Kräutern gütlich tun. Ein brauner Klecks inmitten all dem Weizengelb lässt mich an eine Hautritzung denken – man muss wirklich genau hingucken, um die aus lauter Naturmaterialien gebauten Massai-Dörfer auszumachen. Ich lasse diesen *enkang* rechts liegen und nehme einen anderen Weg, der oberhalb von Entepesi endet. Dort aber geschieht etwas, das mich erneut völlig aus der Fassung bringt, und ich traue kaum meinen Augen. Frauen strömen in großen Gruppen in Richtung des Dorfes, das ich gerade verlassen habe. Im Vorbeigehen rempeln sie mich mit hasserfüllten Blicken an und beschimpfen mich. Unter ihnen erkenne ich auch Selenoi, die mir einen noch finstereren Blick als die anderen zuwirft. »Aus dem Weg! Sonst bringen dich die Frauen um. Sie werden alle Männer bestrafen!« Den Grund ihres Verhaltens nicht einmal ahnend, stelle ich mir vor, sie rotteten sich zusammen, um die Männer endgültig zu vertreiben und – wie bereits in früheren Zeiten – wieder autonom zu leben. Ohne weiter zu überlegen, verstecke ich mich hinter einem ausladenden Wilden Hibiskus. Leider kommen die Frauen von allen Seiten heran. Von einer Art Urangst erfüllt, fürchte ich entdeckt zu werden, und so breite ich meinen Schlafsack auf dem Boden aus und lege mich hin ... Ich muss eingeschlafen sein, denn jetzt weckt mich eine kernige Männerstimme. Ich drehe mich um: Es ist ein junger, kleingewachsener Mann mit dickem, hochgekämmtem Haar, einem rundlichen Gesicht und einer riesigen Sonnenbrille, hinter der er spöttisch hervorschaut. Er beugt sich zu mir hinunter, als sei ich das Objekt seiner Forschungen – geradewegs wie ein afroamerikanischer Student. »Dort darfst du nicht bleiben!«, fährt er mich in einem singenden Englisch an. »Es ist gleich dunkel. Folge mir! Ich bringe dich bei meinem Cousin unter.«

Er lässt mir keine Wahl, und ich nuschle in meiner Todesangst: »Die Frauen ... sie haben mich bedroht. Ich will nicht ins Dorf zurück!«

»Nein, natürlich nicht! Mein Cousin wohnt in einem anderen Dorf hinter dem Hügel. Du brauchst keine Angst zu haben! Du hast wirklich Pech – so etwas passiert nur ganz selten. Man kann sagen, du bist zur falschen Zeit am falschen Ort! In dem Dorf, in das du dich nicht hineintraust, versammelt man sich heute zu einem *olkishuroto*, das ist eine Bestrafungsaktion der Frauen, die sich gegen einen Mann und eine Frau richtet, welche unerlaubten sexuellen Verkehr hatten.«

»Unerlaubten Geschlechtsverkehr?! Ich dachte, hier herrscht die absolute Freiheit! Ach, übrigens, ich bin Xabio – für die Massai –, auf Französisch heiße ich Xavier ...«

»Ja, ich weiß. Ich heiße Yiaro.«

Ich kann es nicht fassen! Schon wieder kennt man mich, ohne dass ich mich vorgestellt hätte! Und wie immer schlucke ich diese Tatsache und hüte mich davor, nachzufragen. »Lass uns gehen! Hier entlang!« Im Gehen fährt Yiaro fort: »Es stimmt. Bei uns existiert eine gewisse sexuelle Freiheit, denn auch nach einer vom Vater oder dem Bruder der Mutter arrangierten Heirat darf eine Frau weiterhin Verehrer haben, und zwar bis ins hohe Alter. Ihre Ehemänner ignorieren das. Aber diese Freiheit beschränkt sich auf Männer im selben Alter wie der Ehegatte und verbietet Beziehungen vor allem zu jüngeren Männern. Das Verbot stachelt die Begierden der Morane natürlich an, und sie entwickeln eine regelrechte Kunst der Verführung, um ihre Begierden zu befriedigen, ohne dass es von den anderen bemerkt wird. In diesem Fall wurde das Geheimnis allerdings entdeckt, und zwar weil es ein zu früh und noch dazu tot geborenes Kind gegeben hat. Die Mutter glaubte, sie sei verwünscht worden, und hat deshalb ihr Liebesabenteuer mit dem Moran zugegeben ...«

»Ich verstehe, doch weshalb sind die sonst so liebenswürdigen Frauen so aggressiv?«, frage ich mit schwacher Stimme, wobei ich vor allem an das Benehmen von Selenoi denken muss.

»Ich weiß es nicht. Vielleicht rächen sie sich für die Beherrschung durch die Männer, denn es heißt, dass es früher umgekehrt gewesen sei. Und sie verpassen keine Gelegenheit, uns daran zu erinnern. Unsere Frauen benehmen sich manchmal wie Königinnen!«

»Das musste ich auch schon erfahren!«, sage ich, nicht ohne Humor. Und schon brechen wir beide in Gelächter aus ... In meiner Verzückung frage ich den Kleinen, ob er mich nicht bei meinen Forschungen unterstützen möchte.

»Das wollte ich dir auch gerade vorschlagen. Aber ich werde nicht vor Ende des nächsten Monats Zeit haben, ich muss mich um die Herden meiner Familie kümmern.«

»Abgemacht! Übrigens: Bist du eigentlich Student?«

»Nein, ich musste schon vor dem Abitur von der Schule gehen.

Das war während der großen Trockenzeit, als dreiviertel unserer Viehbestände umgekommen sind. Doch ich hoffe, dass ich weiter zur Schule gehen kann, wenn unsere Herde wieder eine angemessene Größe erreicht hat ...«

Aufgebrochen zu einem Propheten, um eine Mission zu erfüllen, die es gar nicht gab, komme ich mit vollen Händen zurück. Zum einen habe ich ein Pulver, das Claudia zu mir zurückbringen wird. Und dann habe ich noch einen Mann kennengelernt, der mir ein hervorragender Assistent sein wird. Meine Stimmung ist bestens, und die aufflammende Gewalt der Frauen habe ich längst vergessen, als wir bei dem Cousin von Yiaro ankommen ...

Mittwoch, 15. März, Entepesi, im Dorf von Takuna, 17.00 Uhr

»*Hodi!*«, rufe ich, ziemlich außer Atem, schon am Eingang der Hütte von *Mamai*. Wie viele Massai verwende ich einen Swahili-Gruß, der mein Kommen und meinen Wunsch einzutreten bedeutet. Und die Hausherrin antwortet, ebenfalls in Kiswahili: »*Karibu!*« (Willkommen!)

Nach einer erholsamen Nacht und einer tiefgründigen Unterhaltung mit Yiaro, welche meinen ersten Eindruck von ihm bestätigen konnte, habe ich mich mit der festen Absicht auf den Weg zurück in mein Dorf gemacht, mit *Papaai* und Takuna die Abenteuer der letzten Tage zu klären. Ich komme gegen 16.00 Uhr an und verbringe eine Stunde des Spiels mit den lebenslustigen und erfinderischen Vier- bis Achtjährigen. Wie alle Kinder der Welt, lieben es die Massai-Kinder zu spielen. Stolz zeigen sie mir ihre aus Lehm, Kuhdung und kleinen Steinen erbauten Spiel-Dörfer, in denen Kieselsteine und Beeren Schafe und Zebus darstellen, und es auch winzige, aus Ton geformte Menschen gibt. Danach darf ich beim *enkilaut* mitmachen, bei dem man über einen von zwei Kindern gehaltenen Stock springt und immer höhere Hürden zu überwinden hat. Irgendwann muss ich sie bremsen, aber das ist gar nicht so einfach, so erregt und fröhlich, wie sie spielen. Jedenfalls laufen sie nun nicht mehr vor mir weg, wie das in anderen Dörfern noch der Fall ist, wo das Misstrauen überwiegt.

»*Ai, Ai, Ai, she, Xabio!*«, ruft *Mamai*, nimmt mich liebevoll in die Arme und lacht freudestrahlend. »Wir glaubten schon, du seist verloren gegangen!« Dann nimmt sie den mit Milch gefüllten Kochtopf und füllt mir eine Tasse ab. Als hätten sie mich erwartet, sitzen *Papaai* und Takuna, die zu dieser Uhrzeit eigentlich draußen bei der Herde sein sollten, auf dem großen Bett. *In gewisser Weise bin ich hier ja der Idiot, der auf ihre Geschichten hereingefallen ist, also werden sie mich als erstes ausfragen ...,* denke ich. Schließlich ist es *Papaai*, der mit ernster, warmherziger Stimme zu sprechen beginnt: »Du hast deine Prüfung bestanden. Wir wollten auf keinen Fall, dass du dich so aufführst wie diese Missionare, die uns unbedingt von ihrer Religion überzeugen wollen, oder aber wie diese Forscher aus Amerika, die uns für unsere Geschichten Geld geben, die uns aber weder verstehen noch lieben. Du bist ab jetzt einer der unseren, wir werden für dich wie eine zweite Familie sein, und du wirst zur Altersklasse der *Ilmerisho*, also der »Sieger« gehören, deren Wortführer Takuna ist. *Enkai* segne dich!«

Ich bin sprachlos, schaue lange Zeit ins Leere, lasse mich vom Gezüngel des Feuers gefangennehmen. Auf einmal haben sich meine Fragen, was denn eigentlich beim Medizinmann los war, oder besser gesagt nicht los war, erübrigt. Ich verstehe jetzt, dass ich einige Tests durchlaufen und bestanden habe und dass sie mich jetzt adoptieren.

Alles andere ist egal ...

»Und die Geschichte von Arinkon und den Flöhen, die ist auch nie passiert?«, wage ich dennoch nachzufragen – mit einer Gewandtheit, als wäre mit der Adoption auch das Temperament der Massai auf mich übergegangen. »Alles, was ich dir erzählt habe, ist wahr!«, bekräftigt mein alter »Vater«. »Die Legende von Arinkon brauchen wir heute mehr denn je, denn sie hilft uns, die bösen Absichten der neuen, modernen Unterdrücker zu durchkreuzen. Auch wenn die Geschichte von Arinkon nur ein Märchen ist ...«, sagt er und forscht in meinem Gesicht. Takuna erhebt sich und legt mir einen Brustschmuck aus zwei Reihen weißer und schwarzer Perlen um den Hals. »Das Zeichen großer Tapferkeit! So ein Schmuck heißt *imporro* und wird meist jemandem überreicht, der einen Löwen getötet hat, doch der Mut, den du bewiesen hast, ist durchaus ebenbürtig. Noch nie hat ein Fremder die Massai so geliebt wie du sie liebst. In dieser Sache musst du auch zur Buffalo Lodge am Kilimandscharo fahren, nicht beim nächsten, sondern beim übernächsten Vollmond, und dort wirst du den Massai helfen, ihr Land zu verteidigen ...«

Donnerstag, 6. April, Dorf von Takuna, 2.30 Uhr

Seit drei Wochen schon schleiche ich mich jede Nacht zu dieser Uhrzeit aus der Hütte und begebe mich in den *emboo*. Trotz der schneidenden Kälte ist die Nacht wunderschön. Sie entfaltet einen speziellen Zauber, der am Tag nicht existiert. Überall zirpen Grillen, von den Rindern hört man nur den Atem, ab und zu ein leises Muhen und das Geräusch des Wiederkäuens. Es herrscht eine weihevolle Stimmung. Bei den ersten Malen hatte mein unerwartetes Auftauchen die Tiere erschreckt, doch mittlerweile gehöre ich schon dazu, und hin und wieder darf ich sie sogar vorsichtig streicheln. Ein leichtes Schaudern – vor Angst und Aufregung – läuft mir den Rücken hinunter. Schließlich muss mein Tun geheim bleiben, damit ich nicht während des Rituals von jemandem überrascht werde. Denn – der Wahrsager hat auf diesen Punkt bestanden – niemand darf diesem Akt der Hexerei beiwohnen, was die Massai auch wirklich ernst nehmen.

Unbeschwerten Mutes warte ich noch ein wenig, bestaune die glitzernden Sterne, die zum Greifen nah erscheinen, schaue gen Osten, wie die Venus – der Morgenstern, den die Massai *olakira lekakenya* nennen – am Horizont erscheint, und, je länger ich ihn betrachte, immer größer wirkt. Nun ist es Zeit, meine Zellophantüte herauszuholen ... Ich öffne den Knoten, nehme eine Prise und lasse das Pulver in die hohle Hand rieseln. Ich knote das Tütchen wieder zu, damit mir nichts von dem wertvollen Inhalt abhanden kommt, stelle mich nach Osten gewandt der Venus gegenüber, öffne meine Hand, puste mit aller Kraft und lasse ein paar beschwörende Worte aus meinem Mund entweichen: »Enkai ..., danke, Claudia ... Liebe ...« Diese Prozedur wiederhole ich sorgfältig, in die anderen drei Himmelsrichtungen gewandt, um dann, trunken vor Glück, in mein Bett zurückzukehren.

Freitag, 14. April, Tag des matare *(an dem die Tiere zur Tränke geführt werden), Olkerie, 14.45 Uhr*

Seit einer Stunde schon schütte ich Wasser in die Tränke, ohne Schwierigkeiten. Ich glaube, ich habe den richtigen Rhythmus gefunden und bin in gewisser Weise stolz darauf. Noch nie bin ich körperlich so fit gewesen wie in diesen Wochen, in denen ich – wie heute – einen Tag lang die Tiere an der Tränke im Bett des Trockenflusses bediene und am nächsten Tag als Hirte arbeite, was bedeutet, dass ich kilometerweit durch die Landschaft schreite – meist in Begleitung von Neranto und Naserian. In ihrer Begleitung lerne ich die Gesetze der pastoralen Lebensweise kennen, und ich erweitere meinen Maa-Wortschatz.

Die Nahrung der Massai bekommt mir außerordentlich gut; die Milch, die in unseren sogenannten reichen Ländern kaum noch Bedeutung hat, verleiht mir eine unglaubliche Kraft, vor allem die *kule naaoto* (die Dickmilch). Das merke ich besonders an den Zähnen, die mir gekräftigt erscheinen. Es ist kein Karies zu erkennen, und das, obwohl ich in Frankreich so viel Zeit beim Zahnarzt verbringen musste.

»*Ndauwo, ndauwo!*«(Meine Färse!) Aha, das ist die Stimme von Kimakon. Ich muss unwillkürlich lächeln, denn so hat er mich nicht immer genannt, das tut er erst seitdem ich ihm ein Kalb geschenkt habe. Ich weiß jetzt, dass sich die Massai nicht mit dem Vornamen anreden, sondern am liebsten mit dem Tier, das sie vom Gegenüber geschenkt bekamen. Das soll die bösen Geister fernhalten!

»*Wou ene!*« (Komm hoch!) Was will er bloß? Ich ziehe meine aus alten Firestone-Autoreifen genähten Sandalen an und stürme hinauf. Ich verstehe nicht, was mit ihm los ist. Wahrscheinlich ein neues Spiel: Er tut so, als ziele er mit der Lanze auf mich! Würde er nicht ein so gezwungenes Gesicht machen, hätte ich bestimmt Angst. Jetzt bemerke ich, dass er weißes Papier aufgespießt hat. Ich gehe näher heran. Das könnten Briefe sein! Mein Herz beginnt zu rasen. Ist das etwa ...?

»Agnès hat mich gebeten, dir diese beiden Briefe zu geben!«

Ich stürze mich auf die Lanze, als wolle ich Harakiri machen. Dabei geht es hier nur um mein Leben ... Mein Herz droht zu zerspringen. Wenn die beiden Briefmarken aus Deutschland stammen, dann hat der Wahrsager recht gehabt, und ich weiß bereits jetzt und ohne die Briefe zu öffnen, dass Claudia zu mir zurückkehren will …

Ich traue meinen Augen kaum: Beide Briefe kommen aus Hamburg! Ich springe vor Freude in die Luft und falle Kimakon in die Arme. Die Frauen beäugen mich – sie glauben wohl, ich sei verrückt geworden, oder sie sind einfach neugierig. Keuchend erklimme ich die Böschung, setze mich in den Schatten meiner Lieblingsakazie und verschlinge die Briefe … Sie sind gleichzeitig angekommen, und sie handeln von nichts anderem als von Liebe! Die Massai sind wirklich sehr, sehr stark! Ich habe, wie ich mich gerade jetzt erinnere, während meines Aufenthaltes in Cambridge in einem Archiv der Kolonialzeit gelesen, dass einer der Kolonialbeamten, ein gewisser Jack Driberg, der später auch Anthropologe wurde, von den telepathischen Fähigkeiten der Massai überzeugt war. Jack, ich muss dir zustimmen!

Dienstag, 2. Mai, auf der Piste von Kimana zum
Amboseli National Park, 12.30 Uhr

»Noch so ein mysteriöses Treffen mit den Massai!« Ich rufe es frei heraus in den Wind, überwältigt von einem Gefühl der Freiheit, die sich meiner immer bemächtigt, sobald ich – zu Fuß oder mit meiner Mobylette, die ich wie eine alte Liebe wiedergefunden habe – unterwegs bin. Ich schwelge in den Farben und Düften der Natur, der Tiere und der Gräser, die seit zehn Tagen wieder grün sind und ein würziges Aroma verbreiten. Obwohl die Sonne bereits im Zenith steht, ist der Himmel von einem klaren Blau. Heute wird es nicht regnen; bis zum Horizont sehe ich nicht eine Wolke, außer dem charakteristischen Dunst, der den Weißen Berg, wie die Massai den Kilimandscharo gern nennen, verhüllt. In der Morgendämmerung habe ich allerdings Glück gehabt und konnte einen freien Blick auf das ganze Massiv genießen, doch nach gut zwei Stunden war es damit vorbei.

Ich komme zu einem Pistenabschnitt mit Black Cotton, wie man den von Autoreifen aufgewühlten, schweren dunklen Grund hier nennt, doch ist das Erdreich schon durchgetrocknet und hart wie Stein geworden. Ich versuche, mit beiden Rädern meines Mofas in einer Spur zu bleiben, doch entweder bin ich nicht vorsichtig genug oder zu sehr im Rausch, jedenfalls passiert es: Ich bleibe mit einer Pedale an dem harten Lehmrand der Spur hängen, sodass die Reifen den Halt verlieren und ich einen spektakulären Purzelbaum mache. Doch ich komme noch einmal mit dem Schrecken davon. Ich rappele mich auf: Nichts gebrochen, nur meine Jeans ist am Knie aufgerissen. Dass ich nicht verletzt bin, verdanke ich wohl meinem Rucksack, der hat den Aufprall entschärft und vor allem verhindert, dass ich mit dem Kopf auf dem Boden aufschlage. Was das Mofa betrifft, so habe ich nicht mehr als einen zerborstenen Rückspiegel zu beklagen, doch habe ich jemals in den hineingeschaut? Noch habe ich den »Löwen« im Griff, und der Motor springt ohne Probleme wieder an …

***

Nach mehreren erfolglosen Versuchen finde ich schließlich die Lodge, zu der ich auf Anweisung von Takuna fahren sollte, um »den Massai zu helfen, ihr Land zu retten«. Was meint er damit? Was werde ich hier erleben? Beim Anblick der Flugpiste und der in ein verschwenderisches Blütenmeer getauchten Bungalows sei mir der Verdacht erlaubt, es handele sich um einen weiteren Test. Doch in meinem tiefsten Inneren weiß ich um die Notwendigkeit dieser »Prüfungen« und hoffe, dass auch diese, wie die vorherigen, zu einem guten Ende führen möge. Seit den Offenbarungen *Papaais* fühle ich mich jedenfalls als einer der Ihren und als solcher gut beschützt.

Ich umrunde den ersten Komplex der niedrigen, weiß gekalkten und mit Stroh gedeckten Bungalows und gelange zu einer Art Hof, in dem drei riesige Feigenbäume mit merkwürdigen Wurzeln stehen. Es folgt eine Eingangshalle mit gedämpftem Licht – die Mahagoni-Fensterläden sind wohl geschlossen –, und nur ein paar Vogelschreie durchbrechen die wohltuende Stille. Es ist menschenleer. Ich öffne eine erste Tür, versuche es bei einer zweiten, dann klingt mir vom Ende des Flurs ein Flüstern entgegen. Ich drücke gegen die schweren Teak-Flügel einer dritten Tür …

Was ich dort sehe, gleicht einer Erscheinung: In der Mitte thront Jesus mit roter Robe und blauem Umhang, und zu seiner Rechten und Linken sitzen jeweils sechs seiner Jünger, wie beim »Abendmahl« von Leonardo da Vinci. Ich kneife meine Augen zu und mache drei Schritte rückwärts ... Doch es nützt nichts, ich bleibe wie hypnotisiert an der Szene hängen. Das muss doch ein Fresko sein, das gibt es doch nicht, das ist nicht echt! Klar, seine Haut ist dunkel, und er trägt sein Haar kurz, aber seine Anmut, sein reservierter Ausdruck, seine Gesten, die Kleidung und vor allem seine liebevolle Ausstrahlung erinnern mich an jemanden. Bloß an wen? Ich habe ganz offensichtlich ein Déjà-vu-Erlebnis, eine Sinnestäuschung, die dennoch nichts mit dem Gemälde von da Vinci zu tun hat. Das Déjà-vu stammt aus einem Traum, den ich in den Jahren nach meinem Fast-Ertrinken wiederholt geträumt habe. Eine plötzliche Wärme durchströmt mich. Der Mann erhebt sich und kommt wie in Zeitlupe auf mich zu, um mir die Hand zu schütteln. Dies alles geschieht wirklich, ich träume nicht!

»Ich bin Xabio, ein Franzose, der ...«, versuche ich auf Englisch zu erklären.

»Wir haben dich erwartet ... Ich bin Kenny Matampash ...«, unterbricht er mich mit einem warmen, gutmütigen Lächeln. Er nimmt mich zur Seite und erklärt mir den Sinn dieses Treffens. Es geht um die Vorbereitung eines Memorandums, bestimmt für den für die Landreform zuständigen Minister.

»Ja, die Massai haben ein besonderes Verhältnis zur Mutter Erde. Wir verstehen nicht, wie man sie schlecht behandeln kann und warum man Land zur intensiven Nutzung und Ausbeutung verkaufen will. Wenn du möchtest, kannst du uns bei unserer Arbeit helfen, du bist sehr willkommen!«

»Deshalb bin ich hier!«

»Wir werden deinen Rat zu schätzen wissen. Doch das, was du machst und was du weiterhin tun wirst, dass du nämlich mit Massai in ihrem Dorf lebst, das tut uns besonders gut.«

Ich kann es einfach nicht glauben! Doch es ist wahr: Die Massai kommunizieren auf mehreren Bewusstseinsebenen gleichzeitig, davon bin ich nunmehr felsenfest überzeugt. Kenny ist der beste Beweis. Bin ich etwa schon vor langer Zeit von ihm, also von den Massai erwählt worden, um sie zu lieben und ... als Brücke zwischen ihnen und unserer durch Angst und Unmenschlichkeit gelähmten Welt zu wirken? Ich beginne, dies wirklich zu glauben. »Aber wozu dient dieses Treffen in der Buffalo Lodge?«, frage ich ihn schließlich.

»Wir wollen zeigen, dass die Natur nicht von unseren Rindern und von unserer Liebe zu trennen ist. Wir respektieren das Leben, das die Tiere miteinander führen. Doch die Einführung von Nationalparks bedroht nicht nur unser Leben, sondern auch das der Tiere!«

Freitag, 1. Juni, Esilalei, Treffen mit Merero, dem Leiter der Gemeinschaftsranch (Group Ranch) von Maroro-Mashuuru, 12.oo Uhr

Mein Wiedersehen mit Yiaro hat mir große Freude bereitet, denn er ist ein heiterer, mitteilsamer Mensch. Und er ist mir eine große Hilfe, weil er Schulheft um Schulheft vollschreibt mit seinem Wissen und dem, was er auf unseren gemeinsamen Touren erfährt. Heute haben wir uns in die Nähe des Trockenflusses, des Olkerie, begeben, wo wir an einer Versammlung der Leiter der Group Ranch teilnehmen wollen, zu der Entepesi wie unser Dorf gehören. Eigentlich sollte ich mich auf den Sinn der Bodenreform besinnen, welche die Weltbank anstrebt, um das Volk der Massai in den nationalen Wirtschaftskreislauf und den Rinderhandel einzubinden. Doch was ich darüber weiß, bereitet mir äußerstes Unbehagen. Man hat die Massai dazu verpflichtet, sich an einer Art Gemeinschaftseigentum zu beteiligen und sich damit den berüchtigten Group Ranches anzuschließen. Dabei hat man ihnen vorgegaukelt, dies sei eine Möglichkeit, ihr Hirtennomadentum wie ihre gesamte Lebensweise und ihre Kultur beizubehalten wie in alten Zeiten. Doch diese Behauptungen sind nur ein Köder, von dem einzig die Nicht-Massai beziehungsweise jene Massai profitieren, die sich längst von der traditionellen Lebensweise abgewandt haben. Die »richtigen« Massai nennen diese Leute *Ilashumpa* (also Europäer – mich nennen sie nicht mehr so, worauf ich sehr stolz bin!).

Das liegt – zum Teil – an der Wahl, die sie getroffen haben. Zu Beginn meiner Untersuchungen, also während meiner Tage in den Kolonialarchiven von Cambridge, ist mir eine Idee gekommen, die ich hier bei meiner Feldforschung bestätigt finde: Sämtliche repräsentativen Ämter der sogenannten Moderne werden Personen anvertraut, die inkompetente Urteile fällen und im Allgemeinen keine vollwertige Initiation durchlaufen haben. Und zwar aus dem einfachen Grunde, dass die moderne Politik immer mit einer Lossagung von den traditionellen Werten verbunden ist. Umgekehrt kann niemand gleichzeitig die alten Werte leben und die moderne Politik ernst nehmen oder sich ernstlich für diese interessieren.

Auch heute findet sich diese Regel bestätigt, zumindest gemessen an der Zahl der Teilnehmer – maximal zwölf –, die sich um einen verkümmerten Dornenstrauch gruppiert haben. Die Stimmung ist gedrückt, und ich spüre sofort, dass wir hier nicht willkommen sind. Merero, ein Typ mit verklebten Augen und einem gezwungenen Lachen, sagt mir kaum guten Tag. Woran erkennt man einen echten Massai? Genau am Gegenteil, nämlich an seinem klaren Blick und seiner geistigen Präsenz – Eigenschaften, die ein Massai-Mann tunlichst besitzen sollte ...

Die Blässe des Mittagslichts eignet sich zur Charakterisierung des verschlossenen und zynischen Verhaltens jener Männer, die hier versammelt sind. Ich habe so eine Ahnung, dass sie uns an ihrer Debatte nicht teilnehmen lassen und uns keinen Einblick in ihre Machenschaften gewähren werden. Als Yiaro freimütig um die Zustimmung bittet, ihrer Unterhaltung beiwohnen zu dürfen, ist die Antwort Mereros eigentlich schon klar: »Ihr haut sofort ab, ihr habt hier nichts zu suchen!« Yiaro und ich sehen uns staunend an. Er bohrt nicht nach, sondern macht auf dem Absatz kehrt, und ich folge ihm.

»Kennst du unser Sprichwort: ›Wenn du Männern über den Weg läufst, die sich unterhalten, so gehe nicht vorbei, denn du könntest ihr Problem lösen!‹? Doch ich fürchte, diese Männer dort werden den Spruch nicht umsetzen«, befürchtet Yiaro.

»Ja, aber sie werden auch kaum Unterstützung bekommen ...«

Am nächsten Tag findet eine traditionelle Versammlung statt, von denen es bei den Massai eine Menge gibt, und ich beginne wirklich zu verstehen, warum sie es ablehnen, sich einem Chef zu unterwerfen. Ich bemerke, dass die Männer, die am meisten respektiert werden und die man hier die »leichten Federn« nennt, Experten im Zusammenfassen sind und dass sie jedem an der Diskussion Beteiligten das Gefühl vermitteln, die Entscheidung hinge letztlich von ihm ab. Ein schönes Beispiel, über das sich lange nachdenken ließe. Nicht von ungefähr zählt ein als Wohltat gelobter Tag (*enkaminin*) zum höchsten Gut der Massai. Dazu muss man wissen, dass dieser Ausdruck sich von *agam* (vereint sein) ableitet ...

»Ich hätte ihnen mit einem anderen Sprichwort antworten können: ›Wer es ablehnt, die Stimme der Lebendigen zu erhören, wird die der Toten vernehmen‹«, setzt Yiaro unwillig nach.

»Oder, um die Legende von Arinkon aufzunehmen: ›Entscheidet, wie ihr wollt, es ist uns völlig egal!‹«, vervollständige ich voller Übermut. »Sie haben nichts zu verlieren. Merero sollte einmal Rechenschaft ablegen über die Hunderte von Hektar, der er illegal vom Gemeinschaftsbesitz abgezweigt und sich selbst zugeschanzt hat!«, fordert Yiaro rachsüchtig.

Ich bin mit meinen Forschungen sicher auf dem richtigen Weg, auch wenn ich eigentlich, bevor ich hierher kam, den »demokratischen und humanistischen Aspekt der Massai-Kultur« hatte ergründen wollen ...

Samstag, 9. September, Entepesi, der Tag, an dem Merero verflucht wird, 17.45 Uhr

Seit dem 1. Juni ist der Konflikt mit dem selbsternannten Fürsten deutlich eskaliert. Merero will sich sogar bei den nächsten Wahlen aufstellen lassen. Aus diesem Anlass hat er versucht, Takunas Dorf zu attackieren. Es symbolisiert für ihn das unnötige Festhalten an überkommenen Traditionen – was er mit allen Mitteln bekämpfen will. In seinem, wie Yiaro es formuliert, »Minihirn eines alten Schupos«, hat sich festgesetzt, die meisten Stimmen seien zu gewinnen, wenn man die Bevölkerung spalte. Jedes Massai-Dorf reserviert die Weideflächen in unmittelbarer Nähe zur Dorneneinfassung für seine noch sehr jungen oder entkräfteten Tiere. Diese lebenswichtigen Reservate heißen *olokeri* oder *olopololi*. Die Missachtung dieser für die Herden anderer Dörfer verbotenen

Weideflächen kommt einer Kriegserklärung gleich. Doch genau dieses Gebot hat Merero mit einer Handvoll Gefolgsleute übertreten. *Papaai*, der wohl angesehenste Alte in der gesamten Region, hat darauf eine Versammlung von 300 Älteren einberufen, um die Angelegenheit in Ordnung zu bringen. Der Schiedsspruch lautet: »Merero und seine Handlanger hatten die Absicht, meinen Sohn Takuna zu provozieren. In seiner Wut sollte er Merero angreifen und deswegen vor Gericht gestellt werden. Doch jetzt werden wir Älteren meiner Altersklasse zurückschlagen, und zwar mit einem *engudi nairobi* (einem kalten Stab).« Eine schöne Metapher – wobei es sich von selbst versteht, dass damit keine körperliche Gewalt, sondern ein Fluch gemeint ist –, denn die Schläge mit einem in der Kühle des Morgens gebrochenen Ast gelten als besonders bedrohlich …

Ich bedaure, dass Yiaro schon nach Hause zurückgekehrt ist, doch Takuna bleibt hier, und ich halte mich an seiner Seite, nämlich in der Nähe des Schutzgebietes für die schwachen Tiere des Dorfes, wo man die Rinder der Unruhestifter beschlagnahmt hat. Ich fröstele leicht, denn jetzt, am späten Nachmittag, sind im Nordwesten Wolken aufgezogen, die sich langsam rosa färben und zur romantischen Stimmung des Sonnenuntergangs beitragen. *Papaai* ist als Neunter und Letzter der Alten an der Reihe, mit Gesten und Worten seine Verwünschungen auszustoßen. Er beugt sich hinunter zu seiner linken Sandale, mit der er eines der Tiere, das nicht von der Stelle weicht, als wisse es sehr wohl Bescheid über das von ihm begangene Unrecht, kräftig auf den Hintern schlägt. Dann bückt er sich erneut und nimmt mit seiner linken Hand eine Prise trockenen Sandes auf, den er in Richtung des Sonnenuntergangs pustet, und beginnt zu rufen: »Ihr seid vergiftet, ihr Kinder unseres eigenen Fleisches, auf dass eure Rinder an diesem Gras sterben, dass ihre Milch euch und eure Familien vergiftet! Verschwindet mit der sinkenden Sonne, auf dass das Böse euch hinwegrafft!«

Papaai und die anderen acht Alten kommen zurück, um uns zu segnen, indem sie ausspucken, so wie ich es mir zu tun angewöhnt habe, wenn ich ein fremdes Dorf besuche. Seit ich das so mache, wie Yiaro es mir geraten hat, haben die Kinder keine Angst mehr vor mir. Die Massai glauben nämlich, dass einige

Menschen die Fähigkeit besitzen, andere völlig zu durchschauen, was unter anderem auch dazu genutzt werden kann, das Gegenüber krank zu machen. Man sagt, diese Personen »haben Augen«. Mit dem dreimaligen Ausspucken aber geben sie ihre Macht zum Verwünschen ab.

Ich habe es mir auch angewöhnt, auszuspucken, bevor ich jemanden fotografiere. Schließlich wissen die Massai von einer strahlenden Maschine, der man sich in Nairobi bedient, um Körper zu durchleuchten und die Knochen der Menschen darzustellen, und sie wissen auch, dass man krank wird, wenn man den (Röntgen-)Strahlen zu lange ausgesetzt ist. Klar, dass die Massai zwischen dieser Technik und dem »Auge« eine Verbindung herstellen. Sie bezeichnen einen Fotoapparat ja auch als »Maschine mit einem Auge«.

Sonntag, 31. Dezember, Dorf von Takuna, Treffen mit dem Minister für Massai-Angelegenheiten, Stanley Ololoitipitip, 16.15 Uhr

Die letzten Monate sind wie im Flug vergangen. Die ersten Regenfälle, die sich etwas verspätet hatten, waren von allen, und vor allem von mir, mit großer Freude begrüßt worden. Wunderbarerweise wurde mit einem Mal das von der Sonne verbrannte Gras wieder grün, und ebenso begann wieder Milch in Strömen aus den ausgetrockneten Eutern der Kühe zu fließen, und die Milch schmeckte vollmundig und würzig. Außerdem kam überraschend meine Schwester Odile zu Besuch. Und … ich wäre wiederum beinahe in ihrem Beisein ertrunken – dieses Mal allerdings in einer Massai-Hütte. Es geschah Mitte November, im Dorf von Yiaro. Wir, also meine Schwester und ich, schliefen in der Hütte von Yiaros junger Ehefrau, als wahre Sturzbäche von Regen das Dach zerstörten und das Innere der Behausung in ein Schlammbad verwandelten. Den Rest der Nacht verbrachten wir draußen im strömenden Regen. Das werde ich so schnell nicht vergessen …

Am heutigen Tag lebe ich genau ein Jahr bei den Massai, und heute kommt jener Mann, der sich für ihren *olkinki* (ihren König) hält, in Takunas Dorf. So unwahrscheinlich, wie das vielleicht klingt: Bisher musste ich mich nie von der (von mir gewählten)

Stelle bewegen, um Anschauungsmaterial für meine Forschungen zu finden; alles ist – wie magisch angezogen – ins Dorf gekommen, und ich brauchte bloß auszuwählen, was mich davon interessierte. Selbst diese wenig vorteilhafte Persönlichkeit, die sich – was die Einmischung der modernen Politik in die traditionelle Kultur anbetrifft – als Schlüsselfigur erwiesen hat, kommt hierher, um auch das letzte Dorf, das sich noch nicht an die moderne Lebensweise angepasst hat, zu unterwerfen ...

Anlässlich dieses Besuchs ist entlang der Einfriedung eine behelfsmäßige Tribüne aus Rundhölzern mit einer Plastikplane als Dach errichtet worden. Man hat die Frauen gedrängt, sich in knallig-bunte, mit einem Gockel (dem Totem der Einheitspartei) bedruckte Stoffe zu kleiden. An diesem Morgen ist die Propaganda auf ihrem Höhepunkt, und alle Lokalpolitiker haben sich ans Mikrofon gedrängt, um ihre lächerlichen Parolen hineinzubrüllen, noch dazu in Kiswahili, einer Sprache, die hier die meisten, die ich kenne, nicht verstehen. Es sind Phrasen wie »Baue du die Nation auf!«, »Die Einheitspartei bedeutet Einheit!« oder »Entwicklung heißt Stabilität!«. Jetzt ist Stanley Ololoitipitip an der Reihe – seit der Unabhängigkeit Kenias Abgeordneter und Staatsminister, ein Typ wie Merero, nur hundertmal so eindrucksvoll und ein politischer Gegner desselben –, und Merero ist gut beraten, sich nicht in die Öffentlichkeit zu wagen.

Stanley ist besser unter dem treffenden Spitznamen *oinkat* (das Gnu) bekannt. Und wirklich besitzt er einen riesigen, ungeschlachten Kopf, der auf einem ebenso kurzen wie breiten Hals ruht. Es fehlt nur noch die Mähne, doch stattdessen setzt er auf Fliegenklatschen. Sein Anliegen trägt er auf Maa vor, und er spricht so schnell, dass ich nicht alles verstehe, doch zum Glück ist Yiaro in der Nähe, und außerdem nehme ich die Rede mit meinem Tonbandgerät auf. Ich lausche konzentriert: »Die Massai sagen, Feigheit bewährt sich nicht! Doch warum sind dann alle hier versammelt, nur Merero fehlt? Während des Krieges in Europa haben sich die Deutschen in zwei Länder geteilt und eine Mauer dazwischen gebaut. Nur Flugzeuge waren in der Lage, sie zu überwinden. Gut, und eure Region kommt mir vor wie Berlin, das von dieser Mauer geteilt wurde, nur mit der Ausnahme, dass ich, der ich in freien Wahlen viermal bestätigt wurde, anders als die anderen Führer in der Lage bin, diese Mauer zu überwinden. Alle Massai wissen, dass man keine Gedichte deklamiert, wenn man Rinder hütet. Nein, Gedichte sind dem Abend vorbehalten, wenn die edle Aufgabe erledigt ist. Aber Merero und seine Clique, die verbreiten sich am helllichten Tag in Epen. Wählt lieber einen Mann der Tat, einen wie mich, der immer hält, was er verspricht.« Sehr amüsant! Die Rede soll Merero natürlich in Misskredit bringen, doch sie drückt nichts anderes aus als den immerwährenden Wettlauf um die Macht.

Eines ist jedenfalls klar: *Papaais* Fluch hat der Familie Mereros geschadet und seinen Anhängern Krankheiten und Unglück gebracht, sodass er sein Unrecht zugeben musste. Die Alten werden im nächsten Jahr entscheiden, ob sie seine Entschuldigung annehmen oder nicht. Ich werde diese Angelegenheit verfolgen …

Ich wünsche Yiaro ein glückliches neues Jahr, was dieser mit totaler Gleichgültigkeit quittiert, ist er doch allzu sehr mit seinen Notizen beschäftigt, die er in sein neues Heft schreibt, das ich ihm geschenkt habe.

2

– 1983 –
Je mehr ich mich als Massai fühle, desto mehr bin ich mit mir selbst im Reinen

Seit Beginn dieses Jahres konzentrieren sich die Kräfte aller auf ein Ziel, nämlich zu gewährleisten, dass die Angehörigen meiner Altersklasse die letzten Etappen ihrer Initiation ungehindert durchlaufen, um dann endlich in voller Freiheit und Autonomie leben zu können. Vor vier Jahren haben sie ihre Initiation als Morane – während der sie in speziellen Dörfern, den *imanyat*, gelebt hatten – abgeschlossen und sind nunmehr autorisiert, ihre eigenen Familien zu gründen. Im darauffolgenden Jahrzehnt – also auch jetzt – nehmen diese Männer an bestimmten Ritualen zur Aufhebung der letzten Verbote teil, welche sie noch von den Ältesten unterscheiden. Alles Übrige geschieht in einer Art Niemandsland, und es wäre absolut unschicklich, wenn ich ernsthafte Nachforschungen darüber anstellen würde. Trotzdem habe ich meinen Interessenschwerpunkt seit März letzten Jahres – als ich wie alle anderen Männer meiner Altersklasse von den Frauen beschimpft worden war, die inmitten der Krise die Ordnung der Gesellschaft wiederherstellen wollten – ganz deutlich auf die Zeremonien und traditionellen Riten der Massai verlagert. Und das kommt mir gut zu pass, denn schließlich erbringe ich mit der Beschreibung dieser Feste und Bräuche den Beweis, dass die Kultur der Massai auch heute noch äußerst lebendig ist!

Dienstag, 23. Januar, Vorgebirge des Oldoinyo e Kiloo, Prozess gegen Ntokote ole Teto, 6.15 Uhr

»*Incoo iyiook inkishu ang!*« (Gib uns deine Kühe!) Die neun Männer mit roten Umhängen und rot gefärbten Gesichtern haben beiderseits der familiären Schranke von Ntokote Posten bezogen und fordern die Umsetzung ihres Schiedsspruches ein. Ich erschaudere; noch ist die Sonne nicht über dem eisigen Kiloo und diesem Dorf aufgestiegen. Männer, Frauen und Kinder jeglichen Alters kommen aus den verschiedenen Dörfern der Umgebung herbeigeeilt und sind ebenso schnell wieder weg. Es herrscht ein ständiges Kommen und Gehen, dazu hallen das Kreischen der Webervögel, das blecherne Geläute und das Muhen der Rinder durch die Luft. Ich bin seit letztem Jahr, als mich Ntokote, der Cousin von Yiaro, aufgenommen und vor den aufgebrachten Frauen meines Dorfes geschützt hatte, nicht mehr hier gewesen. Heute ist es dieser Cousin, der sich in einer schwierigen Lage befindet, denn er wird heute angeklagt. Ich könnte mich revanchieren, doch wie? Yiaro hat mich im Ungewissen gelassen und sich im Morgengrauen in ein Camp der *Ilmerisho* (der Sieger) begeben. Die *Ilmerisho* sind die Männer seiner Altersklasse. Und auch meiner Altersklasse! Er sagte mir nur:»Du musst heute wieder in die Haut eines *Olashumpai* (eines Europäers) schlüpfen!« Ich weiß nur, dass Ntokote ole Teto ein *olaruoni lenturuj* ist, also für schuldig befunden wurde, etwas Verbotenes gegessen zu haben. Ich weiß, dass alle Angehörigen der *Ilmerisho* auf eine Zeremonie warten müssen, bei der ein bestimmtes Fleisch zubereitet wird. Diese Zeremonie, während der man in Anwesenheit von einer oder mehreren Frauen mit Fleisch gefüttert wird, hat bisher nicht stattgefunden. Wie es scheint, beklagt sich nun die Frau von Ntokote, ihr Mann habe sie im Dezember letzten Jahres gezwungen, ihm einige Stücke eines zu diesem Zweck geschlachteten Hammels in den Mund zu stecken. Hat er vielleicht aus einem mir unbekannten Grund das dringende Bedürfnis gehabt, der erste in seiner Altersklasse zu sein, der an dieser Intimität teilhat? Gemessen an der Menge von Leuten, die heute gekommen sind, muss es sich bei seinem Verhalten um ein bedeutendes Unrecht handeln! Lange Minuten werden verschiedenste Vorschläge erteilt, und es kommt zu heftigen Wortwechseln und Rempeleien, während die neun Männer unter großen Mühen versuchen, die beschlagnahmte Herde so weit wie möglich vor dem Tumult zu schützen. Ich brauche eine ganze Zeit, bis ich begreife, dass die meisten der sich hier drängelnden Leute dem Angeklagten nicht feindselig gegenüberstehen, sondern im Gegenteil herbeigeeilt sind, um ihm zu helfen. Ich sehe sogar ganz in der Nähe einen sehr alten Mann, der sich nur noch unter Mühen auf den Beinen hält, sich aber an den Arm einer der Rächer klammert und klagend einen Satz wiederholt, den ich heute schon aus vielen Mündern gehört habe: »Gebt mir eine davon, ich flehe dich an!«, und wie ich vermutet habe, drängt mich Takuna: »Los! Auch du musst eine einfordern, die steht dir als Europäer zu! Sie können das nicht ablehnen!«

»Aber sie wissen doch, dass ich ihrer Altersklasse angehöre, ich bin also doch auf ihrer Seite …«, schreie ich, um gegen das Tohuwabohu anzukommen.

»Bin ich etwa nicht der Wortführer der *Ilmerisho*?!«, hält Takuna dagegen.

»Natürlich bist du das! Aber was ändert das?«

»Das heißt, dass man mir gegenüber so viel Respekt hat, dass ich es wert bin, auf der Seite der Ältesten zu stehen. Ich verkörpere – wie sie – die Weisheit, und diese Weisheit befiehlt mir, den Armen in Schutz zu nehmen, denn ansonsten würde er von seiner gesamten Altersklasse als gefährlicher Krimineller betrachtet werden. Das ist eine Frage des Gleichgewichts.«

Takuna bricht in Lachen aus und hält mich ein wenig fest, wohl damit ich auf den neunten Rächer stoße, der ein bisschen zurückgeblieben ist, weil ihn die lärmende Menge eingekreist hat. Obwohl er vom Scheitel bis zur Sohle mit Ocker eingerieben ist, erkenne ich in ihm Salonik, den Ehemann der schönen Selenoi! Ein Zufall? Er hat bestimmt mitbekommen, dass sie mich seit Langem verfolgt, die junge Frau, die seit dem Vorfall nicht ein Wort mit mir gesprochen hat und alles daran setzt, mich mit ihrer unverschämten Ironie und ihrem verächtlichen Mitleid zu verletzen. Plötzlich habe ich das Gefühl, ich selbst sei der Angeklagte! Doch er hat mich gesehen, ich kann nicht mehr zurück, sonst denkt er noch, es gäbe wirklich etwas, das er mir vorwerfen müsse. Er hat mich erkannt, aber er bleibt gelassen. Er gehört zur Gruppe und tut, was die Umstände von ihm verlangen. Es juckt mich, ihn zu fragen, ob Selenoi nicht vielleicht versucht habe, ihn mit einem Stückchen Fleisch zu verführen, das ebenso zart ist wie ihre Haut. Zwar ist Humor erlaubt, aber dies wäre wohl nicht der richtige Moment dafür. Also rufe ich zaghaft: »*Enchooki enkiteng Olashumpai!*« (Ich flehe dich an, gib dem Europäer, der ich bin, eine Kuh!) Er wirft mir einen verächtlichen Blick zu, doch überraschenderweise akzeptiert er murmelnd. Und wie andere Besucher vor mir, bin ich von nun an im Besitz einer wunderschönen schwarzen Kuh. Ich fange an zu träumen, dass ich eines Tages einmal eine richtig große Herde besitzen könnte. Doch dann kommt mir ein Aphorismus der Massai in den Sinn: »Eine Kuh entspricht einem Mann, denn sie ist die Quelle von Leben und Reichtum.« Eine kleine Hand packt mich am rechten Handgelenk. Wortlos, aber sich durchaus ihrer Macht bewusst, knotet Naserian ein *olkataar*, ein Armband aus Glasperlen in der Form einer Uhr, um meinen Unterarm. Wie ein Irrlicht, mit im Wind flatterndem Cape, macht sie sich auch schon wieder aus dem Staub. Um mich herum ist alles in Bewegung. Ich werfe noch schnell einen Blick auf meine Kuh, die nun schon zu anderen, neu zugeteilten Tieren geführt wird. Seit Neujahr – ein Datum, dass hier keine Bedeutung hat, weil das Jahr der Massai mit der großen Regenzeit Anfang April beginnt – bin ich nur ein einziges Mal mit den Mädchen unterwegs gewesen und habe auf die Rinder aufgepasst. Sie haben die meiste Zeit in der *emanyata* von Oloderkes, nördlich des Kiloo-Gebirges, zugebracht. Ich weiß, dass man in den speziellen Camps der Morane auch das Liebesleben kennenlernt. Das irritiert mich – immerhin ist sie doch erst elf Jahre alt!

Ein alter Weiser, der seinen kleinen, gebeugten Körper in eine riesige Wolldecke gehüllt hat, reisst mich aus meinen Gedanken und nimmt mich seinerseits an die Hand, um mich zu den Ältesten im Schatten einer anmutigen *Acacia xanthophloea* zu führen. Ich folge ihm nur allzu gern, denn nach all dem Lärm und Durcheinander verspüre ich einen leichten Kopfschmerz, und außerdem hat die Sonne, die mittlerweile schon hoch steht, mit ihren mörderischen Strahlen meinen Nacken verbrannt. Frauen und Kinder sind in den Schutz des Dornenwalls zurückgekehrt und haben »unsere« Rinder mitgenommen. Ich setze mich auf meine Weste, neben meinen Bruder Takuna, den ich noch nie so konzentriert gesehen habe. Die neun Rächer beraten sich am Fuße eines Myrrhenbaums. Auch *Papaai*, dem ich heute Morgen noch gar nicht begegnet bin, ist zu ihrer Runde gestoßen. Allein sein Anblick gibt mir immer wieder neue Kraft, und von Mal zu Mal wird es mehr, seine Augen strahlen so viel Güte aus, seine Haltung … Er ist einfach faszinierend! Langsam scheint er sie überzeugt zu haben. Er positioniert sich zwischen den beiden Gruppen: der unsrigen, die aus gut 100 Älteren, darunter auch Takuna und ich, besteht, und – zu unserer Linken, ein wenig abseits – der kleinen Gruppe der neun jungen Männer, die Ntokote, der unter dem Schutz der Frauen und Kinder im Dorf geblieben ist, beschuldigen, die Einheit unserer Altersklasse zu gefährden. Mein Vater stützt sich auf den langen Stab der Hirten – das Symbol des Friedens – und fächelt mit seinem Fliegenwedel. Takuna reicht ihm seinen Ebenholzstab, das Kennzeichen des Wortführers, durch den *Papaai* die Würde des Sprechers erhält.

Wer sich als Redner an die Ältesten wendet, muss ihnen Auge in Auge gegenüberstehen, was seine Autorität unterstreicht. Mit einem Mal begreife ich die Tragweite der Ereignisse; um ganz ehrlich zu sein: Es ist Takuna, der mich aus dem Dunkel der Unwissenheit herausführt und mir hilft, die Bedeutung der »Aneignung« der Rinder des Beschuldigten genau zu verstehen. Bis zu dieser Stunde – ich trage zwar keine Uhr, aber der Stand der Sonne zwischen den beiden Kuppen des Löwenberges und des Kiloo bedeutet mir, dass es etwa neun Uhr ist – haben 13 Rinder den Besitzer gewechselt, darunter auch das schönste Tier, dessen glänzendes Schwarz mich noch immer beeindruckt. Wissend, dass Ntokote 19 Tiere besaß, rechne ich aus, dass weitere sechs beschlagnahmt werden können, um … sie ihm später wieder zurückzugeben. Denn das ist das eigentliche Ziel dieses Auftriebs. Dass sich hier die Ältesten, und sogar die ganz alten unter ihnen, drängeln und um ein Rind bitten, geschieht nur, um sie dem Beschuldigten und damit demjenigen, der sie hat aufwachsen sehen, wieder zurückzugeben. Dies geschieht aus Liebe zu den Rindern und um der unerträglichen Ungerechtigkeit, die es für einen Mann bedeutet, stundenlang von seinen geliebten *inkishu* getrennt zu sein, ein Ende zu bereiten – auch wenn er schuldig sein sollte.

Die Teilnahme an Ereignissen dieser Art hat mir verdeutlicht, dass die Rinder den Massai heilig sind. Dies geht sogar so weit, dass sie sich selbst mit dem magischen Wort »Rinder« bezeichnen. Massai bedeutet »das Volk der Rinder«. Umgekehrt heisst das: Nimmt man den Massai die Rinder, so ist dies das Ende ihrer Existenz. *Papaai* schickt sich an, die beiden anwesenden Gruppen zu segnen. Ich merke das an der Andacht meiner Nachbarn, die jeden Satz meines Vaters mit einem »*Naai!*« (Ja, mein Gott!) bestätigen. Ich bemühe mich, keinen Satz seiner Rede zu verpassen, aber das ist nicht so leicht, denn er spricht ziemlich schnell. Beim Weggehen verspüre ich jedoch eine innere Ruhe und ein starkes Glücksgefühl. *Papaais* Weisheit ist groß, und durch ihn lerne ich rasch …

»Möge die Sonne scheinen! Möge sie zu ihrer eigenen Freude immer wieder auf- und untergehen! Mögen unsere Rinder immer wieder gute Weiden finden, die ihnen nützlich sind! Mögen die Alten die Alten bleiben! Mögen die Generationen einander verstehen! Mögen sie alle Teil des Volkes der Rinder, des Volkes *Enkais* sein! Mögen sie heil den Busch durchqueren! Mögen die Massai sich vermehren! Mögen unsere Rinder und unsere Familien von Krankheit verschont bleiben!« Nun, da die Segenswünsche beendet sind, können die Verhandlungen zwischen den beiden Gruppen beginnen, und ich staune, wie schnell die Konfusion, die noch am Morgen herrschte, durch Ordnung, Respekt und Planmäßigkeit aufgehoben scheint. Abwechselnd erheben sich die Redner der beiden Lager. Auch ich tue es und zögere nicht, ein zweites Rind einzufordern, wobei ich meine Liebe zu den Tieren ausspielen kann. Ich glaube, dass ich die Männer beeindruckt habe, auch wenn die neun »Ankläger« unerbittlich auf der Schuld Ntokotes beharren. Zumindest habe ich mein Möglichstes versucht, um ihm für seine Taten im letzten Jahr zu danken. Die Ältesten haben dank ihrer Erfahrung immerhin erreicht, dass die gegnerische Gruppe bei der Verhandlung über die ausstehenden sechs Rinder den Gegenwert von 1000 Shilling pro Kopf akzeptiert. Und Ntokote wird alle seine Rinder zurückbekommen; schlimmstenfalls droht ihm eine Geldstrafe. Nach dieser Entscheidung überrascht es mich, dass die Ältesten weiterstreiten und offensichtlich keine Zugeständnisse machen wollen. Schon ziehen sich beide Gruppen in ihre Lager zurück und beraten über eine neue Strategie. Es muss etwa zehn Uhr sein, denn das Licht ist bereits gleißend, und es wird langsam richtig heiß. Ich richte meinen Blick in die Luft, wo ein Savannenadler nach einem Aufwind sucht, um mit ihm emporzusteigen. Ich folge ihm, bis er auf die Thermik gestoßen ist und keinen Flügelschlag mehr tun muss, um aus meinem Blickfeld zu entschwinden. Auch das zählt zu dem, was ich hier so liebe und was mich jeden Augenblick intensiv leben lässt.

Als ich der laufenden Debatte wieder mehr Aufmerksamkeit schenke, vernehme ich erneut die warme Stimme von *Papaai*, die rät: »Kommen wir zurück zu unserer Art des *osayia* (jemanden flehentlich um etwas bitten). Lassen wir die Wahrheit die Wahrheit besiegen, denn niemandem soll Unrecht getan werden!« Die neun

1 Der Autor mit einer strahlend schönen, jungen Frau aus dem »Wald des verlorenen Kindes«.

2 Die Rinder von *Papaai* kehren allabendlich in unser Dorf zurück.

3 Drei der jungen Hirtinnen aus Entepesi, die mir besonders ans Herz gewachsen sind.

4

5

4 Eine Freundin trägt Feuerholz für meine Hütte herbei.
5 Der Grillplatz für das Festmahl anlässlich der Zeremonie im »Dorf der Hocker« in der Nähe von Entepesi.

6 Eine der Frauen meiner Altersklasse der »Sieger«.
Sie zählte 1982 zu meinen liebsten Nachbarinnen
und Freundinnen in dem großen Massai-Dorf
Entepesi.

7

8

7 Meine Mobylette habe ich bei Agnès in Mashuuru
  untergestellt. Im Hintergrund ist der Weiße Berg,
  der Kilimandscharo, zu erkennen.

8 *Papaai*, mein »Adoptivvater«, mit seiner Wolldecke,
  dem Zeichen einer »leichten Feder«, Ende der
  1980er-Jahre in Entepesi.

9 Landschaft und eine Hütte in meinem Dorf Entepesi, kurz nach meiner Ankunft am 4. März 1982.
10 Im Oktober 1984 bei einer Befragung der Samburu im Norden Kenias.

11

12

11 Am 18. September 1989
   wird *Papaais* Herde von
   den älteren Söhnen
   Takunas in Richtung
   Kiloo gebracht.

12 *Mamai*, meine
   »Adoptivmutter«,
   verputzt ihre neue,
   selbst errichtete Hütte in
   Entepesi.

13 Noolkisakara, Takunas
erste Ehefrau, beim
morgendlichen Melken.
14 Samburu-Mädchen beim
Schöpfen von Wasser
aus einem tiefen
Wasserloch im Flussbett
des Trockenflusses
Serelbarta in der Nähe
von Baragoi während
meiner Mission von
1984.

15 Zwei Samburu-Morane am
   31. Oktober 1984 in der
   Lkees-Ebene in der Nähe
   des Turkana-Sees.
16 Im Juli 1996 am Rand des
   Naimina Enkiyio – »Wald
   des verlorenen Kindes« –
   im Paradies ...

15

16

Ilmerisho kehren ebenfalls zum Palaver zurück, und *Papaai* segnet die Versammlung aufs Neue:»Möge unser Volk an der Oberfläche der Erde bleiben und niemals untergehen! Möge es für immer das Volk der Massai bleiben! Möge das Gras ihm Gutes tun! Möge diese edle Versammlung Geschmack beweisen!« Nun ergreift Takuna, der bis jetzt geschwiegen hat, das Wort. Mit seinem *olkuma orok* (dem Stab des Wortführers) hat er schlagartig seine Aura und sein Charisma wiedergewonnen. So verfolgt er sein Ziel ohne Umschweife:»Ihr habt uns nichts gegeben, aber ihr habt eine wesentliche Sache vergessen, die die Behinderten, die Tauben und die Blinden ebenso betrifft wie Euren Wortführer. Wohin also habt ihr uns geführt?« Zur Antwort erhebt sich Salonik. Er lässt mich dabei nicht aus den Augen. Was mag Selenoi ihm erzählt haben? Entweder ich leide unter akuter Paranoia oder ich entwickle hellseherische Fähigkeiten! Beides wäre lachhaft. Also lausche ich ihm:»Wir habe euch dorthin gebracht, wo Gott tagsüber die Sterne aufbewahrt, das heißt, an den sichersten Ort, den wir finden konnten ... Doch der Fehler Ntokotes ist schwerwiegend, und wir müssen dafür entschädigt werden ...«

Der Anblick der fiebernden Ältesten, die ein bisschen so aussehen wie schüchterne Kinder, die man bei etwas Verbotenem erwischt hat, und ihres Gegenübers, der arroganten und allzu selbstsicher auftretenden Jugend, belustigt mich. Verkehrte Welt, wie mir scheint, aber vor allem will man sich wohl gegenseitig mürbe machen, und man scheint zu wissen, wie man das anstellt. Der Erfolg gibt ihnen Recht. Nun sind die Alten und Invaliden an der Reihe, sich zu messen. Wie jener Blinde, der mit einer solchen Inbrunst bittet, dass ich fast erwarte, man würde ihm auf der Stelle alle noch nicht verteilten Rinder zusprechen:»Ich kann nicht sehen, und ich habe an diesem Morgen noch gar nichts bekommen. Wisst ihr denn nicht, dass ich zwei Tage und zwei Nächte unterwegs gewesen bin, um dieses *olaruoni* zu retten? Ich flehe euch an, ein letztes Mal!«

»Du bist blind, aber deine Altersklasse hat bereits ein Rind erhalten«, antwortet ihm eine Bohnenstange von Richter, der mindestens zwei Meter zehn lang sein muss.»Dennoch, und um deinen Mut zu belohnen und dir Respekt zu zollen, wirst du zusätzlich 500 Shilling bekommen!«

»Gib mir eine richtige Kuh, nicht eine mit einem halben Schwanz«, erwidert der alte Blinde.

»Ich erhöhe die Summe um 250 Shilling, und ich bitte dich, dieses Angebot anzunehmen, denn wir haben nicht mehr …«

Nun stürzt sich ein Alter auf den Blinden, um ihm den Rednerstab zu entwenden. Und da sind weitere, die ungeduldig warten, bis auch sie endlich an der Reihe sind. Ich muss lachen, wenn ich den Alten in seinem Gewand dort stehen sehe, das ihm längst viel zu groß geworden ist. Er ist bestimmt 80 Jahre alt, und doch wirkt er auf mich wie ein junger Bursche, der zu allen Abenteuern bereit ist. Er hüpft ständig auf und ab und lächelt wie ein professioneller Charmeur, was selbst die hartherzigsten Zensoren erweichen muss: »Ich bin die ganze Nacht hindurch gelaufen, um diesem armen Mann seine geliebten Rinder wiederzubeschaffen. Ich habe die Kälte erduldet, ich habe einem Löwen getrotzt, und ich bin sehr alt. Ich bitte euch, gebt mir eines, denn vergesst nicht, dass ich euer Auge bin, euer Ohr, euer Bote, und mehr wert als alle eure Rinder!« Der alte Schelm ist wirklich originell: So wie ein Rind allen Massai gehört, hat er sich selbst den Richtern zur Verfügung gestellt, also in gewisser Weise geopfert. Mit Erfolg, denn er wird der Gewinner des Tages und erhält 2000 Shilling, den Gegenwert zweier Rinder.

Dank seiner erbitterten Verteidigung durch die Alten verliert der Beschuldigte schließlich nicht mehr als 1000 Shilling und – ich werde jetzt, da ich den Duft ganz in der Nähe gegrillten Fleisches rieche, daran erinnert – drei Rinder, die er zur Reinigung von seinem Verbrechen bei Morgengrauen opfern musste. Diese neuerliche Demonstration der Liebe, der Herzenswärme und der gegenseitigen Achtung zielt direkt auf mein Herz. Das ist es, warum ich hier bin! Das ist der Sinn meiner Anwesenheit! In dem Prozess werden der Fehler benannt und der Schuldige bezichtigt, doch im Vordergrund steht die Festigung der Beziehungen untereinander, obwohl die beiden Lager im Scheinkampf gegeneinander antreten und versuchen, einen Triumph für die eigene Wahrheit herauszuholen. Ein Sieg der Menschlichkeit! In keinem Augenblick wird über die persönlichen Beweggründe des Beschuldigten gerichtet. Das einzige Ziel ist es, die Umstände zu verändern und damit das Gleichgewicht wiederherzustellen. So, wie das Wasser dorthin fließt, wo der Wasserstand niedriger ist.

Gerade kommt mir ein Satz in den Sinn, der mich quält, veranschaulicht er doch nur allzu gut, warum Klischees überdauern, solange man sich nicht auf die Menschen zubewegt. Er stammt von Charles

Eliot, der zu Beginn des 20. Jahrhunderts britischer Bevollmächtigter in British East Africa, dem heutigen Kenia, war: »Die Massai sind wie Löwen oder Leoparden, wunderschöne und starke Raubtiere, die unseren ästhetischen Ansprüchen entsprechen und dennoch eine große Gefahr für uns bedeuten, denn sie sind gewalttätig und leben vom Diebstahl, und sie sind nicht imstande, gut und böse zu unterscheiden ... Ihre Kultur der Unmoral erhalten zu wollen, bedeutet nichts anderes als Kannibalismus und Menschenopfer zu unterstützen!«

»Du hast gut gesprochen«, bedeutet mir Takuna und bricht in Lachen aus. »Wenn ich der *olaruoni* wäre, würde ich dir dein Rind überlassen!«

»Oh nein! Er kann besser damit umgehen als ich, ich hab noch einiges zu lernen – hinsichtlich der Rinder!« Und gerade als Salonik uns begrüßt, füge ich ironisch hinzu: »Und was Selenoi betrifft ...«
Tatsächlich nimmt Salonik meinen Bruder an die Hand, als wolle er ihm ein Geständnis machen. Man sieht hier manchmal Männer Arm in Arm durch die Gegend laufen, was bedeutet, dass sie vertraulich miteinander sprechen, und dies unter Ausschluss fremder Ohren. Es ist also angebracht, dass ich mich verdrücke. Ohnehin überkommt mich das Bedürfnis, »meine Schwester wiederzusehen« – was man hier sagt, wenn man sein kleines Geschäft verrichten muss, und ich suche eine kleine Mulde, um mich abseits der Blicke zu erleichtern. Dabei scheuche ich einen Trappen auf, der sich ausgerechnet im Schatten jenes Baumes niedergelassen hat, den ich mir ausgesucht habe. Der auffliegende Vogel jagt mir einen riesigen Schrecken ein, und ich zittere am ganzen Körper. Ich muss erklärend anfügen, dass ich überall Löwen sehe, vielmehr bilde ich mir das ein. Aber ein fliegender Löwe, das ist eher ein Fall für einen Psychiater!

Als ich erleichtert aus meiner Senke krieche, verspüre ich langsam ein wenig Hunger, und schon kommt Yiaro heran, beladen mit einigen Koteletts: »Ich habe drei Nachrichten für dich – zwei gute und eine schlechte! Womit soll ich anfangen?«, ruft er mir zu, während er uns unter einer verkümmerten Akazie ein staubfreies Plätzchen bereitet. Als wir endlich sitzen und das etwas zähe, im Geschmack aber exzellente Fleisch kauen, antworte ich ihm voller Ungeduld: »Mit der schlechten!« Yiaro hat so eine Art, mich auf die Folter zu spannen. Ich spiele dieses Spiel gern mit, denn für den Fall, dass meine Recherche einmal langweilig wird, ist wenigstens dadurch für Spannung gesorgt.

»Ich muss zurück und nach meinen Rindern schauen. Aber das wird nicht lange dauern.« Für einen Vogel ist es keine weite Strecke, doch immerhin geht es über mehrere Hügel, manchmal recht steil bergauf und durch Geröll, das kann anstrengend sein, und heil kommt nur an, wer sich nichts vorzuwerfen hat, die anderen werden von der Uräusschlange überrascht ...

»Und jetzt die beiden guten! Ich höre ...«

»Es geht um die beiden Personen, die du besonders schätzt, vor allem die eine. Mit welcher soll ich beginnen?«

»Über die, die ich am meisten liebe, redest du zum Schluss, okay?«

»Also, es handelt sich um deinen Freund Merero. Seit die Verwünschung ausgesprochen wurde, ist seine ganze Familie krank geworden. Er bittet um eine Schlichtung. Das wird geschehen, und zwar nächste Woche, bei Neumond, und *Papaai* ist beauftragt zu entscheiden, ob man Merero verzeiht oder nicht. Im Auftrag der Ältesten und im Namen der ganzen Region muss er das tun.

Ich bin sehr glücklich, dass die göttliche Bestrafung noch so gut funktioniert ...

»Sehr gut, Yiaro, aber nun zu der besten Nachricht!«

»Es ist, es handelt sich, es geht um ... Selenoi!«

Ich halte den Atem an. Dann bestürme ich ihn: »Ich bitte dich! Was gibt es Neues? Sprich endlich!«

»Es ist nur, dass sie morgen mit Takuna zum Trockenfluss gehen wird, um mit ihm die Rinder abzuspritzen. Seine Frau fühlt sich nicht gut, und Selenoi hat angeboten, ihm zu helfen.

»Ja, und was geht mich das an?«

»Vorsicht, Unaufrichtigkeit ist schlimmer, als wenn man sich etwas vorzuwerfen hat; sie kann tödlich sein«, warnt mich Yiaro, der plötzlich ganz vergnügt ist. Es stimmt, wir haben so manches Mal über diese Frau gesprochen. Wenn wir nicht gerade über meine Untersuchung reden, auf ein Ereignis warten oder einfach die mittägliche Hitze aussitzen, ist Selenoi sogar unser Lieblingsthema ...

»Takuna hat mir den Vorschlag gemacht, dich darüber zu informieren«, findet Yiaro erwähnenswert.

»Das ist die Höhe!« Dann muss sein Bruder Meeli ihn aufgeklärt haben ... »Wie auch immer, mittlerweile scheint es die ganze Welt zu wissen!«

»Nur du scheinst nichts zu begreifen. Uns Massai ist klar, dass die Frauen von einer fremden Art sind und dass man gar nicht versuchen sollte, sie zu verstehen, wie es mit Männern möglich ist. Suche nichts, kümmere dich nicht um sie und folge deiner Intuition, das ist es!«

Mittwoch, 24. Januar, Osoit Lenkima, 7.00 Uhr

Ich bin glücklich, und wie immer, wenn ich glücklich bin – und das ist fast dauernd der Fall, seit ich hier bei den Massai bin –, schreie ich es kurz nach Sonnenaufgang laut und deutlich heraus, wenn ich auf meinem liebsten Beobachtungsposten sitze. Hier sitze ich nicht so sehr als Forscher, Voyeur oder Tourist, der Sonnenaufgänge über der Steppe bestaunt. Nein, so bin ich nicht, und so bin ich auch nie gewesen. Nein, es ist eher so, dass ich mich auf diesem Felsen glücklich, mit mir im Reinen und mit der Natur im Einklang fühle. Ich sitze hier, um Erfahrungen zu sammeln. Und ich schreibe an diesem Ort meine Erlebnisse und die Ergebnisse meiner Untersuchungen vom Vortag nieder, wenn ich es am selben Tag nicht mehr schaffe. Dies war etwa gestern der Fall, als ich sofort nach meiner Ankunft in unserer Hütte in einen tiefen, traumlosen Schlaf gefallen bin.

Die Anhöhe ist auch der Platz, an dem ich mich am liebsten mit meinem Bruder treffe, denn es ist ein reiner und von der Zivilisation verschonter Ort.

Und hier lese ich – immer wieder aufs Neue – die Briefe, die ich von Claudia bekomme, interpretiere die Intervalle, die Satzzeichen … Meist ist es Kimakon, der Moran, der täglich weite Strecken zurücklegt und mir die Briefe bringt. Diese Morane sind immer auf dem Laufenden, das gehört zu ihren Aufgaben. Ich brauche ihn auch gar nicht nach einer weiteren Nachricht zu fragen, denn es ist zu einem Ritual geworden, dass er die Briefe mit der Spitze seiner Lanze aufspießt und mir entgegenhält.

Ich will mich gerade zwischen zwei Felsen hocken, als plötzlich der ganze Hügel abzuheben und wegzufliegen scheint! *Oh, Gott!*, denke ich. Zum Glück ist es nur ein riesiger Schwarm Perlhühner. *Alles okay, du kannst dich wieder setzen …* Beinahe wäre ich in die Tiefe gestürzt! Als ich mich wieder im Griff habe, hocke ich mich erneut über den Abgrund, nicht ohne die weite Massai-Steppe fest im Blick zu behalten. Es wimmelt hier im Moment von Hühnervögeln (Fasanenartigen), die sich im Staub badend das Gefieder putzen. Auch ich sollte mich mal wieder waschen, allerdings nicht im Staub, sondern lieber an einem der Wasserlöcher im Trockenfluss, vor allem, wenn Selenoi womöglich dort ist ...

***

Ich mache mich also auf zum Olkerie. Das Licht ist schon fast weiß, also wird es bald Mittag sein. Ich bin mit einem T-Shirt, Shorts und Sandalen nur leicht bekleidet, und vor allem habe ich kein Gepäck dabei und fühle mich wunderbar unbeschwert. Die große Schultertasche, in der ich meine Fotoausrüstung aufbewahre, ist einfach zu schwer und bereitet mir schlechte Laune. Also verzichte ich darauf und somit auch auf Fotos, was eigentlich schade ist ... Andererseits möchte ich auch niemanden mit meinen Aufnahmen bestürmen, und außerdem bin ich der Meinung, dass ein Foto in erster Linie den Seelenzustand des Fotografen widerspiegelt, der im besten Fall die Stimmung des Subjekts trifft ... Damit das Fotografieren Sinn macht, muss es im gegenseitigen Einvernehmen vonstatten gehen. Wenn ich aber diese teuflisch schwere Tasche mit mir herumschleppe, habe ich zu nichts mehr Lust, auch und vor allem nicht zum Fotografieren. Irgendwann aber wird sich die Kamera wieder aufdrängen, und dann werde ich – wie selbstverständlich – doch wieder Aufnahmen machen ...

Im Moment fühle ich mich jedenfalls pudelwohl. Ich kenne den Weg in- und auswendig, und wie jedes Mal, wenn ich hinunter zum Fluss gehe, schaue ich auf die hügelige Düne und den tiefblauen Himmel und habe – es lässt sich einfach nicht vermeiden – ein Gefühl, als ginge ich an den Strand. Fast automatisch achte ich darauf, nicht vom Weg abzukommen; nicht aus Angst, in die Fänge einer fleischfressenden Pflanze zu geraten, aber man weiß ja nie ... Meine Wachsamkeit verhilft mir außerdem zu Konzentration, die ich gut gebrauchen kann, wenn ich heute zum ersten Mal wieder der »Königin« Selenoi begegne, die mich seit jener besagten Nacht konsequent gemieden hat. *Hör bloß auf, dich unter Druck zu setzen!* Es ist schier unglaublich, wie man sich in einen solchen Zustand versetzen kann. Ich bin sicher, es ist nur falscher Stolz. Natürlich, sie ist außerordentlich schön.

Na und? Wie hatte es Yiaro doch gestern noch so schön formuliert: »Kümmere dich nicht um sie!« Versprochen, Yiaro, ehrlich! Übrigens denke ich schon gar nicht mehr an sie ...

Ich bin noch gar nicht ganz da, da suche ich schon – in der widersprüchlichen Hoffnung, nicht fündig zu werden – wie ein Verrückter jeden Quadratmeter des »Strandes« nach ihr ab. Zum Glück schallen von allen Wasserlöchern fröhliche Stimmen herüber, die meine Befürchtungen zerstreuen ... Dann vernehme ich die Stimme Takunas: »*Ndauwo*, du bist es? Komm, hilf mir!« Er ist eben einer von der schnellen Truppe! Aber ich kann wirklich nicht die leiseste Ironie heraushören.

»Yiaro hat mir erzählt, du seist heute hier, um die Rinder abzuspritzen. Ich bin gekommen, um dir mit der Pumpe zu helfen, weil ich weiß, dass Napanoi (seine Frau) einen schweren Husten hat.«

»*Ee, ashe!* (Ja, danke!) Eigentlich wollte Selenoi – du weißt, die Frau von Salonik – mir zur Hand gehen, wenn ich hier mit dem Wasser fertig bin!«

»Ach so«, sage ich und mime den Unwissenden. Takuna schenkt mir ein komplizenhaftes Lächeln, und mir wird klar, dass er sich nicht täuschen lässt. »Wenn du nichts dagegen hast, helfe ich dir auch, denn ich habe das mit dem *embobo* (dem mobilen Zerstäuber) noch nie gemacht.«

»Natürlich, *Ndauwo!*«

Ich nutze die Wartezeit, um mich am schattigen Ufer zu waschen. Als Ersatz für den fehlenden Eimer verwende ich einen zu diesem Zweck halbierten Kanister, den ich mit frischem Wasser fülle. Ich entdecke ein paar dornige Büsche, die mir zugleich Schatten spenden und mich vor fremden Blicken schützen. Tadellos! Ich fange an, mich zu entkleiden, natürlich nicht, ohne zuvor den Ort genau in Augenschein genommen zu haben, weil ich weiß, wie gern sich Schlangen in dem Gewirr der Zweige aufhalten, weil ihre Form und ihre Farbe dort gar nicht auffallen. Und schon habe ich mein Seifenstück herausgeholt, das ich für solche Fälle immer bei mir trage.

Das Wasser entfaltet eine mehr als labende Wirkung, denn es hilft mir, meine Sinne wiederzuentdecken. Es ist eine Erfahrung, die ich immer wieder mache, wenn ich ganz alltägliche, ja banale Dinge verrichte: wenn ich etwa Wasser über meine Haut rinnen lasse oder die braune Staubschicht abwasche, die mich von Kopf bis Fuß bedeckt.

Wohlergehen ist dafür nicht der passende Ausdruck, denn er gibt nicht genau wieder, was ich empfinde. Vielmehr spüre ich eine grenzenlose Energie, die mich die Ewigkeit des Augenblicks erfahren lässt. Das muss es sein, was unsere moderne Zivilisation mit ihrer quantifizierenden Rationalität, die das menschliche Wesen nurmehr als Schöpfer der eigenen materiellen Welt ansieht, als »Flucht« bezeichnet: Wenn der Mensch sich aus seiner, ihrer Eigenschaften beraubten, Hülle befreit und das eigentliche Wesen seiner menschlichen Natur wiederentdeckt ... Natürlich erweist sich dieses Zwischenspiel als zu kurz, und wie bei den meisten Fluchten wird der Ausbrecher wieder eingefangen; er muss nun wieder hinter seine Fassade von Arbeitsamkeit, kühler Berechnung, Ökonomie und Sachlichkeit zurückkehren.

Ich ziehe mich an, und gerade klettere ich auf den kleinen Vorsprung oberhalb des Wasserlochs, als Selenoi auftaucht und eine riesige gelbe, mit Tüchern gefüllte Wanne auf dem matschigen Hügel oberhalb des Tümpels abstellt. Ich warte, bis meine Schames- und Schreckensröte abgeklungen ist, und begebe mich hinunter in die Arena. Mir kommt ein skurriler Aphorismus in den Sinn: »Hüte dich vor dem Weib und den Verrückten!« Als ich vor ihr stehe, bemerke ich, dass es nicht mehr die harte, spöttische und hochmütige Selenoi der letzten Monate ist, die mir da in die Augen schaut, sondern die sanfte und aufmerksame Frau aus der Zeit davor. Ihr schalkhaftes Lächeln werde ich niemals vergessen. Nachdem die Befremdung gewichen ist, möchte ich ihr am liebsten ins Gesicht sagen: »Meine teure Freundin, ich schätze mich glücklich, dich zu lieben!« (Eine Minute vorher hätte ich statt glücklich noch unglücklich verwendet ...) Ihre Haut glänzt, und die auf ihrem glatten Schädel sich spiegelnde Sonne zwingt mich gewissermaßen, die geblendeten Augen zu senken. Ihr ultramarinblauer Umhang ist nach hinten geschlagen und gibt den Blick auf ihre verführerischen Schultern und Arme frei. Ich denke spontan an den Ausdruck »befriedet«; ja, das ist sie – befriedet. Also wirklich! Frauen, von welchem Kontinent sie auch immer stammen mögen, sind einfach unberechenbar. Ich bin noch so perplex, dass ich zögere, mit ihr zu sprechen. Takuna, der mit dem Wasser fertig ist, und Kimakon, der die getränkten Tiere zusammengetrieben hat, kommen mir zu Hilfe, indem sie mit den Tieren weiter den Fluss entlangziehen – sie haben wohl meine Befangenheit gespürt. Ich folge ihnen auf dem Fuße und bemächtige mich des mit Wasser und dem Milbengift gefüllten Plastikcontainers, den Selenoi auf dem Rücken trägt. Sie zögert und brummt etwas vor sich hin, weil sie nicht weiß, wie sie reagieren soll; ich jedoch lasse mich nicht hindern und nehme ihr den Behälter einfach ab. Zwar drücken sich die stumpfen Kanten schmerzhaft in meine Hüften, doch ich lasse mir nichts anmerken. Fröhlich schenkt sie mir ein fast lautloses Dankeschön. Ich weiß wohl, dass in der Öffentlichkeit und in Anwesenheit mehrerer Männer allergrößte Diskretion geboten ist. Doch welch ein Sinneswandel! Plötzlich fühle ich mich doppelt so stark, und ein weiterer 20-Liter-Kanister würde mir keine Probleme bereiten. Heißt es nicht: Liebe verleiht Flügel? Doch ich bin mittlerweile schweißgebadet und deshalb nicht unglücklich, als Takuna mir den Platz zeigt, an dem ich meine Last abstellen kann: eine Art mit Dornengestrüpp eingezäuntes Gehege, in das Kimakon inzwischen die ganze Herde eingeschlossen hat.

»*Olmerishoi elde?*« (Ist er ein richtiger *Olmerishoi*?), fragt er Selenoi und meint mich. Sie ist offensichtlich peinlich berührt, zwingt sich zu einem Lachen und bestätigt die Frage mit einem »*Ee*«, ohne mich dabei anzusehen. Ich muss unbedingt vergessen, was geschehen ist, und sie zum Lachen bringen. Wir sollten nichts planen und den richtigen Augenblick abwarten!

Takuna installiert bereits die Pumpe an dem Behälter. Sie besteht aus zwei Metallzylindern, von denen einer durch den anderen hindurchgleitet, die in einen starren Griff übergehen. Dieser ist mit einem etwa 20 Meter langen weichen Schlauch verbunden, der in einer Düse endet. Gemäß seiner Anweisung habe ich das Fässchen inmitten der Herde aufgestellt, sodass alle Tiere in Reichweite der Düse stehen. »Ich werde es dir zeigen, und dann bist du an der Reihe!«, ruft Takuna mir zu. Selenoi hält mit ernster Mine den Kanister zwischen ihren zarten Beinen, damit er nicht umkippt. Dann geht es los. Sie umklammert den Griff mit beiden Händen und senkt und hebt ihn in einem regelmäßigen Rhythmus, sodass die Pumpe gleichmäßig Flüssigkeit zieht, durch den Schlauch drückt und ein gleichmäßiger Strahl aus der Düse spritzt. Takuna hält diese gegen die Flanken, Euter und Ohren der Rinder und windet sich geschickt zwischen ihnen hindurch, um wirklich jedes Tier zu erreichen. »Hast du gesehen, wie ich es mache? Jetzt bist du dran!«

Ich packe den Schlauch mit großer Entschlossenheit. Selenoi bleibt am Pumpenschwengel. Fertig? Also los! Erneut schießt die Flüssigkeit aus dem Endstück, und ich bespritze das erste Tier, wobei ich darauf achte, an keiner Stelle zu lange zu verweilen. Dann ist das zweite Rind an der Reihe und dann das dritte. Es sieht leichter aus als es ist, denn die Tiere bleiben nur selten still stehen, und es ist deshalb schwierig, alle Körperteile gleichmäßig zu besprühen, doch nur so hat die Behandlung einen Sinn. Und ich erinnere mich genau an die entschiedene Reaktion Kennys, als ich zu meiner großen Überraschung im letzten Jahr entdeckte, dass die meisten Tauchbäder, die Cattle Dips, verwaist und unbenutzt waren: »Die Zecken sind nicht so gefährlich, die Unterernährung hingegen ist lebensgefährlich. Die Massai haben ihre Rinder nicht zufällig an Orte gebracht, an denen es besonders viele Zecken gab und gibt, sondern um den überlebenden Tieren eine möglichst hohe Immunität zu verschaffen. Mit den Cattle Dips hat man die Massai geschwächt, denn ihre Stärke sind eigentlich widerstandsfähige Rinder. Man hat die Massai der Fähigkeit beraubt, ihre Strategie zur Bekämpfung der Krankheit einschließlich der notwendigen dauernden Beobachtung weiterzuführen. Dahinter steht die Absicht, das Hirtennomadentum abzuschaffen, um im Massai-Land ausschließlich importierte Rinder zu züchten und entsprechend hohe Renditen zu erzielen. In Ermangelung der Möglichkeit, das Immunsystem der Tiere auf die ihnen eigene Art zu entwickeln, sind die Massai nun gezwungen, die Rinder regelmäßig der nunmehr lebenswichtigen chemischen Schädlingsbekämpfung zu unterziehen. Wir haben dies als Falle erkannt; unsere Antwort lautet deshalb seit 30 Jahren: das *embombo*. Mit dieser Methode kann die Menge an Chemikalien im Vergleich zum Cattle Dip deutlich reduziert werden, und zudem kann die Behandlung punktuell erfolgen.«

Kaum zwei Meter von mir entfernt lässt sich ein Kuhreiher mit weißem Gefieder und gelben Beinen auf der Umfriedung nieder. Ich weiß sehr wohl, dass er sich von Zecken ernährt, doch ich staune trotzdem, denn normalerweise findet der Vogel seine Nahrung auf den Rücken von Elefanten. Wie ein Derwisch rotiere ich zwischen den Rindern, und dann hebe ich den Schlauch besonders hoch und wechsle über Selenois Kopf hinweg zu den Tieren auf der rechten Seite.

Ich streife die junge Frau nur ganz leicht, aber bereits diese flüchtige Berührung ist intensiv wie eine Umarmung, und sie wirft mich aus der Bahn. Selenois Duft elektrisiert jede einzelne meiner Zellen, genau wie damals auf dem Lager in der Hütte. Ich zögere den Bruchteil einer Sekunde, ob ich mich nicht umwenden soll, um zu prüfen, ob auch sie bewegt ist, aber mein Job verbietet mir diese Freiheit. Hundertfach wiederhole ich die gleichen Handgriffe: Ich bestäube die Seiten, die Euter und die Ohren, vor allem deren Wurzeln, und die Außenseiten der je nach Rasse dreieckig oder rund geschnittenen Ohrmuscheln, an denen sich die Zecken besonders gern einnisten. »*Ashe naleng, Ndauwo,* du machst das ja besser als ich! Das nächste Mal überlasse ich es dir und Selenoi ganz, und ich ruhe mich unter dem Baum dort aus«, beteuert Takuna mit größtmöglichem Ernst. Und während ich merke, dass ich jetzt in der Klemme sitze, höre ich Selenoi, wie sie ihn, glucksend, sogar noch übertrifft: »Er ist ein echter *Olmerishoi!*«

Donnerstag, 1. Februar, Entepesi, Dorf von Papaai,
Ritual der Vergebung, 6.30 Uhr

Ich habe die ganze Nacht kein Auge zugetan, doch bezweifle ich, dass das Geheul der Hyänen in der Nähe des Dorfes der Grund dafür ist. Eher gebe ich meinem hyperaktiven Geist die Schuld, der sich damit beschäftigte, was beim Treffen mit Merero am folgenden Morgen passieren würde. Sicher waren es negative Schwingungen, die meine Nacht vergiftet haben! Ganze sieben Stunden habe ich das Für und Wider abgewogen und mich schließlich gefragt, ob man einer solch finsteren Gestalt überhaupt verzeihen sollte.

Für mich liegt es klar auf der Hand, dass er vollkommen verwestlicht und nur an Macht und Geld interessiert ist. Die Kultur der Massai kümmert ihn keinen Deut, und er hat weder eine traditionelle Initiation durchlaufen noch hat er je als Moran gelebt. Warum soll man jemandem vergeben, der weiterhin seine üblen Machenschaften verfolgen wird.

»*Xabio, wou amu chai!*« (Der Tee ist fertig, Xavier!), haucht mir *Mamai* zu, die meine Lage wohl begriffen hat. »Er ist kein guter Mensch, da bin ich deiner Meinung, doch man muss ihm vergeben, denn sonst ist man nicht besser als er. Unsere Kultur glaubt daran, dass Menschen sich wandeln können. Außerdem ist Merero der *olenkapu* von *Papaai,* er gehört also demselben Clan an.«

Der Tee schmeckt, wie ich ihn liebe, nach karamellisierter Milch, und meine anbetungswürdige Mutter, die alles merkt, hat Angst, dass ich mir die Zunge verbrenne, und gibt mir eine andere Tasse. Es ist hier üblich, die bräunliche Flüssigkeit zum Abkühlen mehrmals von einer Tasse in die andere umzuschütten, und endlich kann ich trinken: ein Genuss! Ich frage nach einer weiteren Tasse, worauf *Mamai* lachend warnt:»Du wirst noch das Ritual verpassen!«

»Ich will nicht, dass man ihm verzeiht. Er ist kein richtiger Massai, er wird Euch schließlich ausrotten!«, erwidere ich voller Verzweiflung. Das quittiert sie, die eigentlich immer guter Laune ist, mit einer nicht enden wollenden Lachsalve. Ich verlasse meine schützende Höhle mit Bedauern, obwohl mir zugleich bewusst ist, dass ich an einer außergewöhnlichen und bedeutsamen Kundgebung der Massai-Kultur teilnehmen darf und mir so eine eigene Meinung bilden kann – wider all das Falsche, das von böswilligen Menschen zu diesem Thema geäußert wurde, die noch nie einen Fuß in dieses Land gesetzt haben, in dem ich seit Monaten lebe. Außerdem bin ich hier, um zu bezeugen, wie sehr ich mich aufgrund des Kontaktes zu den Massai verändert habe …

Der *emboo* findet inmitten der 2000 noch im Dorf versammelten Rinder statt. Doch Menschen sind nur wenige anwesend, als wollte niemand an diesem Ritual teilnehmen – vielleicht aus Angst vor unangenehmen Folgen. Yiaro plaudert mit Takuna über die Gesundheit der Tiere, und beide tun, als seien sie von dem Ereignis nicht besonders betroffen. Als sei es eine Selbstverständlichkeit, wie *Mamai* mir lachend versichert hat … Die Luft ist noch kühl und der Himmel klar; ich kaue an einem *enkike* aus Hibiskussaft und habe meine Müdigkeit vergessen. Plötzlich und voller Schrecken höre ich die hasserfüllte Stimme jenes kleinen Mannes mit Hakennase, die mir von damals noch in den Ohren klingt:»Ihr habt hier nichts zu suchen!«

Papaai hatte ihn an einem Abend in dem Augenblick, da die Sonne am Horizont versank, verflucht, und er wird ihm an diesem Morgen in dem Moment, da die Sonne wieder aufgeht und mit ihr die Hoffnung auf Frieden wiedergeboren wird, vergeben.

Merero zeigt sich weder arrogant noch überheblich, er hat offensichtlich Angst. Selbst wenn er sich, wie es die Repräsentanten der Macht zu tun pflegen, mit einem Oberhemd im kolonialen Stil über einer dazu passenden, perfekt gebügelten Hose, recht protzig gekleidet hat, fehlt ihm, was sich die Massai von einem der Ihren wünschen: ein offener Blick und ein aufrechter, kraftvoller Gang. Ich bin keineswegs besänftigt und frage mich, wie man einem solchen Feigling verzeihen kann. Wie kommt es bloß, dass dieser gespielt Schüchterne, der sich jetzt zu einem zuckersüßen Lächeln zwingt, in mir so viel Hass und Abscheu schürt? Ich fühle mich im tiefsten Inneren mehr als Massai als er es ist. Er, dem seine Kultur fremd ist, müsste mich beneiden; er jedoch fügt seinen eigenen Leuten Leid zu, denn er weiß, dass sie im Gegensatz zu ihm nichts von der modernen Welt verstehen. Er wird sich rächen, denn er besitzt Kenntnisse, über die die anderen nicht verfügen, und ich bin sicher, er wird weitermachen wie bisher, bedeutet es doch seinen einzigen Lebensinhalt. Sollte er gekommen sein, um Verzeihung zu erflehen – und ich bin sicher, dass *Papaai*, der die Güte selbst ist, sie ihm nicht absprechen wird –, dann ist er nur deshalb gekommen, weil seine ganze Familie in der Woche nach seiner Verfluchung vom Unglück heimgesucht worden ist. Selbst im Krankenhaus hat man die Krankheit, von der seine Frau und sein Sohn befallen waren, weder diagnostizieren noch heilen können. Schließlich, und das dürfen wir nicht vergessen, benötigt er die Stimmen jener großen Mehrheit an Leuten, die vor allem anderen die Tradition respektiert – denn er träumt noch immer von einem Posten in der Politik!

Ich werfe einen Blick auf die Mitte des Platzes. *Papaai* ist bereits dort, und er hat einige der Ältesten zur Seite. Er hält eine längliche Kalebasse in der rechten Hand, die sicher eine Mischung aus Honigwein und Milch enthält, was bei einer solchen Segnung üblich ist. Auch wir nähern uns dem Platz, wobei ich darauf achte, Merero nicht zu nahezukommen. Die Rinder bleiben ungewöhnlich ruhig, und ich spüre, wie sehr es *Papaai* drängt, die Angelegenheit zu beenden, zumal er mit seiner Handlung an die Zeit des Sonnenaufgangs gebunden ist.

Jetzt, wo Merero ihm allein gegenübersteht, fühle ich zum ersten Mal Mitleid mit ihm. Seine flinken Augen verraten Angst: *Und wenn er mir nun nicht verzeiht? Was wird dann aus meiner Frau und aus meinem Sohn?* Das meine ich jedenfalls seinem Gesichtsausdruck zu entnehmen. Wir anderen halten uns alle hinter *Papaai*, sodass sich Merero mehr als fünf aufmerksamen Augenpaaren gegenübersieht, die alle das leiseste Zucken der Augenbrauen bemerken. Der große

Weise spricht gemäß dem Brauch den Segen der Versammlung aus:
»Diese Versammlung der Vergebung möge fruchten!«

»*Nai!*« (Ja, mein Gott!), antworte ich im Gleichklang mit Yiaro, Takuna und den anderen.

»Ob schwach oder stark, lass uns und alle, die kommen werden, in Reinheit leben! Lass uns leben wie die Berge! Mögen alle Generationen zusammentreffen! *Enkai* führe uns zur Einheit! Er helfe uns zu vergeben! Möge *Enkai* die Liebe zwischen allen Massai besiegeln! Er sei unser Hirte! In Erwartung von Zielen, die es würdig sind, flehen wir dich an! Erfülle uns mit Behagen und Freude! Ihr alle, achtet eure Väter! Möge der Erfolg euch begleiten!«

Merero hält es kaum auf seinem Platz. Unruhig tritt er von einem Fuß auf den anderen und fühlt sich sichtbar unwohl. Yiaro zwickt mich in den Arm. Er jubiliert, denn natürlich hat er es nicht gutgeheißen, von einem solchen Gauner eine Abfuhr erteilt zu bekommen. Alle Massai, die ihre Strategien zur Erlangung eines Kompromisses verfeinert haben und keinesfalls leichtfertig zu den Waffen greifen, müssen sich von seiner Art vor den Kopf gestoßen fühlen. Wenn eine Seite dieses Spiel nicht mitspielt, kommt es zu solchen Maßnahmen wie der Verfluchung, doch mit der Vergebung ergibt sich auch eine zweite Chance. Wie geduldig die Massai sind! Ich staune über ihre profunden Kenntnisse der menschlichen Seele.

Papaai beginnt erneut zu sprechen: »Zusammen mit den anderen Ältesten hatte ich *esipata* (hatte ich das Recht – wobei *esipata* eher Wahrheit meint; für die Massai bedeutet Recht haben, auf der Suche nach der Wahrheit zu sein), dich zu verhexen, denn wir haben dich als *emonkoi* (schuldig, nicht mehr in der Wahrheit zu leben in dem Sinne, dass die Rede und das Handeln sich widersprechen) erkannt. Da du mein *olenkapu* bist, hat dich der Fluch stark erschüttert und angegriffen. Du hast die Sprache Gottes gehört. Ich bin bereit, dich freizusprechen und dir zu vergeben, wenn du mir versprichst, die Wahrheit wiederzuerlangen und wenn du nie wieder absichtlich deine Rinder auf unserem *olokeri* weiden lässt. Du musst unser Land respektieren, und du musst für unseren gemeinsamen Erfolg kämpfen. Wer auch immer versucht, dieses Land zu verkaufen, wird an dem Geld sterben. *Olenkapu!* Akzeptierst du das, und möchtest du, dass ich dir vergebe?«

Stille. Alles bleibt in der Schwebe. Ich schaue zur Sonne, die bereits den Horizont erhellt; es wird Zeit, dass er antwortet und mit dem Aufgehen des Feuerballs ein besseres Leben beginnt.

»Ja, ich akzeptiere, und ich danke dir, meine Feder!«

»Dann hebe ich also den Zauber auf und werde dich segnen. Doch damit alles wirksam wird, muss ich in dein Dorf kommen und dich, deine Frau, deinen Sohn und deine Rinder segnen. Bereite Honigwein zu, ich werde am Nachmittag bei dir sein.«

»Ja, aber ... Meine Frau und mein Sohn sind noch krank, sie sind noch nicht aus dem Krankenhaus in Kijado entlassen«, stammelt unser Mann, weil er erneut unter Druck geraten ist.

»Deine Frau und dein Sohn werden zurückgekehrt sein, glaube mir! Sie sind schon jetzt geheilt, da der Fluch über dich und deine Familie aufgehoben ist. Mein Besuch bei dir wird die Heilung festschreiben«, gibt *Papaai* zurück und nähert sich Merero. Er geht im Uhrzeigersinn um ihn herum und benetzt ihn mit der Flüssigkeit aus seiner Kalebasse. Er spuckt gen Osten, gen Norden und gen Süden und beendet die Zeremonie mit einem tonlosen Gebet. Dann dreht er Merero den Rücken zu, um uns eine abschließende Segnung zuteil werden zu lassen. Er trinkt ein paar Tropfen Honigwein und spuckt jedem von uns ein wenig davon auf den Kopf. Zwischendurch fleht er *Enkai* an, er möge uns führen und beschützen.

Samstag, 3. März, Entepesi, im Busch, 22.00 Uhr

»Wir werden Schwierigkeiten haben, sie wiederzufinden, und die Nacht ist voller Gefahren für die Ziegen«, flüstert Yiaro und lässt den Schein seiner Taschenlampe auf ein wenig einladendes Gestrüpp in einer Mulde fallen.

»... und für uns«, füge ich hinzu.

Den ganzen Tag über hatte ich mit Neranto und Naserian auf die Tiere aufgepasst, und wir waren bester Laune. Wir hatten uns sogar ein neues Spiel ausgedacht – auf einem leicht abschüssigen Stück Land. Wir wollten um die Wette laufen, wobei ich den beiden etwas Vorsprung gab, und dann schaffte ich es einfach nicht, sie einzuholen. Ihre Energie ist wirklich bewundernswert! Außer Atem hörte ich Nerantos Neckereien: »Man muss es schon ein bisschen geschickt anstellen, wenn man mich schlagen will! Ich bin nämlich ziemlich schnell.« Der Nachmittag ging zu Ende, und wir machten uns etwas verspätet auf den Rückweg ins Dorf. Gerade verlöschten die letzten Sonnenstrahlen auf dem Löwenberg, als mich eine Vision versteinern ließ. Auf der Höhe von Osoit Lenkima erspähte ich einen männlichen, lässig dahintrottenden Löwen. Wir fingen wieder an zu laufen, doch unsere Fröhlichkeit war verflogen.

In unserer Hast dachten wir allein daran, möglichst schnell in den Schutz der Dorneneinfassung zu gelangen und hatten am Ziel, als Folge des Durcheinanders, den Verlust von fünf Ziegen zu vermelden.

Wir suchen sie jetzt schon seit drei Stunden, seit sich nämlich die Vögel zur Ruhe begeben haben. Mehr als 30 Männer des Dorfes sind ausgeschwärmt und haben die Gegend um den Felshügel abgesucht. Gefunden haben sie nichts, ihr einziger Lohn ist kalter Schweiß. Ich lasse Yiaro nicht aus den Augen. Im Moment geht es im Gänsemarsch bergauf, die Steigung ist beträchtlich und der Weg von Hindernissen aller Art übersät. Über die Steppe fegt ein heftiger Wind, und es herrscht eine pechschwarze, mondlose Nacht. Und doch habe ich eine Art übernatürliche Empfindung von tiefster Seelenruhe, die ihr Echo in den 1000 Variationen nächtlichen Lebens um mich herum findet. Ich trete von einem Fuß auf den anderen; zum einen will ich mich ein wenig aufwärmen, zum anderen ist dies ein Ventil meiner Angst. Yiaro räuspert sich, um mich zu ermahnen:»Komm, Xabio, du brauchst keine Angst zu haben, die Löwen sind gar nicht so böse. Sie werden es nur – wie ich dir schon erklärt habe – wenn du Angst und dir etwas vorzuwerfen hast! «

In seiner Stimme liegt etwas beruhigendes, sodass ich mich langsam entspanne. Ich bin sehr glücklich, ihn an meiner Seite zu wissen, obwohl er wegen seiner Hautfarbe in der Dunkelheit nahezu unsichtbar ist, was mich jedes Mal lächeln lässt, wenn ich in seine Richtung schaue. Schließlich zittere ich nicht mehr und gewinne an geistiger Präsenz, doch wünsche ich mir nichts sehnlicher, als dass dies hier bald ein Ende haben möge. Unversehens höre ich ein Geräusch, das aus der Nähe eines Gebüschs kommt, auf das ich gerade zusteuere. Ein Schauder läuft mir den Rücken herunter. Eben beginne ich, die Silhouette der Bäume zu erkennen, die sich gegen den schwarzen Himmel abheben, als ich neben dem leisen Gesang eines Nachtvogels den trockenen Klang rollender Steine vernehme. Mit der Taschenlampe leuchte ich den Boden ab, doch ohne Erfolg. Yiaro verdrückt sich in die Büsche. Mir schwant Schreckliches: Sollte dies etwa ein Löwe gewesen sein?!

Schnell leuchte ich dorthin, wo Yiaro gestanden hat. Womöglich hat er sich aus dem Staub gemacht ... Stille. Ich suche erneut das Gestrüpp ab, und plötzlich leuchtet mir ein unbewegliches, wie Christbaumkugeln funkelndes Augenpaar entgegen. Praktisch gleichzeitig kommt mir ein wohlbekanntes Gemecker zu Ohren, und ich sehe, wie sich Yiaro aus dem Gebüsch löst und fünf verängstigte Tiere vor sich hertreibt. Bestimmt hat ihr Instinkt sie vor den in der Nacht lauernden Gefahren gewarnt, sodass sie sich in die Büsche flüchteten und dort bis zur Morgendämmerung ausgeharrt hätten. Die sonst so misstrauischen und widerspenstigen Tiere lassen sich jetzt kurioserweise packen und gar umarmen, was ich im Überschwang der Erleichterung tatsächlich tue. Die Mission ist erfüllt. Yiaro geht voraus, ihm folgen die Tiere, und am Ende marschiere ich. So führen wir die Ziegen bis ins Dorf, in das die meisten Männer bereits zurückgekehrt sind, als hätten sie das Rufen des Nachtvogels bereits als Zeichen des glücklichen Fundes verstanden.

***

Wir sind kaum mit den fünf verirrten Ziegen im Dorf, als uns ihre »Eigentümer« voller Anerkennung in die Arme schließen. Und ich werde von der Tatsache überrascht, dass die Tiere, die meiner Ansicht nach *Papaai* gehören, in Wirklichkeit zum Besitz des Vaters von Naserian zählen, die ich so sehr schätze, und in deren Gegenwart ich am Nachmittag die Raubkatze bemerkt habe. Der Besitzer lädt uns zur Belohnung für unsere loyalen Dienste zu zwei Tassen *kule naaoto* ein, was zugleich zu meiner (geheim gehaltenen) Geburtstagsfeier wird. Der 27. Geburtstag hätte hier, wo man im Allgemeinen nicht das Jahr und den Tag seiner Geburt kennt, für niemanden eine Bedeutung. Doch für mich ist dieser Tag durchaus wichtig, und innerlich jubele ich vor Freude! Und ich hätte mir zu seiner Feier nichts Schöneres vorstellen können, als dieses kleine Fest, das ich – nunmehr der Gefahr entkommen – in bester Gesellschaft erlebe.

Der Vater von Naserian ist ein heiterer, sanfter Mann. Das Licht der Petroleumlampe, die eigentlich nichts weiter als eine anders genutzte Konservendose ist, bescheint sein Gesicht und betont dessen klaren Ausdruck. Nachdem er, geblendet wie ein über seine Geschenke unter dem Christbaum staunendes Kind, unserem Bericht gelauscht hat, wendet er sich mir zu und stellt mir eine Frage, die ich, überwältigt von der neuerlichen Liebe und aus Angst davor, mich mit meiner Unwissenheit zu blamieren, kaum beantworten mag – wenn ich mich auch beim Antworten in letzter Zeit sicherer und wohler fühle. Jedenfalls schweige ich zunächst. Vielleicht habe ich seine Frage ja auch gar nicht richtig verstanden. Also wiederholt er sie und fügt eine Erklärung hinzu: »Du hast mich an dem wohl Wertvollsten der Schöpfung teilhaben lassen. Du bist ein Fremder, und doch bist du in erster Linie ein Massai, wie viele von uns, und du bist für uns ein Wohltäter. Möchtest du eine behaarte oder eine unbehaarte Kuh?«

Ich meine zu ahnen, was für ihn eine unbehaarte Kuh bedeutet: seine Tochter Naserian ... Ich habe keinen Grund zu zögern, denn bis zu diesem Moment habe ich nicht eine Sekunde über eine mögliche Heirat nachgedacht – wie lieblich dieses Massai-Mädchen auch sein mag. Ich antworte also ohne Umschweife: »Eine Kuh mit Fell!«, und bin erleichtert. Obwohl ich zugeben muss, dass es einen gewissen Reiz hätte, an meinem 27. Geburtstag mit einem elfjährigen Kind verheiratet zu werden. Doch das Leben ist kein Spiel, und man muss es ernst nehmen. Schließlich hatte ich mit der schönen Selenoi schon genügend Unannehmlichkeiten. Da bin ich jetzt lieber vorsichtig ...

Sonntag, 11. März, Kiloo, Zeremonie der Ehrfurcht, 8.oo Uhr

Der Morgen ist sehr kühl, der Himmel von strahlendem Blau, und die sengende Sonne verspricht einen heißen Tag. Für die jungen Männer meiner Altersklasse ist heute ein Treffen mit ihren geistigen Vätern vorgesehen, das heißt mit den Ältesten, die sie in die neue Altersklasse geleiten werden. Die Jungen wollen ihnen, denen sie ihre Initiation und den Segen für ihre Entwicklung bis hin zu vollwertigen Erwachsenen verdanken, an diesem Morgen ihren Respekt bezeugen. Bis zum Abschluss der Entwicklung bleiben ihnen noch einige rituelle Schritte zu tun. So muss eine Delegation von 19 *Ilmerisho* zu ihrem geistigen Führer pilgern, der 250 Kilometer entfernt im »Wald des verlorenen Kindes« lebt, und ihm 49 Rinder überbringen. Zu diesem Zweck allerdings müssen etliche mögliche Hindernisse aus dem Weg geräumt werden, worüber man seit dem Morgengrauen heftig debattiert. Am meisten beeindruckt mich die Energie dieser Diskussion, welche sich nicht so sehr um das Warum, sondern eher um die Auswahl der Personen und die Anzahl der Rinder dreht, mit denen mögliche Schuld und Regelverstöße gegenüber den Alten vergolten werden sollen. Alle sind felsenfest davon überzeugt, niemals den nötigen Frieden zu finden und sich gut entwickeln zu können, bis diese Schuld endlich beglichen ist. Wenn ich mich nicht täusche, sind sie weise genug zu wissen, dass ein Urteil über die wahre Verantwortlichkeit sie eher auf Abwege und weg vom Wesentlichen führen würde. Die allgegenwärtige Frage lautet denn auch, ob ein »Alter« irgendein Gefühl der Verbitterung gegenüber einem seiner spirituellen Söhne hegt oder nährt. Mich dagegen kümmert das wenig.

Ich sitze, ein wenig abseits auf einem Termitenhügel und hoffe inständig, dass sich nicht gerade eine Mamba darin verkrochen hat. Einer der Ältesten gibt zwei Lebensweisheiten zum Besten, die ich minutiös notiere: »Wer Leben geschenkt hat, kann keine Scham empfinden!« und »Was bedeutet es schon, dass ein Vater gegenüber seinem biologischen oder geistigen Sohn, der ihm lebenslang zu Wiedergutmachung verpflichtet ist, im Recht oder Unrecht ist, denn ganz ohne diesen (Vater) wäre er (der Sohn) sein ganzes Leben ein Verlierer.« Die Ältesten stehen mit größter Selbstverständlichkeit im Mittelpunkt der Debatte, und niemand käme auf die Idee, ihnen zu widersprechen. Je länger ich bei den Massai bin, desto besser verstehe ich ihre Art zu leben und umso besser begreife ich auch, dass es ihnen in ihrem Leben nicht in erster Linie wichtig ist, Recht zu haben, sondern dass alles darauf abzielt, dass jeder mit sich selbst und den anderen in Frieden lebt. Nicht von ungefähr zählen für die Angehörigen des Volkes der Rinder die Liebe, das Zuhören, die Großzügigkeit und die Urteilsfähigkeit zu den am meisten geschätzten Eigenschaften. Unter diesen Umständen ist es auch undenkbar, anders als angekündigt oder versprochen zu handeln. Indes wird diese Regel durch eine Ausnahme bestätigt: Im Bereich der Verführung herrschen andere Gesetze ... Gerade die jungen Männer entwickeln im Rahmen der Initiation einen ganz eigenen Ehrenkodex, zumindest meine ich, das beobachtet zu haben! Mir kommt es so vor, als wenn jemand einen Löwen jagt, um seine Männlichkeit unter Beweis zu stellen. Yiaro hat mir gestern wieder etwas Erstaunliches zum Thema der nicht erlaubten Liebschaften, also Beziehungen außerhalb der eigenen Generation, erzählt: Er habe auf diesem Gebiet niemals gesündigt und allein die unausweichliche Erfahrung ermögliche den Fortschritt.

Seit über zwei Stunden ist die Altersgruppe der »Sieger« nun dabei, ihre schönsten Rinder, aber auch Decken aus hochwertiger Wolle und massige Säcke mit Rohrzucker, an ihre spirituellen Väter zu verteilen. Sie sind zu allem bereit, wenn denn die Verbitterung der Freude und dem Glück weicht. Im Moment nehme ich aus vollem Herzen lachend an dem Spaß teil, denn ich sehe, wie Takuna, dem sein geistiger Vorfahre vorwirft, sich mit seiner Exfrau verheiratet zu haben, bevor er, der Alte, von seiner ehemaligen Familie die Mitgift erstattet bekommen habe, dem »Vater« alles nur Erdenkliche darbringt, damit dieser ihm bloß verzeihe und in Glück leben könne …

Ohne dass ich gemerkt habe, wie schnell die Zeit verging, ist es schon elf Uhr geworden. Die Ältesten sind zufrieden, es wird gelacht, die Herzen sind befreit, und ich steige von meinem Termitenhügel herunter. Einer der Alten segnet die Versammlung ein letztes Mal: »Meine Kinder, lebt lange, so lange wie die Berge! *Enkai* stehe uns bei, damit wir Kisokon (wo der Prophet lebt) heil und gesund erreichen! Achtet eure Väter und seid erfolgreich! Lasst euch segnen!«

Mittwoch, 4. April, Entepesi, auf dem Dach mit Selenoi, 17.00 Uhr

Ich bleibe einen Augenblick stehen und atme tief durch. Seit Langem habe ich mich schon nicht mehr so voller Energie und Leben gefühlt. Langsam erhole ich mich von einem in der Zeit wechselhaften Wetters eingefangenen Husten, der sich bei mir wie üblich zu einer Bronchitis entwickelte und mich acht Tage lang an das Bett in *Papaais* Hütte fesselte. Seit ich im Alter von sechs Monaten an Tuberkulose erkrankte, leide ich an einer irreparablen Schädigung der Atemwege. Mein hiesiger Vater hat mir Wurzeln der Mantelpflaume (*Pappea capensis*) gebracht, aus denen *Mamai* eine heilende Suppe kochte. Im Rahmen der Erkrankung ist mir Selenoi noch etwas nähergekommen, und ich habe manchmal den Eindruck, unser Verhältnis hat sich so intensiviert, als seien wir Geschwister.

In diesem Augenblick knie ich neben der schönsten Massai-Frau der Welt, auf dem Dach ihrer Hütte. Seit einer Stunde schon sind wir hier oben und verfüllen die kleinen Zwischenräume und Löcher mit Kuhmist, um das Dach gegen die sich ankündigenden Regenfälle abzudichten. Ich bin dem Spott der Leute ausgeliefert, denn diese Arbeit ist eigentlich Aufgabe der Frauen, doch ich will zum einen meine Andersartigkeit auskosten und zum anderen den Humor der Massai und ihren Sinn für Selbstironie testen. Aus dem Augenwinkel beobachte ich Selenois Bewegungen und ihre unnachahmliche Anmut ... Jetzt schaut sie mich mit einem strahlenden Lächeln an und lässt aus ihrem sinnlichen Mund ein paar kaum hörbare Worte entweichen: »Xabio, du bist so dreckig, dass man es mit der Angst bekommt!« Und wirklich sind meine Shorts, meine Beine und vor allem mein Hemd von dem bräunlichen Matsch eingefärbt. Doch was macht das? Hoch oben auf dem Dach und zusammen mit ihr habe ich das Gefühl, die Welt gehöre mir.

Mir ist, als hätte ich eben einen Tropfen Wasser abbekommen. Ich schaue in den Himmel, der sich nicht verfärbt hat, jedoch mit lauter weißen Wolken übersät ist. Mit einer Hand die Augen gegen die Sonnenstrahlen schützend, suche ich den Horizont ab und entdecke einen Haufen dunkler Wolken, der sich mit rasender Geschwindigkeit auf uns zu bewegt. Zehn Minuten später ist der ganze Himmel grau bezogen und das Dorf in Dämmerlicht getaucht. Plötzlich sind wir in Eile: »Los, lass uns reingehen«, ruft Selenoi, und noch als ich ihr vom Dach herunterhelfe, bricht das Unwetter los.

Der Regen fällt mit der Wucht eines Wasserfalls vom Himmel und wird von dem Wind, der plötzlich aufgekommen ist, zu wahren Sturzbächen zusammengepeitscht. Aus dem dunklen Himmel zucken unaufhörlich blendende Blitze, und der Donner grollt ohrenbetäubend. Es könnte ein grandioses Schauspiel sein, doch ich denke nur daran, wie wir wieder warm werden, denn auf dem kurzen Weg bis in die Hütte sind wir bis auf die Knochen durchnässt worden. Das Feuer lodert schnell wieder auf, und Selenoi legt ein paar trockene Scheite auf, die sofort in Flammen aufgehen. Doch sie, die vor der Feuerstelle hockt, zittert vor Kälte, und noch immer rinnen ihr Tropfen den Hals und die Brust herunter. Vergeblich versucht sie, das restliche Wasser aus ihren Tüchern zu wringen. Spontan schlage ich ihr vor, doch die Kleidung ganz auszuziehen und am Feuer zum Trocknen aufzuhängen. Es entsteht eine Pause, dann vernehme ich ihre schmeichlerische

Stimme: »Zieh du mir meine Kleider aus! Ich darf das nicht, schon gar nicht vor den Augen eines Fremden.« Ihr Widerstand scheint mir eine reine Formsache, und ich nutze die Antwort, um meinen Vorschlag durchzusetzen: »Tu, was ich dir sage. Du gehörst mir genauso wie deinem Ehemann, denn ich gehöre derselben Altersklasse an wie er!« Fassungslosigkeit, Stille. Dann bricht sie in ein Gelächter aus, das sie noch attraktiver erscheinen lässt. Ermutigt gehe ich mit gutem Beispiel voran, ziehe mein Hemd aus und hänge es zum Trocknen über einen Stapel Holzscheite, wobei ich ihr erkläre, wir würden andernfalls eine Lungenentzündung riskieren. Endlich nimmt sie mich ernst! Wahrscheinlich erinnert sie sich noch meines moribunden Zustands in der letzten Woche … Tief bewegt blicke ich ihr nach, wie sie in die Dunkelheit des Schlafzimmers entschwindet. Weder Angst noch Zweifel plagen mich, aber irgendwie schäme ich mich. Ich schlottere noch immer, und plötzlich habe ich das Gefühl, meine Beine seien zu Eis gefroren. In diesem Zustand kann ich mich unmöglich ohne meine Shorts präsentieren! Ich rücke näher ans Feuer, reibe mir die Hände, und ein wenig gewärmt überkommt mich eine wohlige Behaglichkeit.

Aus dem Alkoven der Königin kommt eine Katze angesprungen und streicht mir durch die Beine. Es ist immer gut, ein solches Tier in der Nähe zu wissen, denn man sagt, sie würden Kobras abschrecken. Der Rauch des Feuers verströmt einen angenehm harzigen Duft. Über meinem Kopf schüttet es noch immer wie aus Eimern, und ich bete, das Dach möge dichthalten, auch weil ich meine Erlebnisse vom November ungern wiederholen möchte.

Als Selenoi zurückkehrt, sieht sie einfach umwerfend aus: Ihr Körper ist in drei Tücher gewickelt, die ihre verführerischen Formen nur noch betonen. Aus der Königin ist eine Göttin geworden! Ich spüre einen Kloß im Hals, der mich am Sprechen hindert. Wieder beginnt sie zu lachen, hält mir ein rotes Laken und eine Decke hin und murmelt verschmitzt: »Vergiss nicht, deine durchweichten Shorts auszuziehen!« Ich folge ihrem Rat und winde mich auf dem Fell auf dem großen Bett, um meine klebrige Hose auszuziehen, wobei ich aus Gründen der Schicklichkeit meine Schenkel zudecke. Unterdessen ist Selenoi ganz mit dem Feuer beschäftigt. Trotzdem bin ich peinlich berührt, denn: Was mache ich hier eigentlich? Und was ist, wenn ihr Ehemann zurückkommt, gerade jetzt?

Es regnet noch immer in Strömen, er wird also nicht kommen ... Ich knote das rote Tuch so fest wie möglich um meine Taille und wickele mich ganz in die Decke ein. Selenoi mustert mich aufmerksam. Sie ist unterdessen nicht untätig, und schon dampft im Kochtopf der Tee mit Milch. Wenn ich den wie Kanonenschüsse grollenden Donner und die heftigen Regenböen richtig deute, hat sich das Wetter weiter verschlechtert. Ich meine, Selenoi würde noch immer frösteln und bitte sie zum Frottieren an meine Seite.

»Ich würde gern, doch wir müssen uns zurückhalten, denn mein Mann kann jeden Moment heimkommen, vielleicht kommen auch Besucher ...«, entgegnet sie. Als sie sich mir ein wenig nähert, klimpert ihr Schmuck, vor allem die vielen Reifen an ihren Fesseln. Und obwohl ich kein Anzeichen von Schalk oder Übermut bei ihr entdecken kann, würde ich lügen, wenn ich behauptete, mein Vertrauen sei nun grenzenlos. Sie setzt sich neben mich, kichert wie ein kleines Mädchen und hält mir einen Arm hin. Ich beginne ihn zu reiben, dann nehme ich den anderen. Sie lässt es ruhig geschehen. Ihre Haut ist zart wie ein Pfirsich, und aus meinem heftigen Reiben wird bald ein immer sehnsuchtsvolleres Streicheln. Doch erst als sich meine Hand ein wenig zu ihrer Brust verirrt, springt sie auf und zieht sich wortlos in den Teil des Raumes zurück, der ganz allein ihr vorbehalten ist. Es folgt ein vorwurfsvoller Blick.

Ganz offensichtlich kapiere ich nichts ... Dieser neuerliche Stimmungswechsel verwirrt mich; es scheint wieder so zu werden wie letztes Jahr! Die Stille lastet schwer, durchbrochen nur vom Knacken der Scheite. Schließlich reicht sie mir eine bis zum Rand gefüllte Schale mit Tee. »Sei mir nicht böse! Aber so etwas darf nur nachts geschehen oder zumindest an einem einsamen Ort. Um diese Zeit kann hier jeden Augenblick jemand eintreten ...«

»Doch selbst nachts fühle ich mich nicht wirklich wohl dabei. Schließlich ist die Hütte von *Papaai* gleich nebenan!«

»Ja, du hast Recht! Aber beim nächsten Mond werde ich meine Eltern besuchen. Da du zur selben Altersklasse wie mein Mann gehörst, darfst du mich begleiten!«

Es ist die dritte Nacht, die ich bei Koyiaki ole Senteu verbringe. Er ist ein *oloiboni kitok*, ein sehr berühmter Medizinmann und einer der bedeutendsten geistlichen Führer, den die Massai als einen Vermittler zwischen Erde und Himmel verstehen. Vor zwölf Tagen hat *Mamai* rechts der Familienbarriere kampiert und gemäß dem Brauch die 49 Rinder und die 19 *Ilmerisho* vor ihrem Aufbruch zum Wald des verlorenen Kindes mit Honigwein und Milch bespritzt und gesegnet. Angeführt wird die vor langer Zeit geheim gewählte Delegation, der ich zu meinem großen Missfallen nicht angehören darf, von Takuna, dem Wortführer unserer gesamten Altersklasse. Mein Bruder hat mir erklärt, die Anzahl der Gesandten müsse mit einer Neun aufhören, sodass er, wolle er mich mitnehmen, neun weitere Teilnehmer finden müsse (dann wären es insgesamt 29). Doch dies sei ein Ding der Unmöglichkeit, zumal der Prophet jedem der Pilger bereits einen Beutel mit Pulver zum Schutz zugeteilt habe. Man hätte also mit der gesamten Abfolge der Zeremonie ganz von vorn beginnen müssen, jedoch waren alle Teilnehmer schon viel zu ungeduldig, und eine Verzögerung wäre einem schlechten Vorzeichen gleichgekommen. Die 19 »Sieger« benötigten für den Weg zum Propheten neun Tage, in denen sie, so die Regel, in keinem Dorf haltmachen durften und im Busch in provisorischen Hütten übernachten mussten. Ich dagegen holte mir schnellstens mein Moped von Agnès, denn zu Fuß hätte ich zu lange gebraucht. Doch selbst mit der Mobylette war es unerwartet schwierig, vom Flachland ins Hochgebirge der Massai – und damit auf die andere Seite des Grabenbruchs – zu gelangen, zumal der Wald auf 2500 Höhenmetern liegt. Doch meine Motivation war ebenso hoch wie mein Ziel, denn Yiaro, der diese Zeremonie kannte, hatte mir mit der Schilderung seiner Erlebnisse den Mund wässrig gemacht.

Ich kam langsam voran auf dem Weg zu den Loita Hills, und mindestens zweimal wusste ich nicht mehr, wo ich war. Meine Erfahrung aber hatte mich gelehrt, dass man im Land der Massai niemals verloren ist! Und bevor ich überhaupt Angst empfinden konnte, hatte ich schon zwei Morane getroffen, die mir den richtigen Weg zum großen Priester zeigten. So war ich letztlich zwei Stunden vor meinem Bruder und den anderen Wanderern am Ziel. Und sie taten so, als hätten wir den Weg gemeinsam zurückgelegt.

Der Empfang war außergewöhnlich. Koyiaki hatte sich mit seinen neun Ehefrauen einige Hundert Meter vor dem Dorfeingang postiert und markierte so den Beginn einer Art Ehrenspalier aus sechs verschiedenfarbigen Feuern. Die 49 Rinder trotteten voran, gefolgt von der *olamal*, der rituellen Delegation, an deren Spitze Takuna ging, der wie alle anderen 18 Männer den Schädel mit glänzendem Fett und rotem Ocker einbalsamiert hatte. Rot ist die rituelle Farbe der Männer, deren Initiation noch nicht abgeschlossen ist, und es bezeichnet die noch nicht gefestigte Zugehörigkeit zu einer Altersklasse.

In den drei Tagen seit meiner Ankunft sind einige sagenhafte Dinge passiert. Und jetzt, da es langsam etwas ruhiger geworden ist, rufe ich sie mir ins Gedächtnis zurück. Diese Ruhe hat nichts mit dem Wind und natürlich auch nichts mit dem Meer zu tun, das Welten von hier entfernt liegt, sondern diese Ruhe hängt mit den Frauen des Propheten zusammen, und zwar vor allem mit den jüngeren von ihnen. Seit 72 Stunden nämlich locken sie uns und versuchen uns zu verführen, und zwar hemmungslos wie Dämonen. Zum Glück habe ich schon eine gewisse Erfahrung mit Massai-Frauen! Und zum Glück kommt mir sofort das engelsgleiche Gesicht Selenois in den Sinn, das mich davor bewahrt, schwach zu werden. Was wäre wohl passiert, wenn nicht? Es war jedenfalls ein Ding der Unmöglichkeit, dass einer von uns die Nacht allein mit einer der Amazonen verbracht hätte. Zu heikel! Also haben wir uns auf Anweisung von Takuna in vier Gruppen à fünf aufgeteilt und mit Humor alle möglichen Ausschreitungen im Keim erstickt. Yiaro hatte mir bereits von den unternehmungslustigen Frauen erzählt, die unter derartigen Umständen nichts anderes im Kopf hätten, als die Gäste ihres alten Ehemannes systematisch zu verführen. Doch leider besaßen sie eine unheilvolle Reputation: Wer nämlich, wie Yiaro mir versicherte, ihrem verheerenden Charme erlegen war, dem widerfuhr daraufhin nichts als Armut, Krankheit und Tod. Es war also äußerste Vorsicht geboten!

Jetzt ist es nach Mitternacht, und Takuna und drei andere *Ilmerisho* scheinen eingeschlafen zu sein, was sonderbar ist. Ich selbst verbringe nun die dritte Nacht in diesem Haus, ohne auch nur ein Auge zugetan zu haben, obwohl mich das Plätschern des Wasserfalls und das Geschrei der Stummelaffen am Rande dieses Waldes – von dem es heißt, er sei das geistige Zentrum der Massai-Kultur und dazu eine Arche Noah der Flora und Fauna – eingelullt haben. Der Prophet hat den ganzen Morgen Pflanzen gesucht und gepflückt, zerdrückt, in Plastiktütchen abgefüllt und an uns verteilt, damit wir die folgenden Etappen des Rituals sicher überstehen. Auch hat er das Datum der Zeremonie, die »Abwickeln des Seiles« genannt wird, auf die Zeit des Juni-Vollmonds festgesetzt.

Wer nachts nicht schläft, hat genügend Zeit, die Erlebnisse zu durchdenken und sich Klarheit über die Ereignisse zu verschaffen. In erster Linie bemühe ich mich, die Motivation meiner Kameraden zu begreifen: fast 300 Kilometer zu Fuß zurückzulegen, tödliche Gefahren, vor allem nachts, in Kauf zu nehmen, um einem alten Mann 49 Rinder zu überbringen, im Gegenzug ein Pulver und das Datum für ein neuerliches Ritual zu erhalten und dabei die Avancen junger Frauen von außerordentlicher Schönheit abzuwehren ... Da gibt es genügend Gründe zum Staunen. Die 49 Tiere entsprechen der Schuld, die meine Altersklasse im Jahre 1976 gegenüber dem *loibon* auf sich geladen hat. In jenem Jahr hatte dieser nämlich das *eunoto*, die wichtigste Zeremonie der Massai, geleitet und legitimiert. Das *eunoto* beendet die traditionelle Erziehung der *Ilmerisho* in ihrer *emanyata* und erlaubt ihnen, fortan nach eigenem Bedarf und allein Milch zu trinken und sich zu verheiraten. Ich verstehe nun das Sprichwort: »Rinder haben keinen Besitzer.« Rinder sind ständig im Umlauf; sie werden verschenkt, getauscht, genommen, eingefordert. Sie stellen unaufhörlich verschiedenstgeartete Verbindungen zwischen den Menschen her und bedeuten Freundschaft, Macht, aber auch Verwandtschaft.

Die Gabe der 49 Rinder an den Medizinmann soll keine Freundschaft besiegeln und keine Solidarität bezeugen, sondern es geht um viel mehr. Die Tiere sollen ihn dazu bewegen, sich bei den »kosmischen Kräften« für die jungen Männer und die Förderung ihrer kreativen Energie einzusetzen, sodass sie es schaffen, das Erwachsenenalter zu erreichen, ohne ihrem Ego in die Falle zu gehen. Die Massai verstehen die Übergabe der Rinder als eine göttliche Schuld. Ihre Existenz ist für sie ohnehin eine Zweiheit, ein Pendeln zwischen zwei gegensätzlich erscheinenden Elementen, welches zu einer möglichst gelungenen Integration (und Einheit) führt ... Die Frauen des Propheten übernehmen den »ungesunden« Part und haben die Bestimmung, uns von diesem Weg abzubringen. Ungesund! Das lässt sich so leicht sagen und so schwer beherzigen! Ich muss auf der Hut sein, schließlich bin ich noch immer ein Mann aus Fleisch und Blut, und ich bete, dass Naishoruanekai, die Besitzerin dieser Hütte und außerdem die letzte (und jüngste und hübscheste) Ehefrau, nicht kommt und mich auf meinem Lager bedrängt. Das ist eine richtige Tortur, denn ich nehme das Risiko, das sie für mich und meine Zukunft birgt, sehr ernst! *Sei stark, Xabio, du schaffst es schon, denk an Selenoi – nein, das ist eine schlechte Idee, denk ans … Schlafen, oder tu wenigstens so!*

Da ist sie schon wieder, und sie muss gemerkt haben, dass ich nicht schlafe. Sie kommt heran, dreht sich und streckt ihre langen, sehr langen, schlanken und feuerrot leuchtenden Beine, setzt sich auf die Kante des breiten Bettes, streift mein Gesicht mit ihrem üppigen Mund, und in dem Augenblick, als sie sich noch etwas weiter über mich beugt, löst sich ihr *olkarasha leatua* (ihr an der Schulter zusammengeknotetes und an den Seiten zugenähtes Gewand), und ihre wunderschönen, birnenförmigen Brüste kommen zum Vorschein. Ich schließe die Augen, um dem Anblick zu entgehen und … schlafe ein.

Dienstag, 8. Mai, mit Selenoi unterwegs
nach Naibor Ilariak, 11.00 Uhr

Nach einem leichten Schlaf war ich um drei Uhr schon wieder putzmunter. Gerade beginnt die Sonne ein bisschen zu stechen, was ich wunderbar finde, aber das versteht sich ja von selbst, wenn man die schönste Frau der Welt als Begleitung hat. Seit heute Morgen um sieben sind wir unterwegs zum Dorf ihrer Eltern. Auf dem Pfad, den seichten Hügel hinauf, gehe ich genau hinter ihr, und ich mag meinen Blick kaum von ihrem leichten, federnden Gang abwenden. Sie ist mir ein Mysterium! Nichtsdestoweniger empfinde ich eine gewisse Beklommenheit, und zwar nicht, weil sie verheiratet ist, denn diese Tatsache autorisiert mich ja geradezu, sondern weil ich fürchte, ihr nicht gewachsen zu sein.

Hunderte von Rindern laufen uns über den Weg, und in der weiten Ebene unterhalb sind es Tausende, die von dem hohen Salzgehalt des

Weidegrundes und dem kürzlich gefallenen Regen angelockt werden. Diese Region ist in meinen Augen immer eine besondere gewesen: gottverlassen, wild, von nahezu allen Seiten von hohem Hügelland umgeben, wie etwa vom Oldoinyo le Kerasha, dessen Felsmassiv wir gerade umwandern und der wie ein Zwillingsbruder des Löwenberges anmutet.

Selenoi ist in Blau, Weiß und Rot gewandet. Als ich ihr erkläre, dass dies die Farben meiner Nationalflagge seien, ist sie keineswegs erstaunt, sondern bekräftigt nur, mir fest in die Augen schauend: »Ich habe einfach dir zu Ehren meinen schönsten *ilkarash* angezogen!« Doch seit wir laufen, ist sie verstummt und scheint gedankenverloren und irgendwie abwesend. Sicher kommen ihr vielfältige Erinnerungen in den Sinn, denn es ist das erste Mal seit ihrer Hochzeit, dass sie in das Dorf ihrer Kindheit zurückkehrt. Mir ist diese Stille bewusst und ich teile sie gern mit ihr, und ich hüte mich davor, Selenoi abzulenken. Dann aber, wie um unsere Arglosigkeit zu verhöhnen und mich an den eigentlichen Grund meines Hierseins zu erinnern, schreckt uns ein gut ein Meter hoher Riesentrappe aus unseren Gedanken auf, der plötzlich aus dem Gebüsch prescht. Ich stürze auf ihn zu, um ihn zu verjagen, was mir auch gelingt. Selenoi quittiert es mit einem angedeuteten Lächeln. Doch nicht, dass diese Aktion die Lage entkrampfen würde … Im Grunde habe ich schon oft festgestellt, dass es das Beste ist, möglichst wenig zu tun. Andernfalls gerate ich manchmal in geradezu absurde Situationen, habe mein Pulver verschossen und finde keine Ruhe; oder, noch schlimmer, ich fange an zu zweifeln, ob dieses unglaubliche Leben, das ich seit nunmehr zwölf Monaten bei den Massai führe, wirklich existiert hat.

Das hohe verdorrte Gras scheuert an den wundervoll gerundeten Waden Selenois und schmiegt sich an ihren fuchsienroten *enanka*, ihren Überwurf, der immer wieder vom Wind erfasst und aufgebläht wird. Ich kann mich eines schwärmerischen Lächelns nicht erwehren: Sie ist wirklich eine anmutige Schönheit! Die am blauen, von nur wenigen weißen Wölkchen bezogenen Himmel kreisenden Aasgeier scheinen allein für sie da zu sein. Bin ich in dieser Szene womöglich völlig überflüssig? Unerwartet hält Selenoi inne, und anstatt den Kamm zu überwinden, weist sie auf ein von Schirmakazien beschattetes Bächlein, das zwischen rundlichen Felsen dahinplätschert. »Komm, lass uns dort im Schutz vor Sonne und Wind ein wenig ruhen!«, fordert sie mich mit entschlossener Miene auf. Frohgemut beschleunige ich meine Schritte, nachdem sie mir einen kurzen Blick zugeworfen hat und ich ihr dabei strahlendes Gesicht erblickt habe. Am Ufer des beschaulichen Wasserlaufes angelangt, lasse ich mich in den Sand fallen und lehne mich – endlich von meinem Rucksack befreit – an einen länglichen Felsen. Ich hole eine Feldflasche heraus und hebe meinen Blick: »Nimm einen Schluck Wasser!« Ich selbst wäre fast gestorben vor Durst. »Du bist verrückt! Nimm lieber einen Schluck aus meiner Flasche und trink ein wenig Milch, du brauchst neue Kräfte!«, erwidert sie in einem Ton, der keine Widerrede zulässt.

»Nur, wenn du dich neben mich setzt!«

»Nein, erst wenn ich mir dort hinter den Büschen Wasser über den Körper habe laufen lassen.« Sie sagt das so natürlich, dass ich spontan vorschlage mitzukommen.

»Das ist nicht gut. Eine Frau darf sich bei der Waschung nicht von einem Mann betrachten lassen«, entgegnet sie und wendet die Augen zum Himmel.

Ein Spiel, und es geht weiter! ... Ich brauche einige Minuten, um sie zu überzeugen, und als sie einwilligt, fühle ich mich nahezu entwaffnet. Sie beginnt laut zu lachen und – was für ein Erfolg – nimmt meine Hand und flüstert mir ins Ohr: »Du bist sehr schön, mein *Olashumpai*!« Urplötzlich sind alle meine Sinne erregt. Am meisten berühren mich ihre Augen, zwei schmachtende Oasen, die mich zu einer bedingungslosen Umarmung animieren. Ich will sie küssen, aber sie stößt mich weg: »Massai küssen sich nicht auf den Mund!«, empört sie sich, als hätte ich eine gemeine Straftat begangen.

»Ich will doch nichts Böses!«, stoße ich hervor und hoffe, dass diese wunderbare, verwirrende Situation nicht durch meinen Missgriff gestört wird.

»Ich weiß ... Zieh dich dort hinten um, am Felsen, und ich gehe hinter die *oltepesi* (die Akazie). Wenn du fertig bist, kommst du zu mir!«

Ich öffne meinen Rucksack, entnehme ihm einen Ledenschurz, den ich mir schnell um die Hüften knote, und streife T-Shirt, Shorts und Schuhe ab. Ich denke nicht mehr nach, ich bin außer mir, aber das süße Gefühl, das von meinen im heißen Sand stehenden Füßen her in mir hochsteigt, bringt mich zum Wesentlichen zurück, zum Leben. Und ich will es auskosten.

»Selenoi, Selenoi, ich komme!« Ich habe das zwar gerufen, aber ich bin sicher, der Wind hat es weggetragen und sie hat mich nicht verstanden. Was macht das schon? Ich fliege zu ihr hinüber, dringe durch die Bäume: Ihr Anblick macht mich sprachlos. Nur in ein weißes Tuch gehüllt, hat sie ihre Perlenkragen abgelegt, und es kommt mir vor, als sähe ich sie völlig nackt vor mir. Ihre kupferfarbene Haut glänzt und funkelt, als sei sie ein vom Himmel gefallener Diamant. In diesem Augenblick reicht sie mir einen Gegenstand, den sie für mich angefertigt hat – einen Fingerring aus grünen, roten und weißen Perlen mit einem blauen Perlenkreis in der Mitte, der den Himmel darstellt: »Das ist es, wo wir herkommen und wohin wir eines Tages zurückkehren. Wir Massai zeichnen überall Kreise – in unseren Dörfern, auf den Hütten, auf dem Schmuck –, um mit dem Universum zu sprechen.« Ich nehme Selenoi in die Arme, zum ersten Mal; ich umschließe sie fest, und sie lässt es geschehen. Mein ganzes Leben werde ich mich daran erinnern, an diesen Akt intensiver Gemeinsamkeit. Nichts daran war geplant, und es ist wie ein selbstverständliches Wiedersehen.

»Ich habe den gleichen, doch ich stecke ihn mir nur an meinen Finger, wenn du deinen auch immer trägst«, sagt sie in singendem Tonfall und lässt ihren süßen Kopf weiter auf meiner Schulter ruhen. Ich beeile mich, den Ring über meinen linken Ringfinger zu streifen. Doch sie hält mich zurück: »Nein, du musst ihn rechts aufsetzen. Für mich ist links richtig. Der Mann und die Frau ergänzen sich für uns Massai zwangsläufig. Ist das bei euch nicht so?«, staunt sie und zieht eine kleine Schnute. Ich habe es natürlich gewusst: die Frau links, der Mann rechts. Damit lassen sich nicht nur die unterschiedlichen Empfindungen von Mann und Frau erklären, sondern das weibliche beziehungsweise männliche Prinzip, das jeder Mensch in sich trägt. Während ihrer Initiation und um sich mit diesem Gesetz vertraut zu machen, werden die Morane in zwei Gruppen aufgeteilt, die der rechten und die der linken Hand. Am Ende des Zyklus vereinigen sie sich und bilden ein vollkommenes, vollendetes Wesen.

Selenoi hat sich, zutraulich wie ein kleines Kind, eng an mich geschmiegt. Ich bin von einem wilden, unkontrollierbaren Verlangen nach dieser nunmehr halb entblößten Frau gepackt und dränge sie sacht, sich zwischen zwei Felsen in den Sand zu legen. Wie verzaubert lässt sie sich gehen, die Lippen leicht geöffnet, aber wortlos. In ihren Augen und in ihrem entzückenden Gesicht, von dem ich schon so oft geträumt habe, kann ich ihre tiefgründige Unschuld lesen. Sie streift ihr Laken ab, legt sich auf die Seite, wobei sie ihr rechtes Bein anwinkelt und das linke in die Höhe streckt, und nimmt murmelnd meine Hand. Ich nähere mich ihr, und betrachte ihre göttlichen, festen Brüste, ihre langen, wohlgerundeten Schenkel und ihre Scham. Langsam und voller Demut fährt meine Hand über die warme, weiche Haut ihrer Brust und ihres Bauches. Sie führt mich mit instinktiver Virtuosität und bestimmt das wunderbare Erleben, dem wir uns hingeben.

In enger Umschlingung finden unsere Bewegungen zum Gleichtakt. Es heißt, dass man kurz vor dem Tod sein ganzes Leben an sich vorbeiziehen sieht. Genau das ist bei mir jetzt der Fall, nur dass all diesen Erinnerungen nicht der Tod, sondern das Leben folgt! Die Zeit hat aufgehört zu existieren ...

Mittwoch, 16. Mai, bei Agnès, 23.00 Uhr

Die Nacht ist klar, der Mond grell, und zum wiederholten Mal heult ein Schakal. Ich schlafe nicht. Vielleicht ist es wegen der Matratze, einer richtig weichen, die ich nicht mehr gewohnt bin, aber ich weiß, dass es da noch etwas anderes gibt. Ich bin am späten Nachmittag hergekommen, um Agnès zu sehen; nichts hatte mich dazu verpflichtet, ich hatte auch keine Nachricht von ihr erhalten, aber ich fühlte irgendwie, dass ich hierherkommen sollte, mit Ruck- und Schlafsack bepackt, als hätte ich eine Mission zu erfüllen. Und tatsächlich hatte ich mich gerade auf das Sofa gesetzt, als mir Agnès mitteilte, dass Kenny mich sehen wolle. Den Grund wusste sie nicht. Sie hat mir nur gesagt, dass er im katholischen Bistum Oloitokitok, im Vorgebirge des Weißen Berges arbeitete. Morgen bei Sonnenaufgang werde ich dorthin aufbrechen, mit meinem *piki-piki*.

Donnerstag, 17. Mai, Ankunft in Oloitokitok, 13.30 Uhr

Das *piki-piki* hat sich bewährt, selbst zum Schluss, als die Piste steiler wurde und ich mehrfach absteigen musste. Im Laufe der Fahrt hat mein Gefährt die Farbe gewechselt; war es zuerst blau, so ist es jetzt kreideweiß, so wie auch ich eingestaubt bin und bestimmt so aussehe wie ein alter, dekadenter Weißer … Ich klopfe mich von Kopf bis Fuß ab, doch der Staub bleibt, und ich bekomme einen Hustenanfall. Unter Mühen am höchsten Punkt des seelenlosen und ganz mit diesem tristen Staub bedeckten Dorfes angelangt, kann ich nicht anders, als das Fehlen der mir bekannten Postkartenidylle mit der üppigen wilden Fauna und dem Kontrapunkt des normalerweise verschneiten Gipfels im Hintergrund zu beklagen. Ich hebe die Augen gen Himmel, wo der Allmächtige thronen soll, und sehe nichts als Freudlosigkeit und Eintönigkeit und … ein Leben ohne Zukunft! Was mag Kenny an diesem unwirtlichen Ort tun?

Ich gebe Gas und steuere auf eine Allee von Kandelaber-Euphorbien zu, die zur katholischen Kirche zu führen scheint, bis sich das Weißblech einer Kuppel mit einem weißen Kreuz abzeichnet. Es ist die Kirche – bunte Welt aus Kunststoff mit einem in gotischen Lettern beschriebenen Spruchband: *Programm der Diözese für Entwicklung und Erziehung.* Ich umfahre das Gebäude und gelange in einen riesigen Hof, dessen mit wunderschönen Bougainvilleen und Frangipangi-Bäumen bewachsene Einfriedung in einem starken Kontrast zu dem glanzlosen Rest steht. Ich bocke die Mobylette vor einem lang gestreckten Gebäude auf, das offenbar eine Reihe von Büros beherbergt, und bin froh über eine Gelegenheit, meine Beine zu gebrauchen. Ich steige hinauf zu einer vorgebauten Veranda, von der einige Türen abgehen, und suche nach dem Namen meines Freundes. An der siebten finde ich ihn: *Kenny Matampash, Koordinator.*

»*Hodi!*«, sage ich und klopfe dreimal – im Rhythmus meines Mopeds – an die Tür. »*Karibu!*«, antwortet eine fröhliche Stimme, ganz offensichtlich nicht die eines Bürohengstes. »*Ai, ai, ai, Pakinteng!* (Mein Rind!) Du bist also gekommen …«, ruft mir Kenny zu und springt auf, um mich zu begrüßen. Er hilft mir, den Rucksack abzuschultern, den ich während der ganz auf die Piste konzentrierten Fahrt völlig vergessen hatte, und schließt mich in seine Arme. Gleich fühle ich mich an Selenoi erinnert, die eine ähnliche, herzliche Art hat. Auf einen Schlag spüre ich meine Müdigkeit. Mit gespielter Förmlichkeit weist Kenny mir einen Platz zu – angesichts der beengten Räumlichkeit seines Arbeitsplatzes habe ich ohnehin kaum Alternativen! Ich lasse einen flüchtigen Blick über die Einrichtung schweifen und folgere in Anbetracht der wenigen Gegenstände, dass sich hier ein Mönch wohlfühlen müsste: ein alter, eckiger Schreibtisch aus Holz, drei schlichte Stühle und an der Wand hinter ihm zwei große Portraits von Mahatma Gandhi und Chico Mendes. Kenny lacht ohne Unterlass, seit ich hier bin. Es ist ein salbungsvolles, natürliches und von Grund auf ehrliches Lachen, das jeglicher Albernheit oder gar Scheinheiligkeit entbehrt und mir die Möglichkeit bietet, mich derweil ein wenig zu erholen. Zwar hat Kenny sein traditionelles Gewand durch ein weißes Oberhemd, Jeans und italienische Mokassins ersetzt, doch seine elegante, hoch aufgeschossene Erscheinung leidet darunter nicht, und er könnte auf jeder Modenschau Furore machen! Sein Blick ist ohnehin der mir bekannte: strahlend und einnehmend. Seine Kleidung lässt mich in ihm heute besser denn je den Mann meiner Kinderträume erkennen! Es verschlägt mir fast den Atem. Alles kommt wieder an die Oberfläche, bis ins letzte Detail, auch das, was den Träumen folgte: meine Lektüre, mein Studium mit dem alleinigen Ziel, hierherzukommen ...

»Peron, den ersten Schritt hast du nun geschafft!«

Warum nennt er mich auf einmal Peron? »Warum nennst du mich Peron?«

»Heißt du denn nicht so?«

»Doch, natürlich, aber normalerweise spricht man sich hier doch nicht mit dem Nachnamen an! Eben hast du ja auch Pakiteng zu mir gesagt ...«

»Siehst du, du hast es geschafft! Du kannst mit Recht sagen: ›Ich bin ein Massai!‹ Und deshalb kann ich dich auch Peron nennen.«

Ohne dass man wüsste, woher und warum, tritt nun seine Assistentin vorsichtig durch die Tür, beladen mit einem Tablett mit einer Thermoskanne Tee und zwei Tassen, das sie auf dem Schreibtisch abstellt, um ebenso sang- und klanglos wieder zu verschwinden. Kenny reicht mir eine Tasse, die ich gierig leere; er füllt eine zweite, dann eine dritte! Der Staub von Loitokitok hat mich ausgetrocknet. Doch ich möchte nicht den Faden verlieren, denn ich habe noch nicht begriffen, was er mir sagen wollte. »Was verstehst du darunter: ich sei nunmehr ein Massai und deshalb würdest du Peron zu mir sagen?«

»Du kennst doch das Wort *olpiron*, nicht wahr? Na also, und für mich ist Peron gleichbedeutend mit *Piron*, und das suggeriert das Wesentliche. Wundere dich nicht! Es ist kein Zufall, dass du heute hier bist! *Olpiron* heißt, wie du weißt, Feuerstock, und so heißt auch der Stab, mit dem man das Feuer einer neuen Altersklasse entzündet, und vor allem bezeugt dieser Stab den Übergang der Werte von einer Generation zur nächsten. Ich sehe es so – und ich bin beileibe nicht der einzige, der das tut –, dass du persönlich ein solcher Stab bist und würdig, so genannt zu werden und gleichzeitig so zu heißen, wie du schon immer, seit dem Tag deiner Geburt in Frankreich, geheißen hast.« Ich mustere ihn, und er verzieht keine Miene; dann bricht er in Lachen aus und will gar nicht wieder aufhören.

»Weißt du, jegliche Verkleidung ist mir schon immer ein Graus gewesen. Es gibt bei uns so viele junge Leute, die vorgeben, dieser oder jener zu sein, damit sie anerkannt werden.«

»Da hast du Recht, aber in deinem Fall handelt es sich um etwas anderes. Eine Verkleidung ist eine rein körperliche Angelegenheit; ich aber spreche von Schwingungen, die über das Gedachte hinausgehen.«

Ich bleibe stumm, denn was gäbe es dazu noch zu sagen? Es stimmt, das muss ich anerkennen, und mir bleibt nichts anderes übrig, als meinen Verstand für einen Augenblick auszuschalten. Bevor ich fast ertrunken wäre, habe ich all das schon geahnt, was mir jetzt bewusst wird! Ich war früher fest mit meinem Lebensmittelpunkt verbunden und spürte die Schwingungen meiner Umwelt sehr intensiv. Später habe ich es dann gemacht wie alle und habe nur noch meine linke Gehirnhälfte benutzt, um so zu tun, als sei ich normal! Zum Glück haben mich die Massai zurechtgewiesen. Ich bin also hier, um mein Gleichgewicht wiederzufinden und die beiden Elemente des Paares – also die linke und die rechte Hälfte des Gehirns, in welchen der Verstand respektive die Intuition gesteuert werden – zusammenzuführen, sodass meine Gesten, meine Emotionen und meine Gedanken eins werden.

Ich kehre zu einer Frage zurück, die mich seit dem letzten Abend beschäftigt: »Warum arbeitest du für die katholische Kirche?«

»Die Werte der Massai sind denen der christlichen Botschaft sehr nahe. Es geht um Frieden, Liebe und Erlösung. Mittlerweile scheint die katholische Kirche dies begriffen zu haben, denn sie will uns nicht mehr dazu ermuntern, einen Holzweg zu beschreiten und für eine nationale Einheit zu kämpfen, sondern sie will uns vielmehr bei der Wahrung und Stärkung unserer Werte unterstützen. Mit ihrer Rückendeckung gehe ich in die Dörfer und spreche mit den Ältesten, aber vor allem mit den jüngeren Leuten über die Gefahren der Moderne. Obwohl er ohne jede Rage spricht, stacheln mich seine Worte sehr wohl an. Und als wir tiefer in das komplexe Thema einsteigen, vergesse ich fast, ihn nach dem Grund meines Besuches zu fragen:»Du wolltest mich doch treffen – nur, um mit mir über meinen Namen zu sprechen?!«, versuche ich ihn mit einer gewissen Ironie zu provozieren. Er belohnt mich mit der Grimasse eines Dorfdeppen, um dann schnell seine aufmerksame, ernste Art zurückzugewinnen:»Es wäre gut, wenn du Ende des Jahres unsere Brüder im Norden von Laikipia, die Samburu von Barsaloi und Baragoi, besuchen würdest.«

Von seinem Vorschlag begeistert, frage ich dazwischen:»Verstehen sich die Samburu als Massai?«

»Jedenfalls solange es ihnen in den Kram passt. Sie haben ein wenig die Orientierung verloren, aber sie favorisieren – wie wir – das Hirtennomadentum, und sie sprechen Maa. Außerdem weiß ich, dass sie uns brauchen. Man nennt sie die *Iloikop* – die, die Gewalt und Totschlag anwenden –, aber das traf vielleicht vor langer Zeit zu, also in der vorkolonialen Zeit. Heutzutage ist das überholt, und wir empfinden uns als Brüder, vor allem jetzt, da man versucht, unsere gemeinsame Lebensgrundlage zu zerstören und uns die Weidegründe und damit die Rinder wegzunehmen. Doch die Rinder sind unser Lebenselixier; ohne sie verschwinden wir von der Landkarte!«

»Und was soll meine Anwesenheit bewirken?«, frage ich und schenke mir eine weitere Tasse Tee ein.

»Peron, du arbeitest doch an einer Studie über die Massai, oder?«

»Äh …, zumindest ist das meine Absicht …«, stammle ich.

»Du zögerst, weil du in deinem tiefsten Inneren überzeugt bist, dass es sich nicht um eine im strengen Sinne wissenschaftliche Studie handelt, die allein der Ratio verpflichtet ist. Denn was dich eigentlich interessiert, ist doch das Bewusstsein, nicht wahr?«

»Das gebe ich zu!«

»Und du weißt, dass du nichts darüber erfahren wirst, wenn du nicht selbst das entsprechende Bewusstsein besitzt, oder?«

»Das stimmt!«

»Na, also! Und da wir wissen, dass du – wie alle Massai – ein echter Krieger des Lichts bist, sollst du unser Auge sein. Interessierte Kreise unterstützen dagegen den Mythos vom blutrünstigen Krieger, um unsere Bedeutung als Hüter und Bewahrer des Planeten herunterzuspielen.«

»Ich soll also als Spion fungieren?!«

»In gewisser Hinsicht ja! Erlaube mir, dir die Fakten zu nennen. Seit letztem Jahr sterben aus unbekannten Gründen die Rinder wie die Fliegen. Dazu muss ich sagen, dass die Samburu schon länger als 15 Monate auf Regen warten, und allein schon die Trockenheit kann zu einem Massensterben führen. Dazu kommt allerdings, dass mehrere Samburu »gekauft« wurden – unklar ist, von wem –, um gegenüber den Behörden auszusagen, dass die Todesfälle auf den Befall von Zecken zurückzuführen sind, sodass nun überall auf dem Terrain der Samburu Cattle Dips errichtet wurden. Du weißt, was das für Folgen hat! Ich bin ziemlich sicher, dass man bei ihnen wie bei uns die traditionellen Kenntnisse zurückdrängen, das Weideland privatisieren und ausschließlich ausländische Geschäftsleute ansiedeln will, die bereit sind, die neue ökonomische Ideologie der Regierung zu unterstützen!«

»Ich verstehe«, gebe ich ernüchtert zu. »Doch wie kann es den Massai nützlich sein, wenn ich zu den Samburu gehe, um eure Mutmaßungen bestätigt zu finden?«

»Weil du uns den Beweis liefern kannst, dass es einen Plan gibt, uns zu beseitigen.«

»Und diese Aufgabe traut man mir zu?«

»Ja, denn du bist ein angesehener Forscher und wirst als Spion unerkannt bleiben.«

»Das ist merkwürdig, denn mein Research Permit umfasst tatsächlich das Terrain der Samburu, obwohl ich darum gar nicht gebeten habe. Doch ich werde verdammten Ärger bekommen, wenn ich einen großen Fisch an die Angel kriege!«, gebe ich pro forma zu Bedenken.

»Ich glaube, dass du bei uns genügend Erfahrungen gemacht hast und weißt, was es bedeutet, ›sich nichts vorzuwerfen zu haben‹ …«

Ich lasse die Sache auf sich beruhen, denn im Geiste bin ich längst aufgebrochen und bei den Samburu angekommen, ohne auch nur zu ahnen, welche Gefahr sich dort für mich ergeben könnte. Mein Leben hier stärkt mir den Rücken. Die Sache ist entschieden, ich werde gehen! Doch eine Frage möchte ich Kenny noch gern stellen: »Woher stammt eigentlich deine Überzeugung – dein absoluter Wille, die Massai zu retten und mit ihrer Hilfe gar die ganze Welt?«

»Ich stamme aus einer traditionellen Familie, die fest daran glaubt, dass die Massai ein auserwähltes Volk sind. Als ich noch ein kleines Kind war, kamen die Engländer in unser Dorf und stellten mich neben ein Gewehr. Für den Fall, dass ich kleiner war als die Waffe – und so wurde es mir beschieden –, sollte ich meine Familie verlassen und in einem Internat untergebracht werden. Meine Eltern glaubten, mich für immer verloren zu haben, doch ich schwor mir, der Beste der Klasse zu werden und meinen Angehörigen zu helfen, ihre Kultur in die Moderne zu retten. Ich hatte diese Vision, und ich behielt sie fest im Blick. Diese Überzeugung hat mich gerettet, und ich habe stets im richtigen Moment große Unterstützung gefunden. Dank meiner Wissbegierde habe ich zusätzlich zur Internatsbildung auch die traditionelle Lehre aufgesogen und jeweils in den Ferien die einzelnen Stationen der Massai-Initiation durchlaufen. So gehöre ich heute – wie du – zur Altersklasse der »Sieger« und werde bald zu den Alten zählen!

»Um auf die Samburu zurückzukommen: Hast du an einen bestimmten Ort gedacht, wo ich Quartier beziehen und meine Nachforschungen durchführen soll?«

»Ich bin vor einigen Tagen aufgewacht, und da hat *man* mir gesagt: Barsaloi ...«

Dienstag, 12. Juni, Esilalei, mit Yiaro im »Dorf der Riemen«, Mitternacht

Fledermäuse flattern durch die kühle Nacht, der Himmel ist klar, und ich sehe fast so gut wie am helllichten Tag. Meine Augen hatten auch genügend Zeit, sich zu gewöhnen, denn Yiaro und ich halten schon seit fünf Stunden unter freiem Himmel Wache. Die Sterne scheinen im grellen, weißen Licht des Mondes ihre Strahlkraft verloren zu haben. Es ist die achte Nacht, die wir in dem für Zeremonien errichteten Dorf mit den 29 Hütten verbringen, und ich bin nicht wenig stolz, dass *Mamai* mir eine eigene gebaut hat, die nun wie alle anderen innerhalb dieser für unsere Initiation und unsere Altersklasse so bedeutsamen Einfriedung steht. Abgesandte aus 29 Familien der Umgebung wohnen hier seit acht Tagen, darunter befindet sich auch

Selenoi. In letzter Zeit haben wir uns sehr selten gesehen, denn eine solche Zeremonie ist nicht nur mit einer gewissen Feierlichkeit verbunden, sondern sie bietet jedem Einzelnen auch die Möglichkeit zur Besinnung. Aus Ehrfurcht davor habe ich Selenoi nicht behelligen wollen, zumindest nicht allzu intensiv. Und so geschah es, dass sie gestern ankam und mir im Vorbeigehen ein Schmuckstück zusteckte – dieses Mal einen Reif, den ich schnell an den linken Arm steckte, weil der rechte schon besetzt war. Wenn das in diesem Rhythmus weitergeht, werde ich Vorreiter einer neuen Mode werden ...

Ich habe mich in eine mollige Decke gewickelt und döse vor mich hin. Sobald ich in den Schlaf gleite, stößt Yiaro das Geheul einer Fleckenhyäne aus, sodass ich hochschrecke und, gleich einer Impala wilde Sprünge vollführend, an meine Aufgabe erinnert werde. Meine Mission ist in der Tat eine wichtige, zu der sich jede Nacht zwei Männer zusammenfinden. Es gilt, den *oltongom* zu bewachen, einen pyramidenförmig aufgehäuften Hügel aus Kuhmist, unter dem ein wertvoller Lederriemen lagert. Dieser wurde vor sechs Jahren aus der Haut eines anlässlich des *eunoto* geopferten Rindes geschnitten und so häufig verknotet, wie Männer jener Altersklasse anwesend waren. Der Riemen symbolisiert die Einheit der Gruppe. Morgen, also am neunten Tag, werden die Alten den Gurt entknoten – ein Akt, der das Ende der Verbote anzeigt und jeden Einzelnen in die Lage versetzen soll, sich zu einem vollständigen Menschen zu entwickeln. Ich muss dazu sagen, dass dieser sechs Jahre an einem geheim gehaltenen Ort unter Obhut eines gewählten Riemenmachers komplett durchgetrocknet und hart geworden ist. Aus diesem Grund musste der Riemen während der acht Tage morgens wie abends mit größeren Mengen Rinderurins geschmeidig gemacht werden. Diese Nacht bin ich nun als Wache eingeteilt – was für eine Verantwortung!

Yiaro hat den Haufen fest im Visier, als handele es sich um pures Gold. Der *oltongom* wurde, wie es die Regeln verlangen, nahe der Hütte des Riemenschneiders – und damit außerhalb des Dornenwalls – errichtet, was unsere Aufgabe nicht gerade erleichtert. Wir haben ein großes Feuer angezündet, das wir regelmäßig füttern. Das soll die wilden Tiere, aber auch böswillige Personen abschrecken, sich der Pyramide zu nähern. Yiaro und ich haben unsere Hocker so aufgestellt, dass sich unsere Blickfelder ergänzen. Was für ein Aufwand für ein Stück vertrocknete Tierhaut! Für die Massai ist dieses von Koyiaki ole

Senteu geweihte Leder nicht nur ein einfacher Gegenstand, sondern zukunftsbestimmend, enthält es doch die gesamte Energie der Gruppe wie der einzelnen Individuen. Mehr als alles andere fürchten die jungen Männer Feinde von außerhalb wie innerhalb der Gruppe, die sich im Schutze der Nacht heranwagen und mit einem bösen Zauber die gesamte Altersklasse bedrohen könnten. Yiaro erklärt mir, dass dies schon einmal geschehen sei und dass an jenem Tag fremde Bauern gekommen seien, um auf den Weiden Anbau zu betreiben. Den Massai ist das Bearbeiten der Erde untersagt, aber ihr Territorium ist von diversen bäuerlichen Ethnien umgeben, die, um den Massai Schaden zuzufügen, eher Ackerbau betreiben würden, als einen Angriff mit Waffen zu wagen, weil sie die kriegerische Stärke der Massai zu sehr fürchten.

Ich bleibe jedenfalls die ganze Nacht auf, was mir umso leichter fällt, als ich für die erfolgreich durchgestandene Wache ein weiteres Schmuckstück von Selenoi erhalten werde ...

Sonntag, 9. September, in meinem Dorf Entepesi,
Fleischzeremonie, 11.00 Uhr

Die Sonne steht bereits hoch am Himmel. Noch nie herrschte in meinem Dorf eine solche Ruhe – schon gar nicht während einer Zeremonie. Im Morgengrauen wurde ein Rind geopfert, und jeder Mann der »Sieger« wird nun in die Hütte seiner Ehefrau eindringen, um von ihr ein Stück Fleisch zu erhalten, was bis dahin den Alten vorbehalten war. Dieser Akt der Befreiung im häuslichen Bereich hebt das letzte Verbot auf, welches dem jungen Mann untersagt, in Anwesenheit von Frauen – und sogar der eigenen Ehefrau – Fleisch zu essen. Yiaro ist also in sein Dorf aufgebrochen, um von seiner Frau ein Stück Fleisch in Empfang zu nehmen, während ich, der ich nicht verheiratet bin, darauf warte, dass der Ehemann von Selenoi das seinige erhalten hat und ich an der Reihe bin. Denn wir sind übereingekommen, dass Selenoi mir mein Fleisch verabreichen wird, um meine Initiation abzuschließen. Ziemlich nervös gehe ich außerhalb des Dornenwalles auf und ab.

Die letzten drei Monate sind wie im Fluge vergangen, so sehr bin ich mit meinen Aufgaben beschäftigt gewesen: Ich war unten am Fluss

beim Tränken der Tiere, habe mit Neranto und Naserian Rinder ge-
hütet, war in ethno-politischen Angelegenheiten unterwegs und auch
mit der angebeteten Selenoi beschäftigt. Natürlich haben wir uns öfter gesehen, doch nie wieder war es so wie an diesem denkwürdigen
Vormittag im heißen Sand unter den Schirmakazien … Schon ihre
Anwesenheit reicht aus, um mich mit Liebe zu erfüllen – so albern
es klingen mag; durch das Zusammensein mit ihr habe ich gelernt,
mich aus der Abhängigkeit vom Körperlichen, wie ich sie aus Europa kannte, zu befreien. Ich bin zu der Überzeugung gelangt, dass die
Massai ohne jede Berechnung viel geben und zu absoluter Liebe fähig
sind, dabei aber auch Grenzen setzen. Sie mögen keine Abhängigkeit,
und sie haben eine freie Seele. Was für eine Lektion!

Ich bin jetzt seit 20 Monaten im Lande, und ich fühle mich wohl
und uneingeschränkt mit mir im Reinen, sodass ich kaum bemerkt
habe, wie diese Zeit verstrichen ist. Vorgesehen waren eigentlich sechs
Monate, was mir – noch in Paris – ausreichend erschien, um genügend Erkenntnisse für eine Studie zusammenzutragen. Doch in der
letzten Woche, als Yiaro eine unmissverständliche Unterredung mit
einer für Einwanderungsfragen zuständigen Spezialeinheit der Polizei hatte und ich mich unverzüglich in die französische Botschaft in
Nairobi begeben musste, wurde mir bewusst, dass mein unbeküm-
mertes, lehrreiches Leben mit den Massai ein baldiges Ende finden
würde. Zumindest vorerst. Ich hatte nun also eine deutliche Warnung
erhalten, und da ich generell ein Mensch bin, der von offizieller Seite
ausgesprochenen Weisungen Folge leistet, weiß ich heute bereits, dass
ich bald nach Frankreich zurückkehren werde, um mich dort einer
anderen Realität zu stellen, die ebenso die meine ist. Und ich bin
überzeugt, dass die Kraft der Liebe mir helfen wird, alle Schwierigkeiten zu bewältigen. Vor meinem Aufbruch bleibt eine letzte Mission zu
erfüllen: Ich muss zu den Samburu. Doch irgendwie scheint mir dies
jetzt wenig realistisch …

Der Ehemann von Selenoi schlägt mir freundschaftlich auf den
Rücken, was bedeutet: Du bist dran. Ich bin sehr gerührt. Ich betrete
sein Reich und werde von seiner Frau mit einer solchen Zärtlichkeit
empfangen, als würde auch sie meine baldige Abreise spüren. Wir setzen uns auf den Rand des breiten Bettes. Die Flammen des Hütten-
feuers sind so fahl wie das Mondlicht der letzten Nacht. Mit einer anmutigen Bewegung führt sie ein wenig in kleine Würfel geschnittenes

Fleisch, das von den verschiedenen Teilen des geschlachteten Rindes stammt, zu meinem Mund, und während ich kaue, ergreift sie meine rechte Hand und flüstert: »Das Herz symbolisiert bei uns die Wirklichkeit. Indem ich dir davon zu essen gebe, sorge ich dafür, dass dich der Verstand leiten wird. Und damit du kein Rohling wirst – was passieren könnte, ließest du dich allein vom Hirn steuern –, gebe ich dir auch von der Lunge, dem Sinnbild von Mitgefühl und Duldsamkeit, danach vom Fett, welches dir Erfolg bringen wird, und schließlich ein Stück sehr mageres Fleisch, welches das Scheitern symbolisiert. Ich glaube, die Massai kennen dieses Gesetz des Gleichgewichtes seit ewigen Zeiten. Du bist jetzt groß, du bist ein echter ›Sieger‹, lebe dein Leben!«

3

– 1984 –
Ein hochriskanter Hilfsdienst
für die Massai bei ihren Verwandten,
den Samburu

ch bin schließlich nach Frankreich zurückgekehrt, wie ich es mir
gleich nach dem Zwischenfall mit Yiaro und der Polizei vorgenommen hatte, allerdings erst zu Beginn des folgenden Jahres,
nachdem ich zuvor erfolglos und auf eigensinnige Weise versucht
hatte, zu den Samburu im Norden Kenias zu gelangen. Aus mir
nicht erklärlichen Gründen waren alle meine Versuche geschei-
tert, und schließlich musste ich mein Vorhaben aufgeben. Ich
weiß sehr wohl, dass es wenig Sinn hat, eine Sache auf Biegen und
Brechen durchzuboxen, doch fühlte ich mich nach zwei Jahren
Zusammenleben mit den Massai geradezu unbesiegbar.

Dabei hatten nicht nur die bewaffneten und marodierenden Banden eine Rolle gespielt, die mein Zielgebiet unsicher machten. Auch
war ich zu keinem Zeitpunkt mit dem Samburu-Projekt wirklich ver-
wachsen gewesen, und ich fühlte instinktiv, dass meine Beziehung zu
dem Volk nur eine schwache Kopie meines Glücks sein konnte, das
ich in den Monaten mit *Papaai, Mamai,* Takuna, Selenoi und all den
anderen empfunden hatte! Hatte ich also – unbewusst – alles dafür
getan, dass ich nicht zu den Samburu gehen musste? Möglicherweise.
Denn obwohl die Samburu heute wieder viele Aspekte der Massai-
Kultur aufgenommen haben und diese glühend verteidigen, sind bei
ihnen in der Vergangenheit einige Dinge passiert, die mir überhaupt
nicht gefallen.

Jahrhundertelang haben die Massai die Samburu nicht mehr als
Teil ihrer großen »Familie« anerkannt. Die Samburu galten den Massai als gewalttätig, weshalb sie, wie Kenny mir erklärt hat, den Beina-
men *Iloikop* (die, die zu Gewalt und Totschlag bereit sind) erhielten.
Iloikop ist aber auch die Bezeichnung für den Preis des Blutes (von

49 Rindern), der im Falle eines Mordes zu zahlen ist – ein Brauch, den die Massai immer gepflegt haben, den die Samburu hingegen lange Zeit ignorierten. Und dann waren die Samburu im 19. Jahrhundert gar so kühn, das zwischen der Kette der Aberdares und dem Mau-Vorgebirge gelegene, strategisch äußerst bedeutsame Stammgebiet der Massai, *oltau lenkop ang* (das Herz unseres Landes), anzugreifen …

Wie dem auch sei: Ich würde lügen, wenn ich behauptete, es sei eine reine Freude gewesen, mitten im Winter nach Paris zu fahren. Trotzdem bereitete es mir erstaunlicherweise keinerlei Schwierigkeiten, mich in den Großstadtalltag einzuleben, weil ich Dank all meiner fabelhaften Erlebnisse im Land der Massai ganz offensichtlich gestärkt war. Ich hatte kaum meine Koffer ausgepackt, da begann ich schon nach einer Arbeit zu suchen. So wenig mich zuvor mein täglicher Bedarf an Tee, Zucker, ein bisschen Tabak und natürlich meine Treibstoffmischung für die Mobylette gekostet hatte, so viel kostete nun das Leben in Paris … Doch stand für mich fest, dass ich für kein Geld der Welt einen Job an der Uni annehmen würde, um dann Anmerkungen über Anmerkungen zu etwas zu schreiben, das man anmaßend als »Feldforschung bei den Massai« bezeichnete. Wie hätte ich mich nach all meinen Erfahrungen nunmehr als Doktorand oder Forscher abstempeln lassen mögen?! Schlicht undenkbar! Zumal eine solche Tätigkeit im krassen Gegensatz zum Lehren und Lernen bei den Massai und im Widerspruch zur Einheit des Handels, Denkens und Redens stand. Um medias in res Konzepte zu entwerfen, hätte ich mich in gewisser Weise aufgeben müssen. Sehr schnell wurde mir die Sinnlosigkeit des universitären Diskurses bewusst; ich hatte diese Reise zu mir selbst bestimmt nicht unternommen, um einfach so aufzugeben und meine Wahrheit hinter unnützen Erklärungen zu verstecken.

Ich bin mit einem Forschungsauftrag zu den Massai aufgebrochen, der lautete, das Andere zu verstehen. Dass ich so viel von den Massai habe lernen können, lag daran, dass ich sie akzeptierte, wie sie waren, und dass ich von Beginn an dem gefährlichen Konzept widerstanden habe, die Vielfalt verschiedener Phänomene auf einen Grund zurückzuführen. Bei meiner Rückkehr nach Frankreich wollte ich an dieser Lebensweise festhalten und musste mich doch zwangsläufig auf etwas einlassen, das fest mit dem Leben hier verbunden ist und das man ganz ohne Scham die Welt der Arbeit nennt. Als mein Vorhaben feststand, musste ich nicht einmal selbst eine Arbeit suchen: Man bot mir schlicht einen Job an. Meine gute Massai-Schule schien mich zu stärken, aber vielleicht geschah alles auch nur Kraft des Ringes von Selenoi, den ich Tag und Nacht an meinem Ringfinger – natürlich dem der rechten Hand – trage ...

Meine Beziehung zu Claudia hatte während meines Aufenthaltes in Kenia gezwungenermaßen auf Eis gelegen – trotz unserer Liebe auf den ersten Blick, die in Cambridge begann, und trotz der Prophezeiungen des *loibon*. Inzwischen hatte auch Claudia ihren Weg gemacht und war im Begriff, Europa zu verlassen und in die USA zu gehen. Dieser Umstand beruhigte mich sehr. Liebesbeziehungen kommen und gehen, wie das Leben; mich trifft die Liebe immer gerade dann, wenn ich nicht nach ihr suche, also in entscheidenden Zeiten, in denen man seine Vorstellungen umsetzen möchte und nur eine Richtung sinnvoll erscheint. Mit einem gewissen Abstand sehe ich ein, dass es töricht wäre, den Lauf der Dinge aufhalten zu wollen, denn die Suche geht immer weiter. Jeder Mensch entwickelt sich, um hoffentlich dabei das zu finden, was ich als das Wertvollste im Leben bezeichnen würde, und wenn ein Mensch, den man zu lieben glaubt, davon nichts wissen will, liegt die Lösung in einem selbst, und man wird sie erkennen. Ich begegnete Claudia im Herbst 1980, und unsere Beziehung war so stark und so eindeutig, dass wir meinten, einander bereits zu kennen. Nach einem Jahr gemeinsamen Glücks habe ich mich dennoch entschlossen, nach Afrika zu gehen. Sie wusste das, und sie hat nichts unternommen, um mich zurückzuhalten. Ich hatte mein Leben, sie das ihre, aber an unsere mysteriöse Seelenverwandtschaft und die gemeinsamen Momente werden wir uns immer erinnern ...

Ich sollte also arbeiten, denn man hatte mir, nur wenige Schritte von der Place de la Concorde entfernt, einen Halbtagsjob als Texter in einer Werbeagentur angeboten. Ich hatte gerade einen ersten Einblick in die »Welt der Kreativen« bekommen, als ich einen Anruf vom Entwicklungshilfeministerium erhielt. Offensichtlich hatte man seit Monaten versucht, mich zu erreichen, um mich als »Experten« mit einer speziellen Mission zu betrauen. Jedenfalls fragte die Mitarbeiterin zweimal ungläubig nach, ob ich denn wirklich jener Xavier Péron sein, der zwei Jahre bei den Massai gelebt habe ...

Der war ich, und ich war plötzlich sehr aufgeregt. Trotzdem blieb ich zunächst zurückhaltend, denn das Ansinnen konnte sich ja als übler Scherz erweisen.

»Hätten Sie die Möglichkeit, im nächsten Oktober aufzubrechen? Es geht um Nomaden, die zur Familie der Massai zählen, die Sie ja offenbar sehr gut kennen ...«, fährt die Stimme in einem Ton fort, als wolle sie mir zu jenem Datum einen Jahresurlaub bewilligen.

»Sagen Sie, diese Nomaden sind nicht zufällig die Samburu?«, unterbreche ich sie ungeduldig.

»Genau, die Samburu! Es handelt sich um eine Bestandsaufnahme, denn es sollen dort flächendeckend Cattle Dips eingerichtet werden. Ein Mikroprojekt, das vom Ministerium für Auswärtige Angelegenheit und der EU finanziert wird ...«

Ich höre schon längst nicht mehr zu und bin fassungslos! Kenny und die dunkle Welt des Unsichtbaren haben wieder zugeschlagen ...

***

Nun bin ich seit über einem Monat vor Ort, wie man so sagt, und zwar genau dort, wohin ich nach Weisung des Mannes meiner Träume, den ich vor über einem Jahr in Oloitokitok aufgesucht hatte, gehen sollte. Von meinem Basislager in Barsaloi werde ich sternförmig in die Region aufbrechen.

Bevor ich aber mit der Arbeit anfangen konnte, musste ich natürlich, wenn auch nur sehr kurz, meine Massai-Freunde besuchen: Ich wollte Selenoi zeigen, dass ihr Himmelsring – natürlich an der rechten Hand getragen – mich weiterhin beschützte, und vor allem wollte ich Kenny sehen – nach dem, was ihm vor einem Monat passiert war. Ich besuchte ihn in Indupa, wo er sich inmitten seiner Familie und seiner Rinder erholte. Ich hatte erwartet, ihn geschwächt anzutreffen, doch er schien mir beschwingter denn je. Er bewegte sich nur nicht mehr ganz so geschmeidig, was einem mehrfachen Bruch des Schienbeins geschuldet war. Was er zu erzählen hatte, konnte das, was ich schon immer empfunden habe, nur bestätigen: dass er ein wirklich außergewöhnlicher Mann mit einem beeindruckenden Schicksal ist.

Kenny hatte weiter an der Umsetzung seines Planes gearbeitet und war von Dorf zu Dorf gegangen, um die Angehörigen seines Volkes von der Notwendigkeit zu überzeugen, ihre jungen Leute die traditionelle Initiation der Massai durchlaufen zu lassen, ohne sie jedoch von der Moderne abzuschotten. Er war oft zu Fuß unterwegs, doch gelegentlich nahm er auch den Bus, so wie an jenem Tag. Als er gerade Oloitokitok verlassen hatte, konnte sein Bus nicht mehr bremsen und stürzte einen Abgrund hinunter. Kenny war einer der wenigen Überlebenden, was ja an sich noch nicht viel bedeutet. Doch als er das Bewusstsein wiedererlangte, hörte er sehr deutlich eine Stimme, die zu ihm sagte: *Kenny, deine Mission auf Erden ist nicht die Politik! Kümmere dich weiter um die Deinen, denn sie haben schon so viel gelernt. Rette dein Volk, wie du es auch bisher schon getan hast, indem du ihm Vertrauen schenkst!*

Mittwoch, 30. Oktober, Barsaloi, Distrikt im Land der Samburu, Katholische Mission, 10.00 Uhr

Ich sitze auf der Veranda meiner auf hohen Zementpfählen errichteten Holzhütte, die zur Hälfte mit gelblichen Gräsern zugewachsen ist. Die Katholische Mission von Basaloi besteht aus einem Dutzend solcher Hütten mit Blechdach und ist an einen Hang gebaut. Ich bin schon bei meiner fünften Tasse Tee, doch die Hitze bleibt bedrückend. Wie jeden Mittwoch stehen Hunderte Samburu-Frauen Schlange vor einer Ambulanz mit einer verfallenen Holzfassade. Gehüllt in bunte Stoffe, die zu ihrem wertvollsten Besitz zählen und sie gegen die sengende Sonne schützen, tragen sie Säuglinge oder Kleinkinder auf dem Arm. Stumm schauen sie zu, wie man die Kinder wiegt, und vor allem erwarten sie, dass man ihnen eine Dose mit Milchpulver aushändigt. »Man« ist in diesem Fall Pater Aldo Vettori, ein gedrungener italienischer Priester, der seit dem Morgen tätig ist und mit wilden Gesten und Worten, halb in seiner Sprache und halb auf Kiswahili, versucht, Ordnung in eine Gruppe zu bringen, in der ich nicht das geringste Aus-der-Reihe-Tanzen bemerken kann. Die Ruhe scheint ihm Angst zu machen, das ist klar! Jedenfalls ist er voller Diensteifer. Ich habe ihm mehrfach meine Hilfe angeboten, und jedes Mal hat er gestöhnt: »Du bist verrückt! Du mir helfen ... Dabei ist schon für mich zu wenig Platz! Willst du mich umbringen?«

Seit meiner Ankunft Anfang Oktober bin ich Zeuge einer Dürre, die zu schweren Problemen führen könnte. Jedenfalls ist sie nicht zu vergleichen mit dem, was ich letztes Jahr in Entepesi erlebt habe. Zunächst sind mir die Herden ausgezehrter Rinder aufgefallen, und weiter im Norden, also in Richtung des Turkanasees, habe ich zum ersten Mal haufenweise Tiergerippe auf dem Weideland gesehen und die kahlhälsigen Geier kennengelernt. Die Samburu vergleichen die aktuelle Lage mit der »Trockenheit der Haut«, einer Dürreperiode im Jahre 1934, während der sie sich von den abgezogenen Häuten ihrer Rinder ernähren mussten!

Pater Aldo hat mir empfohlen, mich in meiner Arbeit von einem jungen, mit der Region vertrauten Mann namens Simon Lerikan unterstützen zu lassen – einem sehr humorvollen Menschen, der mich mit seinen ausgelassenen Scherzen bei Laune hält. Er stammt aus einem Geschlecht, das sehr unter der Rindersterblichkeit gelitten hat und sich seit 1982 hinter den Hügeln von Raraiti und somit in der Nähe der Mission angesiedelt hat, um in den Genuss von Hilfeleistungen zu kommen. Pater Aldo hatte ihn sogleich im Rahmen einer rudimentären Alphabetisierungskampagne für die Hirten des umliegenden Weidelandes eingesetzt.

Ich erwarte ihn, weil er mir die Ergebnisse einer Befragung präsentieren will, die er in meinem Auftrag in bestimmten Dörfern, die ihre Autonomie hatten abgeben müssen, durchgeführt hat. Bisher laufen alle meine Beobachtungen auf einen Schluss hinaus: In einem recht kleinen Gebiet im Umkreis von Raraiti haben sich Hunderte von Familien angesiedelt. Sie leben in traditionellen Hütten, die denen der Massai zum Verwechseln ähnlich sehen. Diese Bildung von Dörfern, die ich als künstlich bezeichnen möchte, geschah nur aus einem Grund, nämlich um Maismehl und Milchpulver von Pater Aldo zu erhalten. Interessant wird dieser Umstand allerdings erst durch eine Tatsache, die ich bei einem heimlichen Blick in die von Pater Vettori angelegten Listen über das Gewicht der Neugeborenen erkenne: Die schwersten, das heißt die am besten ernährten Babys stammen nicht aus der nächsten Umgebung der Mission, sondern aus den entlegeneren Regionen, in denen die Eltern der traditionellen Lebensweise nachgehen und ihre Säuglinge nicht mit Trockenmilch ernähren …

Nun beobachte ich all diese würdevollen Mütter, die sich aus Ehrfurcht vor Pater Aldo und seiner Trockenmilch in der Warteschlange kaum zu unterhalten wagen. Sie sind sehr schön und ähneln den Massai-Frauen, doch sie sind ganz anders geschmückt. Im Gegensatz zu meinen Schwestern in Entepesi, die breite, mit bestimmten Ornamenten versehene, bunte Perlenkragen tragen, mit denen ihre Schultern manchmal ganz bedeckt sind, sind die Hälse der Samburu-Frauen mit vielen jeweils einfarbigen Perlenketten oder -reifen geschmückt, wobei die Farben Rot und Blau eindeutig dominieren. Um den Kopf aber tragen sie oft mehrfarbige Perlenbänder nach Art der Massai.

Ich muss mich oft ausruhen, die Hitze ist stickig, aber ich bin glücklich. Warum sollte das auch anders sein? Ich forsche bei den Massai, und für dieses Glück werde ich auch noch bezahlt! Der unerhörte Zufall, von Frankreich genau hierher geschickt worden zu sein, lässt mich jedoch nicht vergessen, dass auch Kenny mich gebeten hatte, nach Barsaloi zu gehen. Und so rechne ich fest damit, hier etwas unerhört Interessantes zu entdecken. Ich hebe den Blick und entdecke einige Marabus, die sich mit dem Aufwind in die Höhe schrauben. Sehr hoch müssen sie nicht aufsteigen, um all die Kadaver auszumachen ...

»Xabio! Du bist ein Massai, schau, was ich dir mitgebracht habe! Eine schöne Matte aus *lion grass*!« Es ist Simon, der – wie üblich – bester Laune ist. »Wofür?«, frage ich.

»Um dein Haus abzudichten, denn wer seine Privatsphäre nicht schützt, der verliert an Respekt!«

Es ist zum Ritual geworden, dass er seine Sätze auf Maa beginnt und irgendwann ins Englische wechselt. Mit seinem kraftvollen und geschmeidigem Gang, seinen ausdrucksvollen Augen und dem ironischen Lächeln sieht Simon – der Shorts, ein weißes Polohemd und Sandalen trägt – aus wie ein Adonis, der gerade vom Strand heimgekehrt ist und von seinen Frauengeschichten berichten will. Ich biete ihm eine Tasse Tee an.

»Da bin ich!«, höre ich ihn theatralisch beginnen. »Und meiner wichtigen Aufgabe voll bewusst ...« Ich bremse ihn, denn ich kann es kaum erwarten, seine Ergebnisse zu hören.

»Das Problem sind nicht die Zecken! Das Problem ist der Mangel an Ressourcen ... Die Alten haben bestätigt, dass man sie seit zwei, drei Jahren daran hindert, das Weideland im Hochland zu betreten, sobald der Sommerregen eingesetzt hat. Nun sind alle Kälber gestorben, und insgesamt hat sich ihr Viehbestand auf ein knappes Viertel reduziert.«

Es folgt eine Pause, dann beginnt Simon mal wieder mit seinen Faxen. Seine Dramaturgie ist wohlgeplant. Er liebt es, vor Publikum aufzutreten, und hasst es, wenn man ihn drängt. Warum auch? Das Thermometer steigt ohnehin, und die Stimme von Pater Aldo geht ins Crescendo. Dem bleibt nichts mehr hinzuzufügen ...

»Jetzt allerdings geht alles viel besser«, steigert sich Simon, »und die einzige, von den Zecken übertragene Krankheit, die es in der Region gibt, die Anaplasmose (auf Maa: *ndis*), kann mit einem Brei aus den Früchten der Akazie geheilt werden. Dagegen bereitet ihnen die von der Tsetsefliege übertragene Schlafkrankheit, auch Afrikanische Trypanosomiasis, zunehmend größere Sorgen ...«

»Wohin haben sie das überlebende Vieh gebracht?«

»In die Lkees-Ebene und an die Hänge des Kulal-Gebirges im Distrikt Marsabit. Das ist sehr weit von hier entfernt.«

»Wir werden morgen hinfahren, ich möchte mir persönlich ein Bild von der Lage machen!«, entscheide ich aus einer plötzlichen Laune heraus. »Und keine Fälle von *lipis* (dem sogenannten Ostküstenfieber, auch Afrikanische Theileriose)?« Ich beginne, mich wie eine Kasse zu fühlen, die längst getätigte Ausgaben registriert. Mittlerweile bin ich mir ziemlich sicher, dass man mich einzig und allein zu dem Zweck ausgewählt hat, damit ich für eine längst an höchster Stelle gefällte Entscheidung bürge, nämlich den Bau von nicht weniger als 30 Tauchbädern (Cattle Dips) im Kampf gegen eine Seuche, die niemals ausgebrochen ist.

»Ich habe einen jungen Mann in meinem Alter getroffen, einen gewissen Lenyakopiro, der unbedingt mit mir sprechen wollte. Er berichtete mir, dass er seinen Onkel, der in Maralal im Distriktrat arbeitet, mehrfach zusammen mit einem Weißen gesehen hätte. Einmal, als er sich von seinem Onkel im Auto nach Maralal mitnehmen ließ, um dort seine Malaria behandeln zu lassen, und – auf der Rückbank liegend – aus einem Fiebertraum erwachte, wurde er Zeuge einer Unterhaltung, die gewiss nicht für seine Ohren bestimmt war. Auf dem Beifahrersitz hatte jener Weiße Platz genommen, mit dem er seinen Onkel schon mehr als einmal angetroffen hatte. Lenyakopiro hat jedenfalls mit eigenen Augen gesehen, wie der Weiße seinem Onkel eine größere Geldsumme überreichte. Dann sagte er etwas wie ›Wenn das klappt, bekommst du das Doppelte!‹ zu ihm.«

Simon hält es nun vor Erregung nicht mehr auf seinem Platz. Ich dränge ihn weiterzureden: »Hat er dir auch erzählt, was dieser Weiße im Lande macht?«

»Was glaubst du denn? Ich habe ihn natürlich nicht ziehen lassen. Aber ich muss dir sagen, dass auch ich eine gewisse Summe zahlen musste, damit er redete ...«

»Aber hoffentlich nicht so viel, wie der Weiße gezahlt hat?«, entgegne ich, nicht ohne Humor.

»Nein, viel mehr!«, antwortet er und schüttet sich aus vor Lachen.

»Also?«, frage ich und bin mir nun sicher, zum Kern der Sache vorzustoßen. Bis jetzt habe ich mich hier immer ein wenig im Abseits gefühlt – als Beobachter, sozusagen als Tourist. Auch wenn Simon sich als idealer Begleiter erwiesen hat, den ich sogar manchmal mit Yiaro verwechsele, teile ich doch nicht den Alltag mit den Leuten, lebe nicht mit ihnen zusammen im Dorf, lege keine langen Strecken zu Fuß zurück und tauche nicht plötzlich mit meiner Rosinante irgendwo auf, kurz: Ich bin eher ein Beobachter denn ein Teilnehmer, weshalb ich mich hier nicht wirklich wohl und mit mir im Reinen fühlen kann! Jetzt bin ich ein Stück weitergekommen und fühle mich involviert! Doch wohin wird das führen?

»Also, du wirst lachen, aber er sagte mir schließlich, er habe das Auto des Weißen gesehen: einen himmelblauen Pickup. Auf der Tür prangte ein Logo – ein Kreis mit einem Totenkopf, dazu ein Kürzel, von dem er sich aber nur die ersten beiden Buchstaben merken konnte: B und A. Weißt du, was das heißen könnte?«

»Allerdings!«

Der aufkeimende Ekel macht schnell der Vorsicht Platz. Es wird von nun an am besten sein, als Chamäleon aufzutreten, und ich entscheide mich, niemandem, nicht einmal Simon, den Namen des Unternehmens zu nennen. Bin ich paranoid? Ich folge nur meiner Intuition, wie ich es bei den Massai gelernt habe. Ich nehme mein Notizbuch und schreibe automatisch BA ... Nein! Ich werde diesen Namen nicht einmal aufschreiben! Wenn ich nur an diesen multinational operierenden Chemiekonzern deutschen Ursprungs denke, der so sehr vom Zweiten Weltkrieg profitiert hat, wird mir ganz schlecht. Waffen, Rohstoffe, Medikamente ... dazu die dreiste Gewissheit der Händler, dass ihnen niemand etwas anhaben kann ... Auf geht's! Es lebe die allgemeine Gleichgültigkeit!

»Du darfst mit niemandem darüber sprechen!« Merkwürdig, wie

ein kleines Teil des Puzzles plötzlich die ganze Angelegenheit erhellt! Ich bin hierhergekommen, weil mich zunächst Kenny und später das französische Ministerium für Auswärtige Angelegenheit darum gebeten haben. So weit, so gut. Frankreich und auch die EU stellen sich keine metaphysischen Fragen. Was also ist geschehen? Überlege gut, *olperon*! Im kenianischen Ministerium sitzt ein Franzose, der an diesem Projekt mitarbeitet. Gemäß dem Beschluss der Behörden des Distriktes Samburu ruft er diverse Mikroprojekte ins Leben, deren Sinn von den ansässigen Alten und Weisen einhellig bestätigt wird. Doch wie es heutzutage üblich ist, wird zur letzten Absicherung ein Anthropologe ins Feld geführt. Das einzige Problem in diesem Fall: Der Anthropologe bin ich, und ich bin zudem von … Kenny ausgewählt worden. So hatten sie sich das aber nicht gedacht, diese Leute in den Dienststellen, in denen über das Schicksal der Menschen im »Süden«, wie man es heute auszudrücken pflegt, entschieden wird. In dieser Sekunde geht mir ein Licht auf, und ich verstehe, warum Kenny darauf beharrt hat, dass ich hierherkomme und die Untersuchung zu den Cattle Dips durchführe. Und bin stolz auf sein Vertrauen!

Wie bei diesem Spiel jeder auf seine Kosten kommt! Mit den Cattle Dips verhält es sich in etwa so wie mit den Impfkampagnen in unseren Ländern: Die, ein wenig forcierte, regelmäßige Anwendung führt zu Gewinnen bei dem multinationalen Chemiekonzern und zum Verlust der natürlichen Abwehrkräfte – in diesem Fall die der Rinder. Mit der Marginalisierung der Verantwortung der Hirten wird das Hirtennomadentum an den Rand der Gesellschaft gedrängt, und die traditionelle Wirtschaftsform kann nach und nach durch ein Unternehmertum ersetzt werden, das bereitwillig den internationalen Fleischmarkt bedient. Zu diesem Schluss bin ich im Laufe der zwei Jahre gekommen, in denen ich bei den Massai gelebt habe, und bis heute – da ich über 20 Jahre später diese Zeilen schreibe – habe ich meine Meinung nicht geändert.

»Eine letzte Frage, Simon! Glaubst du, dass dieser Mann, der den Onkel deines Freundes bestochen hat, ausgerechnet auf Barsaloi verfallen ist, weil die Menschen hier schwächer sind? Oder warum hat er Barsaloi gewählt?«

»Das ist es nicht. Ich habe eine andere Erklärung. In unserer Kultur leben Geschlechter und Clans für sich und mischen sich nicht. In Barsaloi dagegen mischen sie sich, was ein gewisses Chaos mit sich bringt. Beispielsweise haben sich neulich die Morane geprügelt, was zu enormen Spannungen geführt hat. Du weißt, dass wir uns hier sehr von den Massai wegentwickelt haben: Die Morane eines jeden Familienclans bilden ihren eigenen »Klub«, was so lange funktioniert, wie sie auf dem Territorium der Familie leben und sich nicht mit den Moranen anderer Clans mischen. Normalerweise wird jeder Moran im Rahmen seiner Initiation mit seinem Klub in eine größere Gruppe von etwa 60 Männern integriert, die man als die Gruppe »mit der gleichen Haartracht« bezeichnet. Stirbt einer von ihnen, sind alle anderen Mitglieder seines Clans verpflichtet, sich den Schädel zu rasieren. In diesem Fall aber haben sich mehrere, einem anderen Clan angehörenden Männer zu dem Clan des Verstorbenen zugehörig gefühlt und sich ebenfalls das Recht herausgenommen, sich den Schädel zu rasieren, was eine Massenschlägerei zur Folge hatte.«

»Du sagst, sie hätten sich ebenfalls den Schädel rasiert. Aber warum?«

»Man sagt, wegen der Haare des Verstorbenen. Sie wollten die Verunreinigung ihrer Haare verhindern.«

Donnerstag, 31. Oktober, auf der Piste nach Oloyiangalani, unterwegs in die Lkees-Ebene, 10.30 Uhr

Mein Schweiß fließt in Strömen, denn es herrscht eine schier unerträgliche Hitze. Ich wende mich zu Simon, der pflichtschuldig eine Grimasse schneidet. Ich schmunzele, doch als ich einen Blick in den Rückspiegel werfe, kommen mir die Lachtränen: Ich bin auf einen Schlag um 20 Jahre gealtert! Bei jedem Schlagloch wirbelt unser Geländewagen noch mehr Staub auf, der dann vom Heck durch das schlichte Stoffverdeck eindringt. Die Scheiben bleiben selbstverständlich heruntergekurbelt. Den Blick auf die verwaiste Sandpiste geheftet, inhaliere ich mit tiefen Zügen die brennend heiße Luft, denn ich verspüre das Bedürfnis, meine Lungen auszulüften, als hätte ich zuvor giftige Gase eingeatmet. Ein Teufelskreis, denn dabei schlucke ich nur noch mehr Staub.

Gleich hinter Barsaloi ist die Piste schmaler geworden und schlängelt sich nun mühsam durch das hügelige, menschen- und tierlose Land. Meine Bitte um eine Eskorte hatte ich zurückgezogen, um nicht noch länger auf eine Zusage warten zu müssen. Notgedrungen verzichte ich auch auf die guten Dienste meiner Rosinante, doch dass ich untätig in einer Dienststelle herumsitzen und mich auf den nächsten Tag vertrösten lassen soll, sehe ich nicht länger ein. Ich habe mich also entschlossen, das Problem auf Massai-Art anzugehen, indem ich selbstbewusst auftrete und mir einrede, dass schon alles gutgehen wird. Was mich allerdings nicht davon abhalten kann, jedes Mal, wenn der Jeep eine Anhöhe erklommen hat, inständig zu beten, dass aus dem Grasbüschel hier oder dem Busch dort keine Maschinengewehrsalve auf uns abgefeuert wird. Denn in der Tat machen seit dem letzten Jahr aus Äthiopien stammende, mit Schnellfeuergewehren bewaffnete Banden die Region unsicher, und so sieht man nicht selten Morane, die ein Gewehr geschultert tragen, welches ihnen die Behörden zur Verteidigung der lokalen Bevölkerung gegenüber dieser neuen Art der Aggression ausgehändigt haben …

Die Dörfer Baragoi und South Horr und die hubbelige, von tiefen Querrillen verunstaltete Piste sind einem ebeneren Weg gewichen, der uns über eine endlos weite, mit Gras bewachsene Ebene führt, aus der die am Ostufer des Turkanasees stehenden blauen Kegel der Vulkane Nyiru, Mara und Kulal ragen. »Hast du die vielen Kamele gesehen«, fragt Simon und imitiert das Symbol einer bekannten Zigarettenmarke. Noch nie zuvor habe ich ihn derart konzentriert gesehen. »Sie haben sich bei den Samburu immer mehr eingebürgert, denn sie kommen gut mit der Trockenheit zurecht. Wahrscheinlich hast Du sie in Barsaloi, bestimmt aber in Raraiti bemerkt! Doch ich bin sicher, dass du den wirklichen Grund nicht kennst!«

»Du sagtest doch, sie könnten sich besser als die Rinder an die Trockenheit anpassen!«

»Der eigentliche Grund ist der: Viele Alte lehnten die Trockenmilch von Pater Aldo ab. Nun mussten die Rinder aber alle auf der Suche nach neuen Weidegründen die Nähe der Dörfer verlassen, und so benötigte man dort einen Ersatz für die Kuhmilch. Also hat man sich rund hundert Kamele beschafft. Das war im letzten Jahr. Das lief so gut, dass zu Beginn dieses Jahres weitere 200 Tiere hinzukamen – von den Turkana aus Oloyiangalani und im Tausch gegen die gleiche Anzahl von Rindern.«

Nach der mineralischen Leere, die wir soeben durchquert haben, mutet dieses wimmelnde Leben merkwürdig fremd an. Das Gras hier ist herrlich grün, und die große Zahl der Rinder (zum Glück gibt es noch einige!) lässt hoffen, dass es nahrhaft ist. Angesichts zweier Morane, die es sich am Rande der Piste auf einem Basaltstein gemütlich gemacht haben, schlage ich Simon vor, anzuhalten und ihnen ein paar Fragen zu stellen. Als ich bremse, springen sie auf und ergreifen ihre Lanzen. Simon spricht sie sofort in ihrer Sprache an, und ich mache ihnen ein Handzeichen. Zum Glück sehe ich anders aus als die mit Kalaschnikows bewaffneten Räuber, die ihnen das Vieh stehlen! Auf dieser berüchtigten Piste kann man nicht vorsichtig genug sein, um jede womöglich missverständliche Geste zu vermeiden. Die Lanzen dieser beiden Morane sind nicht spitz zulaufend wie die *eremet* der Massai, sondern bestehen aus einem zylindrischen Griff aus Metall, der mit einer sehr kleinen, ovalen Klinge verlängert wird. Angesichts der offensichtlichen Unterlegenheit gegenüber den Waffen ihrer potenziellen Gegner ist ihr Misstrauen nur allzu verständlich! Bevor ich aus dem Wagen steige, schüttele ich mir den Staub aus den Haaren, denn ich will sie nicht noch ein zweites Mal erschrecken. Dabei wirke ich neben ihnen so klein, als würde ich nicht stehen, sondern sitzen. Ich habe die Unterhaltung zwischen ihnen und Simon nicht ganz verstanden, aber sie hat sie zumindest sichtlich erheitert! Um mir weniger lächerlich vorzukommen, schlage ich vor, Platz zu nehmen. Sie stimmen zu, und gleich fühle ich mich deutlich wohler … Ihre nackten Oberkörper haben sie mit Strängen roter und schwarzer, sehr großer Perlen behängt, und ihr Kopfhaar ist mit einem dünnen gelben Stoff bedeckt, der im Wind flattert wie ein von der Sonne beschienenes Goldband. Beim Sprechen gestikulieren sie vor allem mit ihren großen, sehr schönen Händen, die ihrem Wesen auf faszinierende Weise Ausdruck verleihen. Als ich unerwartet Maa rede, beginnen ihre Augen zu strahlen. Ich nutze die Gunst des Augenblicks, um sie zu fragen, ob sie von hier sind.

»Nein, wir stammen aus Louwa, nicht weit von Barsaloi.«

»Den ganzen Weg seid ihr gekommen?!«

»Ja. Es ist weit, aber wir Morane sind das gewohnt. Nicht umsonst nennt man uns die ›Besitzer des Landes‹!«

»Aber das Gras ist schon ganz gelb! Ist es denn noch gut?«

»Sicher! Habt ihr denn nicht die vielen Tiere hier gesehen – ganz außergewöhnlich! Außerdem haben wir keine andere Wahl. Normalerweise kommen wir nicht hierher, und selbst die Menschen, die in der Nähe leben, lassen ihre Tiere nur während der Regenzeit hier weiden. In der Trockenzeit ziehen sie mit den Rindern an die Hänge des Kulal. Doch dort wie auch in Barsaloi wächst kein einziger Grashalm mehr.«

»Unser großes Problem in der Lkees-Ebene ist die fehlende Wasserstelle. Im Umkreis von 40 Kilometern gibt es keine einzige. Für unsere Kamele ist das kein Problem, doch die Rinder können ohne Wasser nicht so lange aushalten. Etwa alle vier Tage führen wir sie zu dem Brunnen von South Horr am Fuße des Nyiru.« Während sie sprechen – und ich sage sie, weil sie entweder im Chor sprechen oder sich abwechseln – haben die großen, menschenverachtenden Tiere, die Kamele, ihre Mahlzeit im Stich gelassen und sind zur Inspektion der Kühlerhaube zu meinem Jeep hinübergeschlendert. Ich stelle noch eine letzte Frage, die sich auf die Schädlinge bezieht: »Haben Eure Rinder unter den Zecken gelitten?«

»Zecken?«, fragt der eine ungläubig. »Zecken gibt es hier keine, und wenn, dann nur sehr wenige. Von Zeit zu Zeit bürsten wir das Fell der Rinder aus, und dazu verwenden wir ein Mittel, das man in Wasser auflöst. Außerdem nutzen wir die Kerne der Akazienfrucht und stellen eine Paste aus der Asche der Haut eines Wasserbocks oder den Früchten eines dornigen Baumes (auf Maa: *sumuroi*) her.«

»Und gibt es hier *lipis*?«

»Niemals! Nur auf dem Hochplateau von Maralal! Und Zecken gibt es nur wenige, schon gar nicht in besonders trockenen Zeiten wie jetzt. Da kümmern wir uns um ganz andere Dinge, da geht es in erster Linie darum, Gras und Wasser zu finden!«

»Und was haltet ihr von Cattle Dips? Es gibt einen Plan, in der Ebene etwa 30 Stück zu installieren!«

»Das verstehe ich nicht, das ist unnütz und gefährlich, aber man strebt es an. Man will uns zerstören.«

»Wer ist ›man‹?«

»Ihr solltet euch mit Lemerdete treffen, er ist stellvertretender Chief in Ngelai, in der Nähe von Baragoi. Der kann euch Dinge erzählen ...«

Der schwarze Fels ergießt sich wie ein Lavastrom über den glitzernden Sand im ausgetrockneten Flussbett des Serelbarta. Ich knie mich an den Rand des Loches, um zu sehen, was sich unterhalb des Gesteins befindet, denn das mysteriöse Echo der hohen Stimmen und des Gelächters, das aus den Eingeweiden der Erde zu kommen scheint, zieht mich geradezu magnetisch an. Ich tauche meinen Kopf ins Dunkel und gewahre eine Welt des Wassers, in der es von jungen Mädchen wimmelt, die wie durch ein Wunder auf einer Stufe aus weichem Gestein stehen und pausenlos damit beschäftigt sind, sich vornüberzubeugen und mit einem Blechkanister voll Wasser wiederaufzurichten. Das Ganze geschieht äußerst flink und mit präzisen Bewegungen auf sehr begrenztem Raum. Ich ziehe meinen Kopf aus dem Loch heraus, als mich ein Mädchen streift, das seinen Behälter an den Rand stellt. Sie ist von atemberaubender Schönheit, und als sie für einen kurzen Moment aus dem Dunkel des Brunnens hinauf ans bernsteinfarbene Licht kommt, leuchtet ihre Haut in sattem Ocker, und ihre Perlen strahlen rot. Bäuchlings auf dem Fels liegend, fühle ich mich eins mit Mutter Erde, und mit jeder Körperzelle spüre ich die hymnischen Schwingungen dieser wertvollen Quelle, die uns am Leben hält. Fast ekstatisch und mit strahlendem Gesicht richte ich mich auf. »Und? Ist er nicht großartig, mein Brunnen?«, fragt mich Lemerdete voller Stolz.

»Haben Sie diesen Brunnen gegraben?«

»Ja, zusammen mit meinen Brüdern. Er ist sechs Meter tief und noch nie versiegt.«

Seit gestern wohne ich in seinem Dorf. Ich schlafe in seiner Hütte, einem Kuppelbau aus Kuhmist und geradezu ideal, um mich ein wenig zu regenerieren. Fast ein Jahr ist es her, dass ich das letzte Mal auf einem großen Bett aus Tierhäuten geschlafen habe, mit gerade dem richtigen Maß an Komfort, um mich total wohlzufühlen ... Und seine Frau gleicht *Mamai* wie ein Tropfen Wasser dem anderen. Zu meinen Ehren hat Lemerdete einen Hammel geopfert, doch als ich schließlich am Feuer auf die Zecken zu sprechen kam, wurde er ganz steif und flüsterte mir ins Ohr: »Nicht hier! Morgen, am Fluss ...« Da sind wir nun, und um ihn ein bisschen gesprächig zu machen, frage ich: »Ist es für die Mädchen nicht zu gefährlich? Ich habe gesehen, dass sie lange Röcke und ihren gesamten Perlenschmuck tragen.«

»Sie sind das gewohnt, aber in dieser Jahreszeit kann der Brunnen schnell zu einer tödlichen Falle werden!« Der Mann, ein faltenloser, muskulöser Typ, trägt zu seinem knöchellangen, somalischen Rock ein weißes Baumwollhemd von strenger Eleganz. In der rechten Hand hält er eine Art Golfschläger aus Ebenholz, der bei den Massai als Symbol für Autorität gilt. Meine Erfahrung sagt mir, dass er sich so kleidet, um mir Respekt einzuflößen und … um sich zu einem Mahl an den Tisch zu setzen. Ich bete zu *Enkai*, dass ich recht haben möge.

»Was verstehen Sie unter einer tödlichen Falle?« Wie beiläufig nehme ich an seiner Seite Platz auf der Luftwurzel einer Wilden Feige, die sich an die Uferböschung klammert – offensichtlich nur zu dem Zweck, den von ihrer Arbeit an der Wasserstelle ruhenden Mädchen einen lauschigen Schattenplatz zu bieten. Die Feige ist der heilige Baum der Massai. Schattenspendende Fähigkeiten im übertragenen Sinne werden auch Männern zugeschrieben, die über die Gabe des Zuhörens und Redens verfügen. Ist es ein Sinnbild für diesen gesetzten Mann?

»Naja, das Gestein ist extrem bröckelig, und dann stehen die Mädchen dort unten sehr gedrängt und praktisch direkt an der Steilwand, wenn sie ihre Behälter heraufholen. Das ist wirklich eine harte Arbeit, und ich bewundere sie dafür. Sie haben sie gehört, nicht wahr? Sie sind glücklich, dass sie so zum Lebensunterhalt beitragen können. Wirklich gefährlich wird es erst, wenn es geregnet hat und der Fluss Wasser führt. Es ist schon mehrfach vorgekommen, dass ein Mädchen nicht rechtzeitig aus der Tiefe hinaufkommt und ertrinkt.« Ich unterbreche ihn und beobachte eine neue Gruppe junger Mädchen, die mit bunten Kanistern zum Wasserloch unterwegs ist.

»Und in ganz Ngelai ist allein Ihr Brunnen funktionstüchtig?«, frage ich ihn, denn ich ahne, dass diese Tatsache für meine Untersuchung von großer Bedeutung ist.

»Das ist wirklich eine gute Frage! In letzter Zeit haben sich diverse Zuchtbetriebe am Ufer des Flusses angesiedelt, und zwar auf 15 Kilometern Länge. Sie haben offensichtlich problemlos Eigentum erwerben dürfen. Die große Schwierigkeit ist nun, dass sie allen, die unterhalb der Betriebe ihre Brunnen gegraben haben, den Zugang verwehren!«

»Und warum nutzt man nicht den künstlichen See von Ngelai?«
Ich habe diese Fläche klaren Wassers, die nur zwei Kilometer in Richtung Westen liegt, bereits bei meiner Ankunft bestaunt.

»Wissen Sie, ich habe Ihnen ja bereits erklärt, dass ich traditionell erzogen wurde, aber zugleich als stellvertretender Verwaltungsdirektor dieser Region arbeite. Ich muss darauf dringen, dass diese Unterhaltung unter uns bleibt. Sie sind ein guter Mensch, ich vertraue Ihnen! Das Regenwasser im Ngelai-See ist von bester Qualität und nicht einmal salzhaltig, und Sie haben es ja gesehen: Trotz der extremen Trockenheit hat sich der Wasserstand nicht verändert. Was hier passiert, ist schrecklich. Man nimmt uns Land weg und lässt uns spüren, dass wir es nicht verdienen und dass wir es denen übergeben müssen, die damit arbeiten. Sie nennen es Entwicklung, und die sollen wir hinnehmen. Das ist der Grund. Mein Chef, der Senior Chief Lemonke – ein engstirniger Samburu – hat diese Umstände geschickt ausgenutzt und diverse Vorteile für sich herausgeholt. Vor allem hat er sich ein riesiges Territorium, das den See einschließt, angeeignet und dort eine Ranch aufgebaut, und nun setzt er sich für andere, hochgestellte Persönlichkeiten ein …«

Damit hat Lemerdete eigentlich schon zu viel erzählt – oder zu wenig, wie man es nimmt … Ich bin jedenfalls auf der richtigen Spur, aber ich darf es nicht übertreiben, so wie gestern; wenn ich mich als Inquisitor aufspiele, wird er sich sperren. Ich werde ihm also zuhören, vielleicht auf eine Äußerung zurückkommen und auf keinen Fall den roten Faden verlieren! »War es denn gutes Weideland, das der Chef für sich beansprucht hat?«, frage ich unschuldig.

»Gutes Weideland? Es war das Beste! Wir haben uns dieses Land für die trockene Zeit aufgespart und sind nie vor Juni dorthingezogen. Wir, also die traditionellen Hirtennomaden, haben bis heute fast 80 Prozent unseres Viehbestandes verloren. Beispielsweise habe ich noch vor einem halben Jahr 600 Rinder besessen, von denen mir heute nur noch 60 geblieben sind!«

»Woran sind die anderen gestorben?«

»Woran? Keine Ahnung! Sie waren einfach erschöpft, weil sie zu lange Strecken zu den Wasserstellen zurücklegen mussten und es ihnen an nahrhaftem Gras gefehlt hat, so einfach ist das!«

»Und die Tiere des Senior Chief? Haben die auch gedarbt?«

»Aber nein, der hat nicht ein Rind verloren! Unser Weideland hat ihm geholfen, während unsere Tiere verhungert sind. Finden Sie das nicht auch ungerecht?«

»Und er besitzt die gleichen Rinder wie Sie?«

»Nein, seine zählen ausschließlich zur Rasse der High Breeds; sie werden gemästet und mit maximalem Profit wieder verkauft.«

Damit wären wir am entscheidenden Punkt angelangt, und so erlaube ich mir die Frage, ob der Senior Chief denn einen Cattle Dip besäße.

»Ja, er hat einen. Die Rinder seiner Rasse müssen zweimal wöchentlich in dem Insektengift baden, sonst sterben sie.«

Ich pokere weiter: »Aber ich dachte, es gäbe in der Lkees-Ebene keine Zecken?!«

»Ja, das stimmt, es gibt nur wenige Zecken, und gegen die haben unsere Massai-Rinder eine gute Abwehr, doch die exotischen Rassen sind erst kurze Zeit im Land und haben noch keine Resistenz gegen die Zecken entwickelt. Für sie sind die Cattle Dips unentbehrlich.«

Aus dem Augenwinkel sehe ich auf dem Sand am Rand des »singenden Brunnens« eine bräunliche Masse anschwellen. Die Mädchen, die bis eben Wasser geschöpft haben, lassen sich von einer neuen Gruppe ablösen. Der Stellvertreter greift nach der zylindrischen Tabaksdose, die an seinem Hals baumelt, und entnimmt ihr ein paar der kostbaren Krümel. Nachdem er ein wenig Tabak zum Mund geführt hat, will ich die Angelegenheit endlich auf den Punkt bringen: »Wenn ich es also richtig verstanden habe, dann sind die 30 Cattle Dips, die die Behörden hier in der Ebene planen, zu nichts nütze?!«

»Nein, sie sind absolut sinnlos!«, antwortet er trotzig, um fortzufahren: »Wenn Sie wüssten ...«

Ich spüre, dass er mir am liebsten alles erzählen würde. Doch er zögert. Ich schaue ihm fest in die Augen, damit er sich überzeugen kann, dass ich wirklich auf seiner Seite stehe. Ich warte, und schon bald setzt er seine Rede fort: »Was ich Ihnen jetzt erzähle, muss unbedingt unter uns bleiben, sonst ist mein Leben in Gefahr – bei dieser Geschichte!«

»Sie haben mein Wort.«

»Die ganzen Pläne auf höchster Ebene haben zum Ziel, das Hirtennomadentum, das wir seit Ewigkeiten praktizieren, zu schwächen und abzuschaffen – ganz im Geheimen, mithilfe von Einschüchterung und Gewalt. Hier in unserer Region ist ihr Mann der Senior

Chief, in Barsaloi und Umgebung wird es einen anderen geben. Im Gegenzug für seine Loyalität hat er Besitzrechte erhalten, und seine Gefolgsleute haben längs des Flusses den Zuschlag bekommen. Wir dagegen sind gezwungen worden, uns zu einer Group Ranch zusammenzuschließen, zu der ausschließlich schlechte Weiden gehören. Diese Umstände werden über kurz oder lang unser Ende bedeuten. Und genau das ist es, worauf sie es abgesehen haben: uns auszurotten und durch riesige private Zuchtbetriebe zu ersetzen, die mit High Breeds, Cattle Dips und Boreholes (gebohrten Brunnen) arbeiten!«

Es folgt eine Stille, die mir wie eine Ewigkeit vorkommt. Im hellen Mittagslicht tanzen die Fliegen, und das vom Wasserloch herüberschallende, gedämpfte Gelächter klingt wie eine esoterische Botschaft, die noch entschlüsselt werden muss. Doch dann fordert die Wirklichkeit erneut ihren Tribut. Dieser Mann hat mir eine Menge erzählt, aber ich glaube, dass er noch mehr weiß. Ich benötige von ihm eine Bestätigung für die Information aus Barsaloi bezüglich des geheimnisvollen Weißen von »BA …«. Und so frage ich ihn ohne Umschweife: »Haben Sie schon etwas von einem weißen Mann gehört, der einigen Samburu Geld gibt, damit sie ihre Leute davon überzeugen, den Bau und massiven Einsatz von Cattle Dips hinzunehmen?«

»Oh! Ich sehe, Sie sind gut informiert und kommen nun zum Kern Ihrer Untersuchung. Seien Sie vorsichtig! Der Mann ist sehr einflussreich, er hat eine Menge Geld zu verteilen, und er sät den Tod. Auch mich hat er versucht zu kaufen, aber natürlich habe ich abgelehnt …«

»Was will er, dieser Weiße? Für wen arbeitet er?«

»Den Namen seiner Firma kenne ich nicht. Aber ich weiß mit Sicherheit, dass er im Auftrag der Hersteller von Schädlingsbekämpfungsmitteln arbeitet. Aber nehmen Sie sich vor ihm in Acht! Er hat alle Führungspersonen unseres Landes bestochen. Außer mir werden Sie nicht viele Leute treffen, die es wagen, ihm die Stirn zu bieten. Das ist zu gefährlich geworden … Tun Sie mir bitte einen Gefallen: Wenn Sie in Ihr Land zurückkehren, erzählen Sie bitte allen Menschen mit Herz, was hier passiert, und zwar aus reiner Geldgier – als könne man mit Geld die Erde retten! Im Gegenteil: Es zerstört sie! Ich glaube, wir werden zugrunde gehen.«

Obwohl die Sonne gerade erst über den Horizont lugt, bin ich bereits schweißgebadet. Ich wende mich an Simon und schlage ihm ein Spiel vor:»Wer von uns als Erster eine auf der Seite liegende Kuh sieht, gewinnt ein kaltes Bier in einer Lodge in Maralal!« Er schüttelt verständnislos den Kopf:»Ein auf der Seite liegendes Rindvieh? Hier gibt's nichts anderes!«

»Du hast recht, aber ich meine ein Tier, das noch nicht tot ist, oder zumindest nicht länger als 24 Stunden.«

»Du weißt doch, was hier los ist. Ein Rind, das am Morgen verendet, ist am Abend nur noch ein Gerippe. Wir müssen also einen noch intakten Kadaver entdecken, dann können wir sicher sein, dass das Tier erst kürzlich sein Leben ausgehaucht hat!«

Ich nicke und lächle ungläubig angesichts seines grotesken Starrsinns. Unterdessen treffe ich Vorbereitungen, um mein Geheimrezept anzuwenden, das wiederum von … Kenny stammt! Vor meiner Rückkehr nach Frankreich hatte er mir von einem gewissen Roy Benton berichtet, einem Experten für Zecken – und vor allem unbestechlich! Sobald ich wieder kenianischen Boden unter den Füßen hatte, habe ich ihm einen Besuch abgestattet. Ich denke an seine ersten Worte und könnte jubeln:»Aber in dieser Region gibt es keine Zecken, was wollen Sie dort? Werden Sie dafür bezahlt?« Nachdem ich von meinem Projekt erzählt hatte, stellte er mir eine kleine Kiste mit zehn sterilen Spritzen zusammen. Meine Aufgabe: sterbenden Rindern etwas Blut abzunehmen und dieses innerhalb von 48 Stunden zu ihm nach Nairobi zu schaffen …

Überall liegen ausgeweidete Gerippe, die allesamt einen Verwesungsgeruch verströmen, der mir Übelkeit bereitet, doch ich vertraue den Hyänen und ihren fliegenden Brüdern, den Geiern. Kaum zu glauben, wie sie, die man nirgendwo sieht, solange kein Aas in der Nähe ist, es in Rekordzeit schaffen, die ganze Ebene sauberzuhalten und zu verhindern, dass sich Seuchen ausbreiten! Der Jeep ruckelt und wirft uns hin und her, und plötzlich habe ich den Eindruck, dass es steil bergauf geht. Tatsächlich wird die Piste immer unwegsamer, und ich muss in den ersten Gang wechseln. Den Blick fest auf den Berg geheftet, wische ich mir regelmäßig den Schweiß aus den Augen. »Das geht jetzt schon viele Kilometer so, nimmt das denn nie ein

Ende?«	Anstatt meine Frage zu beantworten, entgegnet Simon mit einem triumphierenden Lächeln:»Na also! Ich habe mir ein Tusker Premium verdient!«

»Du siehst was? Wo? Ich kann nichts entdecken!«

»Doch, dort links, hinter der Baumgruppe …«

»Hör zu, ich sehe nichts, und ich kann hier auch nicht suchen und schon gar nicht anhalten, sonst kommen wir nie wieder hier weg! Fahren wir weiter bis nach oben und kehren zu Fuß zurück, okay?« Ich muss schreien, um das Motorengeräusch zu übertönen.

Am Ende der zumindest für die Reifen beängstigenden Steigung angekommen, parke ich irgendwo. Bloß raus! Simon ist schon ausgestiegen. Ich nehme die Spritzen und folge ihm. Zunächst müssen wir ein Felsmassiv umrunden, dessen Silhouette aussieht wie Irokesenhaar im Gegenlicht, dann gehen wir auf einem Pfad, der dem Rand einer Senke folgt, und müssten nun dort sein, wo laut Simon das verendende Rind liegt. Meine Schritte werden schneller, und meine Stimmung hellt sich auf. Sobald ich querfeldein unterwegs bin – und genau das ist es gewesen, was mir seit meiner letzten Ankunft im Lande gefehlt hat! –, gewinne ich mein inneres Gleichgewicht, meine Lebensfreude und meine geistige Freiheit zurück. Plötzlich ist alles möglich!»Ganz klar: Der Aufenthalt in Busch und Steppe ist für mich so wichtig wie die Luft zum Atmen.«

»Wie bitte?«, fragt Simon im Umdrehen.

»Nichts! Ich habe nur ein Selbstgespräch geführt. Bist du sicher, dass es nicht weiter östlich war?«

»Ich dachte, du hättest nichts gesehen … Lass mich nur, ein Massai irrt sich nie!«

»Nur dass du ein Samburu bist und *ich* der Massai bin!«

Ein hilfloses Brüllen ertönt und weist uns die Richtung. Ich kämpfe mich einen steinigen Hang mit Dornengestrüpp und hohen, schneidenden Gräsern hinauf. Hinter dem Schwarz der Zweige eines verkümmerten Busches sehe ich Rot, sehr viel Rot. Es sind drei Morane, nein vier, die sich unterhalten. Zu ihren Füßen liegen mehrere Rinder, einige weitere halten sich noch auf den Beinen, doch das werden sie nicht mehr lange durchhalten.

»Soll ich sie fragen, was los ist?«, erkundigt sich Simon von hinten über meine Schulter hinweg, als sei er plötzlich eingeschüchtert. Ich schaue den Hang hinunter, dessen strahlendes Weiß sich gegen die schwarze Vulkanlandschaft der Umgebung abhebt, und nicke. Nachdem wir uns vorgestellt und ihnen den Sinn unseres Ausflugs erklärt haben, erkundigt sich Simon, woher sie stammen. »Wir sind aus Ongata Nanyokie. Hier gibt es Salz und noch ein wenig Gras. Dieses massenhafte Sterben kommt für uns unerwartet. Gestern noch ging es unseren Tieren ganz gut. Wir verstehen nicht, was los ist …«

»Erlaubt ihr, dass ich eine Blutprobe nehme? Ich verspreche euch wiederzukommen und euch über die Krankheit der Tiere zu unterrichten.«

»Ja, natürlich. Tu das! Diese Rinder sind jedenfalls verloren!«

Ich lasse mich nicht zweimal bitten und mache mich in der Vorstellung, mein Tun geheimhalten zu müssen, schnell an die Arbeit, als könne jederzeit eine Bande mordender Söldner im Dienst der multinationalen Chemiemafia auftauchen. Ich knie mich dicht neben einem der sich in Krämpfen windenden Opfer nieder, öffne die Schachtel, entnehme ihr eine Spritze, reiße die sterile Plastikfolie auf, und ohne weiteres Nachdenken stoße ich dem Tier den Zylinder in die Kehle. Diesen Vorgang wiederhole ich, bis mir nur noch eine Spritze bleibt, die ich – für alle Fälle – aufbewahren will. Ich erhebe mich, vom langen Knien schon ganz eingerostet und total verschwitzt, und unterbreche Simon, der ganz in seine Unterhaltung mit einem der »Besitzer des Landes« vertieft ist, weil mir gerade klar wird, dass ich heute noch nach Nairobi muss, um diese erstklassige Gelegenheit, ein weiteres Teil in das Puzzle der Wahrheit einzufügen, nicht leichtfertig zu verspielen.

»Wohin fahrt ihr jetzt?«, fragt uns einer der Morane.

»Nach Nairobi, über das Leroki-Plateau, wo wir auf der Group Ranch von Loodokejek einen Zwischenstopp machen.«

»Loodokejek? Aber da leben doch mehrere meiner Onkel! Ihr müsst unbedingt Lesiamito von mir grüßen, der weiß genau Bescheid über die Geschichte der Group Ranches. Wenn ihr aber die Mitglieder des Kommitees befragt, das die Einrichtung leitet, dann werdet ihr nichts erfahren: Sie sind alle korrupt!«

»Und wie heißt du?«

»Mein Name ist Leunya …«

Ich habe den Ratschlag von Leunya befolgt. Nach einer etwas mühsamen und durch mehrfaches Fragen nach dem Weg unterbrochenen Fahrt hinauf zum Plateau, das über tausend Meter höher liegt als das glutheiße Barsaloi, kommt uns das Dorf seines Onkels vor wie eine Postkartenidylle: nicht weniger als 39 traditionell gebaute Hütten, die sich harmonisch an den Rand eines gelblichen Waldes von Fieberbäumen schmiegen. Normalerweise trifft man mitten am Tag keine Menschenseele in einem Dorf an – zumindest meine ich das aus meinen Zeiten bei den Massai so zu erinnern. Doch wir haben Glück! Lesiamito, ein anmutiger Alter mit zerknittertem Gesicht, befindet sich im Dorf, denn er erwartet Besuch ...

Nachdem ich ihm einen kleinen Überblick über meine Studie und meine Absichten gegeben habe, reicht er jedem von uns einen Hocker, und wir ziehen zu dritt durchs Dorf auf der Suche nach einem Schattenplatz. Das kann man in diesem Fall nicht Luxus nennen, denn schon seit dem Morgen traue ich mich nicht mehr, beim Atmen den Mund zu öffnen, so brennend heiß ist die Luft! Wir finden einen bequemen Platz unter dem Blätterdach eines Fieberbaums, und dann kann das Interview beginnen. Ein wenig in Eile – ich denke an die Blutproben, die ich unter diesen Umständen kaum kühl halten kann –, komme ich ohne Umschweife zur Sache: »Wie ich schon erklärt habe, komme ich direkt von Ihrem Neffen und den kranken Rindern. Wie geht es Ihren Rindern?«

»Sie sind anscheinend bestens in unsere Kultur eingeführt, ich vertraue Ihnen und werde geradeheraus antworten. Wie die Massai kennen auch wir die Zecke, die Tsetsefliege und eine Menge anderer Parasiten, die tödliche Krankheiten übertragen. Doch wir haben es immer fertiggebracht, dass unsere Tiere eine hohe Resistenz gegen die Schädlinge und ihre Krankheiten entwickeln konnten, vor allem dadurch, dass wir die Rinder in besonders stark von Ungeziefer befallenen Regionen haben weiden lassen. Größere Probleme sind erst aufgetreten, als man uns zwang, uns zu Group Ranches zusammenzuschließen und Cattle Dips zu nutzen. Finden Sie es nicht auch merkwürdig, dass bei uns die Borreliose (auf Maa sagt man *lipis*) genau ein Jahr nach der Inbetriebnahme der ersten Tauchbäder um sich gegriffen hat?«

»Und wie ist es jetzt? Sterben Ihre Rinder an Borreliose?«

»Es ist nicht so wichtig, die genaue Ursache für das Rindersterben zu kennen. Sicher ist jedenfalls, dass unsere Tiere keine natürliche Immunität gegen die Krankheiten besitzen und sie auch nicht mehr erwerben. Und so bekommen sie einfach alle Krankheiten!«

»Ist ihre Group Ranch wirtschaftlich eigenständig? Gibt es zu jeder Jahreszeit ausreichend Weideland?«

»Nein, davon sind wir weit entfernt! Und das Schlimmste sind die ganzen Grenzen, die man uns zwingt zu respektieren: Jetzt können wir nicht einmal mehr während der Regenfälle im Herbst hinunter in die Ebene! Das hat harte Folgen für unsere Rinder, denn auf den Weiden dort unten finden sie das für ihre Gesundheit unabdingbare Salz. Dieses Salz ist ein wichtiger Faktor bei der körpereigenen Abwehr der von Zecken übertragenen Krankheiten.«

»Warum verweigern Sie sich nicht dieser Politik, die auf Ihre Ausrottung ausgelegt ist?«, frage ich, um ihn zu ermuntern, mit der ganzen Wahrheit herauszurücken.

»Das Ausspielen von Macht und Gewalt ist kein gangbarer Weg, weil er in unseren Augen zum Scheitern verurteilt ist. Zur Lösung der Probleme müssen die individuellen Umstände berücksichtigt und das Bewusstsein für unsere alte Kultur geschärft werden. Viel wirksamer als alle Gewalt können die Ablehnung von Bestechung, der Verzicht auf die Benutzung von Cattle Dips und die Stärkung unserer traditionellen Art der Viehzucht sein!«

»Wer besticht wen?«

»Es gibt da einen Weißen, der häufiger hierherkommt. Für die Kinder bringt er Bonbons mit, und für uns Erwachsene hat er bündelweise Geldscheine.«

»Und die nehmen Sie an?«

»Es ist praktisch unmöglich, jemanden daran zu hindern. Man könnte zwar mit ihm sprechen, um ihn von der Schädlichkeit seines Handels zu überzeugen, doch die ist ihm längst bewusst. Er macht weiter, und er sät Hass zwischen uns.«

»Was verlangt er für das Geld?«

»Nur, dass wir regelmäßig die Tauchbäder benutzen.«

Wie schon letzte Woche parke ich auch heute meinen Geländewagen auf dem für den Direktor reservierten Stellplatz, gegenüber dem Haupteingang des kürzlich fertiggestellten, nüchternen und funktionalen Gebäudes, das so ganz anders ist als Roy Benton persönlich. Mein Rückflug nach Frankreich steht kurz bevor, und ich stürme hinein, um schnell noch die Ergebnisse der Blutproben in Empfang zu nehmen, welche ich in halsbrecherischer Fahrt von Maralal hierhergebracht habe, und um eine letzte Auswertung Bentons zu hören. Er empfängt mich in seinem Büro, wo er zu meinem Erstaunen die Tür fest hinter sich zuzieht.

»Herr Péron, das hier wird strikt unter uns bleiben, verstanden?«, beginnt er mit unbewegtem Blick. Er ist ganz anders, als ich ihn von unseren beiden letzten Begegnungen erinnere – nämlich als einen jungen, blonden, dynamischen Amerikaner mit unruhigem Blick, der stolz ist auf seine indianischen Wurzeln. Ganz offensichtlich muss er seinen Zorn im Zaum halten, als er mit warnendem Lächeln loslegt: »Wie ich Ihnen schon erklärt habe, handelt es sich um eine Region, die keine Probleme mit Zecken hat. Die Rinder sind der Tsetsefliege zum Opfer gefallen, die Trypanosomen überträgt.«

»Ich verstehe! Aber jetzt, wo wir schon so weit sind … Ich meine, auf jeden Fall …«, versuche ich, meiner Enttäuschung Ausdruck zu geben.

»Ja, ich weiß, was Sie meinen: Sie fühlen sich trotz ihres ganzen Wissens ohnmächtig. Doch Sie haben mich mit Ihrem Engagement überzeugt. Ich werde selbst Proben nehmen, und zwar in diesem Fall höchst offiziell!«

»Aber Sie haben doch gesagt, die Affäre soll unter uns bleiben.«

»Die kommenden Proben nicht! Das ist schließlich mein Job! Geheim bleibt nur, warum ich die Untersuchungen mache. Ich habe eine Freundin bei der Washington Post …«, betont er, unerbittlich. Durch die gelblichen Vorhänge dringen Sonnenstrahlen, und in ihrem Licht leuchtet plötzlich ein wunderschöner Massai-Halsschmuck auf, der an der Wand hängt und die einzige Dekoration in diesem funktionellen Raum bildet.

»Das wird aber das internationale Business nicht hindern, seine

Machenschaften auf den Rücken der armen Hirten weiter auszutragen.«

»Das mag sein, aber ich habe schon eine ganze Menge an Informationen zusammengetragen, um sie ein wenig zu bremsen ... Angefangen bei den Praktiken jenes Weißen, von dem Sie mir erzählt haben.« Und dann liefert er mir seinen Namen sowie den der Firma, für die er arbeitet! Es ist tatsächlich genau die, an die ich zu Beginn meiner Arbeit hier gedacht hatte ...

»Erlauben Sie mir dennoch und eingedenk der Tatsache, dass hierzulande Demokratie Hand in Hand mit Schutzgelderpressung und Korruption geht, einen gewissen Pessimismus. Dafür können wir nicht die Behörden oder die Minister verantwortlich machen, denn es ist das heuchlerische, verlogene System, das allen Freiheit verspricht, aber für Geld zu jeder Ausnahme bereit ist!«

»Das glaube ich nicht! Sie werden sehen, dass meine Recherchen Früchte tragen werden!«

»Um noch einmal auf die Zecken zurückzukommen: Wie ist es zu dem Irrsinn mit den Cattle Dips gekommen?«

»Diese Tauchbäder waren die einzige Methode, die den weißen Siedlern zur Verfügung stand, um ihre aus England beziehungsweise Südafrika importierten Rinderrassen gegen die tödlichen Parasiten zu schützen. Heutzutage versucht man die in Kolonialzeiten von den Engländern ins Land gebrachte Art der kommerziellen Rinderzucht weiterzuführen. Mithilfe der Chemie. Das ist ein Zeichen unserer Zeit, kühl und berechnend. Die Hirten drängt man an den Rand der ›neuen‹ Gesellschaft und sucht sie zu vergessen, denn sie stellen in den Augen der herrschenden wirtschaftlichen Kräfte im Lande nichts anderes als unterentwickelte Analphabeten dar, weil sie kein Interesse für den alles bestimmenden Profit aufbringen. Die Multinationalen unterstützen diese Haltung. Aber im Grunde waren die Samburu und die Massai zu keiner Zeit eine wirkliche Macht ...«

»Sie sehen es also genau wie ich: Die gegenwärtige Entwicklung lässt sich nicht mehr aufhalten!«, schneide ich ihm das Wort ab und breche in ein hysterisches Lachen aus.

»Sie täuschen sich! Ich nenne Ihnen zwei Beispiele: Eine so widernatürliche Einrichtung wie das Tauchbad als Mittel gegen die Zecken kann nur funktionieren, wenn sie strikt und regelmäßig genutzt wird. Die geringste Abweichung, oder schlimmer, der womöglich plötzliche Abbruch der regelmäßigen chemischen Prophylaxe bedeutet mit Sicherheit das Todesurteil für die Rinder – so geschehen in Tansania zu Zeiten des Wechsels in die Unabhängigkeit zu Beginn der 1960er-Jahre und in Simbabwe während der Befreiungskämpfe in den 1970er-Jahren. Schon nachdem man nur ein Jahr lang sämtliche Schädlingsbekämpfungsmaßnahmen eingestellt hatte, starben damals mehrere Millionen Rinder. Das ist teuer und zugleich gefährlich, denn es kann ein Land in den Ruin führen. Auch hierzulande weiß man an verantwortlicher Stelle um diese Zusammenhänge, und man fühlt sich längst nicht so wohl, wie es den Anschein an.«

»Gut, doch wen soll man wie überzeugen, dass weder die Samburu noch die Massai Cattle Dips benötigen, um der angeblichen Zeckenplage Herr zu werden?«

»Ich setze mich dafür ein! Ich werde zunächst bekanntmachen, dass solche Tauchbäder den traditionellen Massai-Rindern ihre während der vergangenen Jahrhunderte erworbene und mittlerweile genetisch verankerte Immunität nehmen. Ich werde erklären, dass die Einrichtung der Cattle Dips die eigentliche Ursache für das massenhafte Sterben der Zebus verdeckt und dass es in Wirklichkeit deren Unterernährung ist, die – wie es sich in dieser Trockenzeit zeigt – ihre Abwehrkräfte schwinden lässt und die Tiere anfällig für alle möglichen Krankheiten macht. Die angebliche Zeckenplage ist nur ein Täuschungsmanöver, welches letztlich zur flächendeckenden Einführung kommerzieller Zuchtbetriebe führen soll. Jedes Jahr wird die den Hirtennomaden zur Verfügung stehende Weidefläche weiter eingeschränkt, sodass lebenswichtige Ausweichflächen fehlen, wenn sich der Regen einmal nicht einstellt, wie etwa in diesem Jahr. Und ich, ich engagiere mich, um zu beweisen, dass genau dieses Hirtennomadentum, das man am liebsten ganz abschaffen würde, die ideale und am besten an die natürlichen Gegebenheiten angepasste Art der nachhaltigen Bewirtschaftung des Landes ist. Vor einem halben Jahr habe ich am Rande der Massai-Territorien, an der Forschungsstation von Kiboko, ein sehr lehrreiches Experiment durchgeführt: Während zwei Wochen habe ich zwei Tiere auf einer von Zecken verseuchten Wiese weiden lassen. Bei dem einen handelte es sich um ein auf traditionelle Weise gezüchtetes Massai-Zebu, das niemals durch ein Cattle Dip gelaufen ist, das andere war ein schwarzbuntes friesisches Rind, das zuvor intensiv mit Schädlingsbekämpfungsmitteln behandelt worden war. Nach einigen Tagen konnte ich auf dem Zebu ganze 20 Zecken zählen, während das Fell des High Breed 760 dieser Parasiten beherbergte. Im weiteren Verlauf des Versuches, nach drei Monaten, konnte ich aber feststellen, dass die Zahl der Zecken im Fell des europäischen Rasserindes um die Hälfte zurückgegangen war und dass es bereits in dieser kurzen Zeit eine gewisse Immunität erworben hatte! Das bedeutet – und genau das hatte ich auch beweisen wollen –, dass die traditionellen Methoden selbst bei den fremden Rassen erfolgreich sein können. In meinen Augen müssen das Hirtennomadentum und die kommerziellen Zuchtbetriebe nicht als Gegensätze begriffen werden, sondern sie können einander ergänzen.«

4

– 1989 –
Gefangen am Rande
des Ngorongoro-Kraters

Hat die Zeit alle Wunden geheilt? Es sind inzwischen mehrere Jahre ins Land gegangen, aber es ist nichts vergessen, im Gegenteil! Das Gefühl, besser vielleicht: Die Empfindung meiner absoluten, umfassenden Nähe zu den Massai hat sich sogar noch verstärkt, auch wenn ich an ihrem täglichen Leben nur sehr sporadisch habe teilnehmen können. Inzwischen habe ich mich in Paris eingerichtet, wo ich auf kleinstem Raum lebe, wo ich täglich zur Hauptverkehrszeit in die Metro steige, um ins Büro zu kommen, wo ich bei miserabler Luft in den Straßen herumrenne, um mich ein bisschen fit zu halten – und wo ich mich anpasse … Und dennoch beeinflussen meine Erfahrungen mit und bei den Massai jeden einzelnen Moment meines Lebens auf die fruchtbarste Weise. Ich verdanke ihnen eine große Stärke, die mir hilft, den Mut nicht zu verlieren. Trotzdem ist kein Tag vergangen, an dem ich nicht gespürt oder gedacht hätte, dass ich eigentlich ein neues Leben beginnen müsste, ohne sie, oder zumindest eines, auf das sie, die Massai, weniger Einfluss haben. Hatten sie mir denn nicht beigebracht, dass die »Vergangenheit ein Land ist, in dem ich nicht mehr lebe«? Doch, und doch ist das gegenwärtige Leben von der Qualität des Lebens abhängig, das man in der Vergangenheit geführt hat! Ich bemühe mich also, alles, was mich belastet oder daran hindert, in der Gegenwart zu leben, in jenes »Land, in dem ich nicht mehr lebe« zu verschieben. Die Lehren meines »Massai-Lebens« habe ich nicht nur abgespeichert und in Erinnerung behalten, sondern ich habe sie so weit verinnerlicht, dass sie mich jeden Augenblick meines heutigen Lebens intensiv leben und genießen lassen. Ich führe jene Vergangenheit weiter und verlange ihr einiges ab!

Mit dieser inneren Kraft dehnt sich die Zeit. Die Tage erscheinen mir länger, und ich staune, wie viel sich in 24 Stunden schaffen lässt – ermöglicht durch meinen von den Massai übernommenen Tagesrhythmus. Wie ich es in Entepesi gelernt habe, stehe ich bei Sonnenaufgang auf, wodurch ich objektiv mehr Zeit habe, was mir aber auch eine besondere Energie verleiht, die mich intensiv und glücklich leben lässt. Während der sporadischen Reportagen, die ich mit einem befreundeten Journalisten in Asien mache, weiche ich von diesem Rhythmus ab, doch während der übrigen Zeit halte ich ihn ein, jeden Tag, seit fünf Jahren. Gemäß einer weitverbreiteten Ansicht ist dies ein eher stures Verhalten. Schließlich gilt der Alltag landläufig als Zeit, in der Stress, Langeweile, Eintönigkeit und Pflichtgefühl vorherrschen. Auf mich dagegen trifft das Gegenteil zu! Ich verstehe meinen Alltag als Beschäftigung mit meinem tiefsten Inneren und empfinde mich dabei als wahrer Massai, der sein inneres Gleichgewicht in der Wiederholung findet. Es gibt also keinen Grund, mich zu beklagen! Obwohl dieses Prinzip simpel erscheinen mag, denke ich, dass ich noch daran zu arbeiten habe, und ich fühle, dass es der Schlüssel zum Glück im Alltag ist. In den letzten Jahren habe ich begriffen, dass alles davon abhängt, wie man auf die »kleinen Dinge des Alltags« reagiert. Diese kleinen Dinge – eine Zu- oder Absage, etwas klappt schnell oder eher langsam, grauer Himmel oder Sonnenschein – sind extrem wichtig, denn sie bestimmen unseren Alltag und können schlechte Laune, Ungeduld und Unzufriedenheit hervorrufen.

In der Absicht, die geradezu fetale Wärme einer *enkaji* (einer traditionell gebauten Massai-Hütte) zu adaptieren, habe ich die Decke und die Wände meiner Wohnung mit Stoffen und Schmuck der Massai dekoriert. Zudem habe ich eine tibetanische Harzmischung aus Aloe- und Sandelholz gefunden, welche einen ähnlichen und ebenso entspannenden Duft verströmt wie das Holzfeuer in meiner Hütte in Entepesi. Gleich nach dem Aufstehen entzünde ich große Mengen dieses Harzes und konserviere die Glut den ganzen Tag bis zum Abend. Als nächstes beginne ich mit einer Art Entschlackungsprogramm, also Lockerungs- und Dehnungsübungen, die gemäß meinem Ritual in ein Gebet zu *Enkai* münden, in dem ich ihn preise, und zwar möglichst der aufgehenden Sonne zugewandt. Nachdem ich so dem Leben meinen Respekt erwiesen habe, nehme ich mein Frühstück zu mir, das nach Massai-Art aus zwei großen Tassen Tee, von dem ich mir einen Vorrat aus Kenia mitgebracht habe, und frischer Milch besteht. Ab etwa sechs Uhr beginne ich mit der Niederschrift meiner Erlebnisse bei den Massai in der ersten Hälfte der 1980er-Jahre. Um elf Uhr gehe ich hinaus und laufe in zügigem Tempo die Avenue Parmentier hinunter, um dann den Boulevard Richard-Lenoir hochzujoggen, wobei ich die Esplanade nutze, auf der immer ein Markt stattfindet, wende mich dann auf Höhe der Metrostation Chemin-Vert nach rechts, hinüber zum Boulevard Beaumarchais, um schließlich zur Place des Vosges zu gelangen, wo ich mehrere Runden drehe, um irgendwann in umgekehrter Richtung, noch immer im leichten Trapp und ohne mich allzu sehr zu belasten, in mein »Massai-Heim« zurückzukehren. Diese Stunde wirkt wahre Wunder, denn sie gliedert meinen Tag, und ich verspüre dann jene Unendlichkeit und Freiheit, die ich empfand, wenn ich im Land der Massai durch die Steppe wanderte.

Bei meiner Rückkehr nehme ich keine Dusche, sondern fülle mir, wie ich es vom Trockenfluss Olkerie kenne, ein Waschbecken voll Wasser, bespritze mich damit und massiere meinen ganzen Körper. Dabei kann ich mich wunderbar entspannen und Momente der Sorglosigkeit genießen. Nun könnte man meinen, ich gäbe mich hierbei ganz der Nostalgie hin, doch das Gegenteil ist der Fall, denn ich lebe im Hier und Jetzt, doch ich erkenne und nutze die Gunst des Augenblicks und gewinne so den banalen und doch notwendigen Verrichtungen des Alltags schlicht mehr Freude und sinnlichen Genuss ab. Dem »Bad« folgt eine Mahlzeit mit einer Getreidegrütze, Obst und vor allem mit viel frischer Milch. Denn seit Entepesi, wo ich mich so gut in Form gefühlt habe, trinke ich den ganzen Tag über Milch, und auch ins Büro nehme ich immer einen Liter mit. Diese Kost macht mich glücklich!

Genau um 13.30 Uhr nehme ich dann, bekleidet mit einem weißen Hemd, einer Seidenkrawatte, einem blauen Blazer und einer Flanellhose, an der Station Saint-Ambroise die Metro – leichten Herzens, mit klarem Blick und beschwingtem Gang. Oft, wenn nicht sogar jeden Tag seit meiner Rückkehr nach Frankreich, werde ich von jungen Frauen angesprochen … Ob das an meiner offenen und fröhlichen Ausstrahlung liegt? Jedenfalls ist das Phänomen zu einem neuen, bisher unbekannten Ritual meines Alltags geworden: Wenn es sich nicht gerade in den Gängen ereignet, dann eben in einem Waggon der Linie 8, sodass ich manchmal sogar vergesse, an der Haltestelle Concorde auszusteigen. Besonders wenn es voll ist und ich mich, in der Masse einpfercht, ganz klein mache, nutzen die Frauen die Gelegenheit und sprechen mich an. Es beginnt stets mit derselben Frage: »Sie tragen einen wunderschönen Ring! Woher stammt er?« Es ist wirklich kaum zu glauben, aber Selenois Einfluss reicht bis in die Pariser Metro!

Im Büro begebe ich mich in einen ganz anderen Wirkungskreis. Meine Arbeit ist die Kommunikation, und das in einer Welt, in der man paradoxerweise schon seit ewigen Zeiten aufgehört hat, wirklich miteinander zu kommunizieren ... Nicht, dass mir das Angst machen würde, nein, ich bin *Enkai* ehrlich dankbar, dass er mich zumindest zum Zweck des Geldverdienens mitten ins Leben geworfen hat, auch wenn ich sonst mit ganz anderen Dingen beschäftigt bin: Ich schreibe Werbetexte für sogenannte innovative Technologien. Ich halte mich für durchaus kreativ, auch wenn ich überhaupt nicht verstehe, worauf sich meine Sprüche eigentlich beziehen. Es ist eine merkwürdig entfremdete Arbeit, dieser Job in der Stadt, bei dem ich Kraft schöpfe für meine eigentliche Aufgabe: die meditative, träumerische und reflektive Beschäftigung mit den Massai. Diese wiederum verleiht mir die nötige Energie, um mich – positiv gestimmt – der realen Außenwelt zuzuwenden. Eines Tages bittet mich der Geschäftsführer der Agentur, bei einer Pressekonferenz für einen wichtigen amerikanischen Kunden, die zu organisieren und abzuhalten zu unseren regulären Aufgaben zählt, einen Wissenschaftsjournalisten und Informationssystemtechniker zu vertreten. Manchmal sagt jemand ab, und man muss ihn aus dem Stehgreif ersetzen. Im Allgemeinen schlage ich mich auf solchen Konferenzen erstaunlich gut. In meiner Agentur glaubt man, ich hätte Gefallen daran und ist überglücklich, wenn man mich dort hinschicken kann. Das einzige Problem sind eventuelle technische Fragen, die ich nicht beantworten kann und die deshalb strikt zu vermeiden sind! Dieses Mal kommt es zu meiner Bestürzung anders, und es tritt die Frage auf, warum gerade der von uns vertretene Hersteller (und nicht IBM) den Markt der Informationssysteme revolutionieren wird ... Was weiß ich? Doch ich lasse mir meine Schwäche nicht anmerken und antworte. Ich kann mich absolut nicht mehr entsinnen, was ich dem distinguierten Herrn gesagt habe, doch es muss ihn irgendwie zufriedengestellt haben. Ich erinnere mich aber, dass ich intuitiv der Macht *Enkais* vertraute und fest daran glaubte, er würde schon eine Antwort auf diese Frage finden ...

In Hinsicht auf die Universität bin ich standhaft geblieben und setze nicht öfter als einmal pro Jahr, nämlich am Immatrikulationstag, meinen Fuß über ihre Schwelle. Nicht selten aber, wenn ich dicht an der Sorbonne vorbeikomme, ist mir ganz mulmig zumute – vor Angst, ich könnte meinen alten Doktorvater treffen und müsste ihm die These meiner Promotion oder womöglich mein Leben erklären. Aber: Aus den Augen, aus dem Sinn ... So geht es anderen auch. Jedenfalls habe ich neulich auf der Straße eine alte Kommilitonin getroffen, die bei meinem Anblick glaubte, einem Gespenst zu begegnen, denn in Unikreisen hielt sich hartnäckig das Gerücht, ich sei längst unter der Erde – gestorben an Aids ... Auch für meine Familie – allerdings mit Ausnahme meiner Mutter, mit der ich regelmäßig Briefe austausche – bin ich schlicht »unsichtbar«, weil ich auf diese Weise am leichtesten der unausweichlichen Frage entkomme: »Und deine Doktorarbeit? Geht es voran?«

Im letzten Jahr allerdings habe ich dann doch noch den Dreh gefunden und beschlossen, dass die Zeit nun wirklich reif sei – doch das eher unbewusst, etwa so, wie jemand, der sich in Kriegszeiten innerlich zum Widerstand aufgerufen fühlt. Damals waren mehrere Faktoren zusammengekommen, allerdings – und das muss ich ausdrücklich betonen – hat die von mir sehr geschätzte Formulierung von Claude Lévy-Strauss nichts damit zu tun: »Wir identifizieren uns in dem Moment mit den Völkern, die wir verdammt haben, in dem wir entdecken, dass wir die nächsten auf der Liste sind!« Zunächst war ich auf einen Artikel in Form eines Plädoyers gestoßen, der von David Western, einem »weißen Kenianer« und weltbekannten Wildlife-Experten stammt. Darin mahnt Western dringend die Abkehr vom gängigen Konzept der Nationalparks an und unterstreicht die lebenswichtige Bedeutung der Massai-Rinder für den Erhalt des mittlerweile stark gefährdeten Ökosystems. Es war das erste Mal, dass ich diesen Standpunkt vertreten fand – noch dazu von einem anerkannten Wissenschaftler. Ich war auf Anhieb begeistert, denn er bestätigte das, was die Massai mir immer wieder erklärt hatten: »Die Millionen Antilopen, Gazellen und Zebras kommen mit dem hohen Gras nicht zurecht, sondern sie sind darauf angewiesen, dass die

Zebus, also die Massai-Rinder, die Weiden zuvor kurz fressen, was den zusätzlichen Effekt der natürlichen Düngung hat.«Western fügt hinzu, dass das Zusammenspiel der wild lebenden Wiederkäuer mit den Massai-Rindern nur auf sehr großen Territorien funktionieren könne;»Natur«-Parks wiesen dagegen nur begrenzte Flächen auf und seien – wie zoologische Gärten – zum Scheitern verurteilt, weil sich die wild lebenden Tiere hier weniger vermehrten, was zwangsläufig zum Aussterben führe.

Etwa zur gleichen Zeit stolperte ich über ein Schriftstück von gegensätzlicher Aussage, dessen obskure Romantik und herablassende Arroganz, die nur von einem selbsternannten Experten stammen konnte, mir sogleich ins Auge sprang. Es appellierte an das Gefühl der westlichen Öffentlichkeit, die von der Natur entfremdet ist, sich nach dem vermeintlichen Paradies sehnt und sich für dessen Zerstörung halbwegs verantwortlich fühlt. Diese populistische Arbeit schien mir ein Meisterwerk der gezielten Desinformation, das auf geschickte Weise die uneigennützige Liebe und zugleich hartnäckige Arbeit einer Handvoll Männer inszenierte, welche ein neues Reservat einrichten wollte. Kurzum: Dieses Papier brach im Gegensatz zu David Western eine Lanze für die Stärkung und gar Ausweitung des Naturpark-Konzeptes. Diese Handvoll tugendhafter Männer kannte ich nur allzu gut! Je größer der Einfluss der westlichen Zivilisation auf die Welt ist und je mehr die Erde durch den tödlichen Fortschritt zugrunde geht, umso lauter der Beifall für unsere Helden. Sie haben die IUCN, die International Union for Conservation of Nature, gegründet, die sich, wie sie sagen, für den Schutz und Erhalt von unberührten Naturräumen einsetzt. Dabei existiert auf der ganzen Welt kein Ökosystem, auf das der Mensch nicht in irgendeiner Weise Einfluss genommen hätte! Die Leute von der IUCN haben alle fünf Kontinente durchsucht, die Orte oder Regionen mit der größten Vielfalt an wild lebenden Tieren ausfindig gemacht, einen Aktionsplan aufgestellt und diesen den Regierungen der betroffenen Staaten vorgelegt, die mit Freude die autochthone Bevölkerung aus diesen Gebieten vertrieben haben. Genau das ist den Massai in Tansania widerfahren, denen es nunmehr bei Strafe verboten ist, ihr angestammtes Territorum wie etwa den berühmten Ngorongoro-Krater auch nur zu betreten. Der Urheber dieser Ideologie, Bernhard Grzimek – Friede seiner Asche! –, hätte seine helle Freude daran, denn seine in den 1940er-Jahren veröffentlichten Ansichten wurden eins zu eins übernommen: »Ein Naturpark dient dem Erhalt der ursprünglichen Reinheit der Welt wie der darin lebenden wilden Tiere. Menschliche Bewohner, und seien es die autochthonen, dürfen dort nicht leben!« Das war der Tropfen, der das Fass zum Überlaufen brachte. Diese Leute hatten eine Nichtregierungsorganisation gegründet? Na gut, aber ich konnte ebenso eine gründen! Natürlich mit dem gegensätzlichen Ziel: nämlich damit allgemein anerkannt wird, dass der Mensch, und in diesem Fall das Volk der Massai, am besten geeignet ist, die Natur, in der er lebt, zu erhalten. Und so wurde ich aktiv. Erfüllt und angespornt von meiner Begeisterung sollte mein Engagement fast ein wenig militant werden, und ich schrieb einen bissigen Artikel, den ich der Tageszeitung »Libération« schickte. Der Titel lautete »Das Afrika der Zukunft«. Zu meiner großen Überraschung ist er dort unverändert gedruckt worden. Darin forderte ich zum Beispiel leidenschaftlich, die Ethnologen mögen bitte ihren Elfenbeinturm der Beobachtung verlassen, ernsthaft intervenieren und die bezüglich der autochthonen Völker gängige Politik der Zerstörung anprangern, denn das Nichteingreifen konnte ich einzig als sichere Maßnahme zur Unterstützung der Ausrottung jener Völker und Gesellschaften verstehen. Kurz: Ich bemühte darin meinen gesunden Menschenverstand.

Am Tag nach der Veröffentlichung wurde ich von Jean Audibert – einem Mitarbeiter von Jean-Christophe Mitterrand, dem diplomatischen Berater für Afrika unter dem damaligen französischen Präsidenten (und seinem Vater) François Mitterrand – in den Präsidentenpalast einbestellt … In meiner Arglosigkeit und Einfalt folgte ich dieser Aufforderung, im Glauben, mein Aufsatz habe die Politiker berührt. Nebst der Größe seines Schreibtisches im Empire-Stil beeindruckte mich vor allem die menschenverachtende Rhetorik jenes Machtmenschen, den ich hier zum ersten und letzten Mal treffen sollte. Kaum hatte ich Platz genommen, da warf er mir einen Satz an den Kopf, der bereits alles sagte: »Ich hätte mich über Sie informieren können, aber ich ziehe es vor, dass Sie mir selbst die Bestätigung dafür liefern, der zu sein, für den ich Sie halte!« Ich begriff das nicht auf Anhieb, doch als die Frage folgte, ob ich ein rechter Extremist sei, wurde mir alles klar. Dass ich meine Autorität genutzt hatte, um mich über ein so sensibles Thema wie Afrika zu äußern und mich noch dazu für die politische Kategorie der »Ethnie« eingesetzt hatte, machte mich in seinen Augen zum Faschisten. Es war schlicht ein Sakrileg, sich der (bei den Sozialisten) herrschenden Meinung entgegenzustellen. Ich hätte ihm entgegnen können, dass die Produktionsverhältnisse alle Bereiche der »primitiven« Gesellschaft bestimmen, und schon hätte er mich von allen Vorwürfen freigesprochen …

An jenem Tag habe ich viel gelernt, vor allem, dass solche Männer – die in keiner Weise verstehen, wie man einen persönlichen Gedanken außerhalb jeglicher Ideologie entwickeln kann – die Schuld tragen, wenn sich die moderne Demokratie dem Ideal einer falsch verstandenen Freiheit verschreibt. Ich hatte für jenes »Gipfeltreffen« ein wunderbares Konzept zur Sensibilisierung der Öffentlichkeit erarbeitet und in der Nacht zuvor, zu fortgeschrittener Stunde, fertiggestellt, und ich verließ dieses Treffen, ohne auch nur ein Wort davon angebracht zu haben – totenblass und frustriert, und vor allem in Rage, aufgebracht gegen die ganze Welt … Doch immerhin war mein Plan fertig und brauchte nur noch in die Tat umgesetzt zu werden. Noch am selben Tag nahm ich mir vor, in Tansania eine Untersuchung durchzuführen und die ersten Zeugenaussagen der Opfer zu dokumentieren, und ich nannte das Projekt »Nogorongoro – Das Leben von einer Million Massai ist bedeutender als die Anwesenheit eines einzigen Touristen!«* Ich wollte unbedingt den Beweis erbringen, dass die brutale Vertreibung der Massai aus dem Ngorongoro-Krater und die Vereinnahmung dieses Gebietes auf den Druck der intoleranten westlichen Wildlife-Lobby zurückzuführen war, die sich aus vorgeblich renommierten, in Wirklichkeit von der internationalen Nationalpark-Mafia gekauften, Wissenschaftlern zusammensetzte … Diese besaßen nämlich die Frechheit und Unaufrichtigkeit, die Massai in einem Brief an die Regierung zu beschuldigen, den Ngorongoro in eine Wüste zu verwandeln und damit zum Aussterben Tausender von Spezies beizutragen. Doch davon hatte ich jetzt die Nase voll! Ich beschloss, nach Tansania aufzubrechen und dort dafür zu kämpfen, dass die Massai den Krater wieder nutzen durf-

---

* Damit bezog ich mich auf den wunderbaren Artikel »Better a million Massai and not a single tourist!«, in dem der kenianische Wissenschaftsjournalist Otula Owuor 1986 gegen die Vertreibung der Massai von ihren angestammten Territorien zum Zweck der Errichtung von Nationalparks aufbegehrt hatte.

ten. Und ich fühlte mich dieser neuen Mission gewachsen. Außerdem hatte ich länger als drei Jahre auf den besonderen Duft des Landes der Massai verzichtet, was mich zusätzlich motivierte ...

Am übernächsten Tag schickte ich mein Konzept zum Firmensitz von Peugeot und bat um ein Fahrzeug. In der folgenden Woche empfing mich der Marketingleiter in seinem Büro und äußerte warmherzig seine Zustimmung, für die Peugeot im Gegenzug keine weiteren Leistungen erwartete als meine Zufriedenheit! Ich hatte von einem Zweirad geträumt, mit dem ich auf den afrikanischen Pisten für ihre Marke werben konnte, und sie gaben mir sogar ein Auto! Ich muss heute noch lachen, wenn ich an die Leidensmiene des Marketingleiters denke, als er mir geknickt offenbarte: »Wir können ihnen nur einen 505 geben. Das tut mir wirklich leid, denn der hat natürlich keinen Allradantrieb.«

Drei Monate später nahm ich das Vehikel in Nairobi in Empfang und begab mich mit einem Zwischenstopp in Arusha zum Ngorongoro-Krater. Wie gewöhnlich war ich ohne eine offizielle Erlaubnis losgefahren, denn ich kannte schließlich auch niemanden vor Ort, der den Sinn meines Projektes hätte erfassen können. Zwar lebte meine Schwester damals in Daressalam, aber die wichtigen Behörden waren allesamt im Norden des Landes, in Arusha sowie in der Nähe der Crater Lodge ansässig. Also hatte ich mich entschlossen, ähnlich wie 1982 in Kenia, an Ort und Stelle um eine Genehmigung nachzusuchen. Schließlich durfte ich auch beim Warten auf grünes Licht nicht zu viel Zeit verlieren, da ich ohnehin nur einen Monat für die Studie veranschlagt hatte. Doch ich musste schnell einsehen, dass meine Erwartung allzu optimistisch gewesen und ich vor allem nicht ausreichend vorbereitet war, denn ich hatte mir, ähnlich wie damals bei meinem Aufbruch nach Kenia, nicht allzu viele Sorgen und Gedanken gemacht. Und selbstverständlich – ebenso wie vorher, als ich auf der anderen Seite der Grenze auf den Stempel gewartet hatte, der mir als Forscher kaum verwehrt werden konnte – fing ich nun an zu zweifeln, ob die Behörden mein Anliegen verstehen würden; war ich doch von nichts und niemandem geschickt worden, gehörte auch keiner Organisation außer einer obskuren Einmann-Nichtregierungsorganisation an, war kein Bürger des Staates und wollte doch seiner Regierung verständlich machen, dass sie sich täuschte und dass es nötig sei, den Hirten und ihren Rinder den Zugang zum Krater zu gestatten.

Es folgten zwei lange Wochen des vergeblichen Wartens … Na ja, nicht ganz, denn ich habe in diesen zwei Wochen viel gelernt, vor allem, dass man bei einer solchen Mission nicht mit der Tür ins Haus fallen darf, indem man offen sagt, man wolle etwas verändern. Außerdem hat diese Wartezeit mir geholfen, mich wiederzufinden und vor allem das Wesentliche wiederzuentdecken, das sich während des Zusammenlebens mit meiner Familie in Entepesi in mir entwickelt hatte und das in den letzten drei Jahren ein wenig verloren gegangen oder in den Hintergrund gerückt war. Plötzlich wurde mir bewusst, dass ein direkter Krieg gegen die Ungerechtigkeit zwar menschlich verständlich, doch nicht gerade die beste Methode war. Zweifellos hatte ich diese Einsicht Kenny zu verdanken! Seine Worte bei unserer ersten Zusammenkunft in Amboseli sind mir noch heute präsent: »Jedes Mal, wenn unser Handeln mehr durch äußere Umstände denn durch unseren Glauben an *Enkai* und seine Möglichkeiten der Einflussnahme und Steuerung bestimmt werden, lassen wir es zu, dass uns das Böse besiegt, anstatt dass wir es mithilfe der göttlichen Macht überwinden.« Dennoch steigerte sich meine Ungeduld von Tag zu Tag, befand ich mich doch im Herzen eines von Massai bewohnten Territoriums, das mir noch immer sehr fremd war. Aber die kurze Zeit des Wartens ermöglichte es mir auch, einige der Akteure jenes Dramas kennenzulernen, das sich im Rahmen der allgemeinen Gleichgültigkeit abspielte. Die Herren Experten der noblen International Union for Conservation of Nature fanden natürlich nicht die Zeit, sich mir zu widmen. Ich hatte auch nichts anderes erwartet und wertete diese Haltung als eine Art Schuldbekenntnis. Was die Verwaltung der neu geschaffenen Ngorongoro Conservation Area betraf, so versprach man mir, sich mit mir in Verbindung zu setzen, sobald der enge Terminplan es zuließe. Die Armen! Auch diese Botschaft habe ich verstanden. Dagegen verbrachte ich eine Menge Zeit mit einem Massai, der zufälligerweise der Abgeordnete jener Gegend war; es handelte sich um einen gewissen Lazaro Parkipuny, einen integren Mann, der mich sehr an Kenny erinnerte, was bedeutete, dass ich ihm bald blind vertraute.

Er erzählte mir, dass die derzeitige Situation der Massai seit dem Auftauchen der Weißen bestehe, sich die Lage nach der Unabhängigkeit aber noch verschlechtert habe: »Die Barbaren haben nie aufgehört, die Massai zu ›zivilisieren‹ … Denn wir Massai stören die Abläufe, wir verstehen nichts vom Privateigentum, wir verschließen uns der rationellen Verwaltung von Ökosystemen, also müssen wir eliminiert werden! Nicht eine Sekunde haben sie sich gefragt, warum die weltweit größte Vielfalt an wild lebenden Tieren ausgerechnet dort zu finden ist, wo die Massai leben! Und heute versetzen uns die Europäer den Gnadenstoß. Sie, die es in ihren Ländern nicht vermocht haben, die Vielfalt der Tierwelt zu erhalten, wollen uns eine Lektion erteilen. Dabei müssten sie eigentlich anerkennen, dass die Massai die wahren und einzigen Hüter der Fauna im gesamten Grabenbruch sind! Der Krater ist für den Erhalt unserer Kultur lebenswichtig, denn er zählt zu den wesentlichen Weidegründen unserer Rinder.

Nur weil wir so eng mit der Natur verbunden leben, die wir seit Jahrhunderten genau beobachten und respektieren, haben wir unser Verhalten anpassen können, sodass wir – anders als die Massai auf den übrigen Territorien – in regenreichen Zeiten das hochgelegene Weideland und in trockenen Perioden die Weiden der Ebenen nutzen. Und zwar aus gutem Grund: Die Ebenen von Serengeti und Ngorongoro werden nämlich während des Regens von Gnus heimgesucht, die dort niederkommen und das Land mit ihren Plazentas verseuchen, welche die für unsere Rinder tödliche Blauzungenkrankheit übertragen. In der Trockenzeit sind dagegen die Ebenen unser Rückzugsgebiet. Wenn wir diese aber nicht mehr nutzen können, müssen wir das Hochland überweiden, was letztlich zum Tod unserer Tiere und damit auch zu unserem Aussterben, vor allem aber auch dem der wilden Tiere führt – ein naturgegebener Kreislauf!« Und er fuhr fort: »Es ist erwiesen, dass die Massai ihre Lebensweise der wilden Fauna angepasst haben. Doch man will uns weismachen, dass deren Erhaltung nur durch den Ausschluss des Menschen möglich ist. Doch wie sollen die Spezies überleben, wenn man ihre natürlichen Wärter, nämlich uns, von den Ländereien vertreibt, auf denen sie geboren sind, und sie in Gebiete abdrängt, deren Ökologie sich bereits in einem katastrophalen Zustand befindet. Die Massai, *ti Enkai!*, sind zum Schutz der wilden Tiere viel effektiver als das größte Regiment von Wärtern, welches vom Staat ausgebildet und ausgerüstet werden könnte.«

Montag, 22. Mai, Ngorongoro Conservation Area,
Haupteingang, 9.00 Uhr

Wie ein normaler Tourist erwerbe ich für 100 Dollar eine Eintrittskarte und nehme das Haupttor. Einigermaßen zerknirscht habe ich aufgegeben, auf eine allgemeine Genehmigung zu warten. Das hätte ich womöglich bis zu meinem Lebensende tun müssen, denn ich bin allmählich zu der Überzeugung gelangt, dass niemand meine Studie autorisieren will. Nun besitze ich also noch immer kein offizielles Papier, und niemand wird mir helfen, wenn etwas schief läuft. Auch der Abgeordnete hatte mich vor der mangelnden Liebenswürdigkeit gewarnt, mit der die Verwaltung dieses neuen Nationalparks zum Schutz der Fauna bei Verstößen gegen das Reglement verfährt. Und man hat mich darüber informiert, dass die Route über den alten Einbruchkrater – der heute, zum Schaden der Natur, in eine Art Erlebnispark für Touristen verwandelt wurde – streng bewacht und natürlich jeder Besuch der Massai-Dörfer ausdrücklich verboten ist ...

Der Himmel ist an diesem Morgen wieder ganz klar. Der stürmische Wind der vorausgegangen Nacht hat sich gelegt, und der Boden ist noch bedeckt von abgerissenen Zweigen und verwehtem Schotter. Hauptsache, es liegen keine Baumstämme quer über der Piste ... Das von den Hängen hinunterrinnende Wasser und das Rauschen der Nadelbäume rechts und links der Piste, das dem Tosen von Wasserfällen ähnelt, beunruhigen mich. Letzte Nacht wäre ich wahrlich lieber woanders gewesen! Doch was blieb mir anderes übrig? Aber vielleicht ist meine Hauptsorge auch, dass ich kein allradgetriebenes Auto fahre. Doch das ist eigentlich unwichtig! Ich habe Vertrauen, ich fühle mich wohl! Wie immer in solchen Situationen setze ich auf Kennys Unterstützung und weiß, dass mir nichts Schlimmes widerfahren wird. Auf die Hilfe der Fahrer der Touristenkutschen werde ich mich allerdings kaum verlassen können – ich habe nämlich noch keinen Bus gesichtet, vielleicht ist es noch zu früh oder schon zu spät ... Die Pavianfamilie am Rande der Piste bemerkt mich kaum, zumindest nicht die männlichen Tiere, die nichts anderes im Sinn haben als ihre weiblichen Gespielinnen, die sich – wenn ich ihre geschwollenen roten Hinterteile richtig deute – zur Paarung bereithalten. Die Steigung wird langsam spürbar, der Motor röhrt immer stärker, und je höher ich komme, desto häufiger wird die Fahrt durch matschige und rutschige Passagen erschwert. Wenn es ruhiger zugeht, genieße ich das zarte Grün der üppigen Vegetation und sinne darüber nach, was ich tun werde. Um ehrlich zu sein, habe ich keinen konkreten Plan. Vielleicht wird es das Beste sein, wenn ich mich ein wenig entspanne und den Dingen ihren Lauf lasse. Jedenfalls kann ich mich auf meine Brüder, die Massai, verlassen – selbst wenn ich hier noch keinen getroffen habe.

Die Piste windet sich in immer engeren Serpentinen hinauf und ist nurmehr eine schmale Spur, deren dünne Teerdecke von unzähligen, seeähnlichen Pfützen unterbrochen wird. Ich habe nicht vor, ihr zu folgen, bis sie in der Caldeira endet, wo sich all die Lodges angesiedelt haben, sondern ich will kurz vorher nach links abbiegen, wo ich auf eines der beiden Massai-Dörfer, Entulen beziehungsweise Oloirobi, zu stoßen hoffe. Ich kenne kaum mehr als ihre Namen, aber der Abgeordnete hat sie freundlicherweise in meine Karte eingezeichnet. Diese Karte allerdings ist nicht gerade neuesten Datums und unglücklicherweise recht ungenau.

Nun, da die Sonne schon höher am Himmel steht, sind die unendlich vielen kleinen Wasserläufe und Rinnsale nahezu eingetrocknet, was mich doch einigermaßen erleichtert. Dort vorn sehe ich einen Weg, der nach links von der Straße wegführt. Doch ich zögere, ihn zu befahren, da er zwar nicht total unter Wasser steht, aber durch den vielen Regen eher einem Schlammbad gleicht. Zu spät! Schon bremse ich, instinktiv, die Angst stellt sich erst im Nachhinein ein. Der 505 rutscht und schlingert, aber der Weg ist gerade und das Dickicht zu beiden Seiten so dicht, dass ich mich wie auf einer Bobbahn fühle. Nachdem ich eine Gruppe imposanter Bäume passiert habe, schlittere ich knapp an vier riesigen schwarzen Büffeln mit astdicken Hörnern vorbei. Auch hier spüre ich den Schreck erst später. Wie hätte ich bloß reagiert, wenn sie den Weg versperrt und mich zum Umkehren gezwungen hätten – noch dazu in diesem Schlamm? Ein Stück weiter wächst meine Angst, als ich einen dicken Akazienstamm erblicke, der quer über die Piste zu stürzen droht. Er steht schon so schief, dass ich mich nicht weitertraue. Ich verlangsame das Tempo und fahre bedächtig weiter. Schließlich wage ich es … es hat gereicht! Im Weiterfahren danke ich *Enkai*, dass er mir den Mut verliehen hat, meine Zweifel zu überwinden.

Dornige Zweige streifen die Karosserie und kratzen über das Blech.

Meine Nerven sind zum Zerreißen gespannt. Die Spur verengt sich, und ich klammere mich, vor Angst zitternd, ans Steuer. Es ist wie eine Vorahnung. Am Ende einer Kurve verliere ich endgültig die Gewalt über das Fahrzeug! Ich versuche zu lenken, doch vergeblich. Die Räder greifen nicht mehr! Ich hänge auf dem leicht erhöhten, mit Gras bewachsenen Zwischenstreifen fest. *Das hat mir gerade noch gefehlt!* Ich steige aus, nicht ohne mich sorgfältig umzusehen, ob sich nicht von rechts oder links ein Büffel oder gar eine Raubkatze nähert. Je länger ich das Desaster betrachte, desto folgenschwerer scheint es mir. Das Fahrgestell liegt auf dem wasserdurchtränkten Mittelstreifen auf, die Räder dagegen drehen im Leeren, nachdem sie in beiden Spuren tiefe, schlammige Furchen hinterlassen haben. *Ganz ruhig jetzt!* Was kann ich tun? Zu Fuß zur Abzweigung zurückgehen, um oben auf dem Plateau in einer Lodge Hilfe zu holen? Keine gute Idee, zumal mich die Massai immer vor den Büffeln gewarnt haben: »Ein Fußgänger beunruhigt und stört die Büffel, sodass sie sofort angreifen.« Soll ich lieber den Weg weitergehen? Vielleicht sind die Dörfer der Massai ganz in der Nähe? Das Risiko wäre das gleiche … Ich will mich schon mit meinem Schicksal abfinden und abwarten, als mir eine neue Idee kommt – obwohl ich, selbst wenn es mir gelänge, sie zu verwirklichen, wohl kaum Erfolg damit hätte. Doch Resignation scheint mir auch nicht der geeignete Weg! Schon beginne ich, am Rande des Weges Zweige abzubrechen und damit die tiefen Furchen unter den Rädern zu verfüllen. Später habe ich einen anderen Einfall und begebe mich auf die Suche nach flachen Steinen, die ich in der Spur hinter dem linken Vorderrad aufschichte.

Auf diesen Haufen will ich den Wagenheber stellen, das Auto ein wenig anheben und nach rechts hinüberdrücken, damit die Räder auf dem Mittel- beziehungsweise Seitenstreifen greifen können. Der Wagenheber ist positioniert, doch als ich die Kurbel einsetzen will, erkenne ich, dass ich sie nicht werde drehen können, weil ich mit dem Griff am Blech hängenbleibe, das tief im Schlamm steckt. Enttäuscht lasse ich mich auf meinen Hintern fallen. Das Sonnenlicht schimmert durch die Äste, und plötzlich dringt mir das fröhliche, laute Lärmen der spatzenähnlichen Vögel ins Bewusstsein, die am Rande einer etwa zehn Meter entfernten Wasserlache ihre Morgentoilette machen. Wenigstens sie können sich über den Regen freuen!

Angesichts ihres leuchtend orangefarbenen Brustkleides, der gelb-geränderten Flügel und des glänzend schwarzen Kopfes müssen das Webervögel sein. Und tatsächlich finden sich in den Akazien Hunderte ihrer charakteristischen Hängenester! Plötzlich fahre ich hoch. Ich höre Stimmen! Ich drehe mich um und verspüre eine ungeheure Erleichterung. Ich erkenne zwei junge Morane, die ihre Körper üppig mit Erde eingerieben, die Ohrläppchen mit bunten Perlen, Knöpfen und metallischen Gehängen und ihre Hälse mit Ketten aus wohlriechenden Körnern geschmückt haben. Sie nähern sich dem Auto mit gespielter Gleichgültigkeit und beachten mich gar nicht. Ich jubiliere innerlich, denn eines ist klar: Mit denen werde ich es schaffen!

Ich zweifle keine Sekunde, dass sie eine Lösung finden werden. Und tatsächlich: Schon zücken sie – noch immer ohne ein Wort – ihre mit tiefschwarzen Straußenfedern, einem Zeichen des Friedens, geschmückten Lanzen. Beide Männer tragen rote Umhänge, die sie vor dem Bauch zusammengerafft haben, sodass ihre Hinterteile nur von einem knappen, auf Höhe der Nieren mit Perlen bestickten Ledergurt bedeckt sind, an dem ihre *olalems*, ihre kurzen Massai-Schwerter, hängen. Offensichtlich haben sie sofort begriffen, was zu tun ist. Einer von ihnen nimmt seinen Speer, den er zuvor neben sich in den Morast gerammt hatte, um den Schaden zu begutachten, und entfernt die Klinge. Diese steckt er anstelle der Kurbel in den Wagenheber und dreht, bis sich das Fahrgestell mit der Karosserie aus dem Matsch hebt. Es hat geklappt!

In diesem Augenblick fange ich an, mit den beiden Maa zu sprechen. Sie freuen sich unbändig über so viel Gemeinsamkeit, ja, sie lachen lauthals und hemmungslos, bis alle Webervögel verstummen. Obwohl ich sehe, wie brillant und mutig die beiden sind, kann ich es mir nicht verkneifen, den nächsten Schritt vorzuschlagen: »Lasst uns gemeinsam den Wagen hinüberschieben, damit die Räder Halt finden!« Ich beobachte die beiden Morane, die keinen Schatten werfen. Das ist nicht verwunderlich, denn es muss Mittag sein, und dann steht die Sonne im Zenith. Dabei muss ich an den heutigen Morgen denken, an dem mich der Riesenschatten meines Wagens zu wahren Allmachtsfantasien inspirierte. Mein Schatten entsprach meinem Wahn als Weltverbesserer. *Ich werd's Euch schon zeigen!* Wie einfältig ich war … Die Massai, die ihre weibliche und ihre männliche Seite so gut zu verbinden wissen, zumal sie das Licht direkt von oben empfangen, sie haben es nicht nötig, sich und den anderen etwas vorzumachen – sie sind wie sie sind. Zum Beweis reicht es aus, die beiden hinter dem nun wieder fahrtüchtigen Auto herlaufen zu sehen – überglücklich, an diesem kaum erwarteten Augenblick teilnehmen zu können. Ich halte so schnell es geht und lasse sie auf der Rückbank Platz nehmen, denn wir haben verabredet, dass sie mich zum ersten Dorf führen.

Die Strecke scheint gar nicht zu enden, es geht durch Dorngestrüpp, und es gibt weitere schlammige Hindernisse. Trotzdem habe ich mich seit meiner Ankunft in Tansania nicht so wohlgefühlt wie jetzt. Und zumindest habe ich vor meiner Rückkehr nach Frankreich ein Abenteuer erlebt! Abwechselnd stimmen die beiden Massai gebetsähnliche Gesänge an, von denen ich nur wenige, wunderschöne Auszüge verstehe:

»Kein wildes Tier, kein Flügel eines Geiers wird sich zwischen uns stellen, kein Horn eines Nashorns, keine spitze Lanze wird uns trennen ... Ich bete für die Nachkommenschaft.«

»Sollen sie doch kommen ... Wilde Tiere und Aasgeier, still! Eure Erwartung hat sich nicht erfüllt, denn wir sind noch am Leben ...«

Als ich ihren Gesängen lausche, wird mir wieder einmal klar, warum ich hierhergekommen bin: um mich mit mir selbst zu versöhnen, um hinzunehmen, dass ich existiere und dass ich frei bin wie die Massai und mit den Massai zusammen – ohne weiteren Anspruch!

Montag, 22. Mai, Dorf Oloirobi,
Gefangener im Haus des Chefs, 15.00 Uhr

Dieses Mal habe ich kein Glück. Ich bin auf das erste und einzige Dorf gestoßen, das ich unbedingt hätte meiden sollen. Ich bin seit einer Stunde hier, und seitdem redet ein Mann mit einem hasserfüllten Blick, der mich erschaudern lässt, in gebrochenem Englisch auf mich ein:

»*You don't have permit, no official paper, you are in a prohibited area, tomorrow the police will come to take you!*« Nahezu gewalttätig hat er mich gezwungen, seine Hütte zu betreten, deren traditionelle Schönheit im starken Gegensatz zu seiner körperlichen Unförmigkeit und der Schwere seiner Vorwürfe steht. Wie um seine Fettleibigkeit zu kaschieren, hat er sich in eine rot karierte Decke gehüllt und trampelt herum wie der sprichwörtliche Elefant im Porzellanladen – die Dickhäuter mögen mir verzeihen! –, sobald er sich mir zuwendet, um mich mit seinen beleidigenden Anschuldigungen zu traktieren. Er hat mich gezwungen, mich auf sein Bett zu legen, obwohl dieses – seiner Größe angemessen – nur einen Meter sechzig lang ist und ich mich verrenken muss, um nicht meine Füße über die Liegefläche hängen und in der Feuerstelle verbrennen zu lassen. Nach dem sinnlichen Erlebnis mit den Moranen fällt dieses Zusammentreffen ziemlich enttäuschend aus ... Ich frage mich gar, ob dieser Mann überhaupt ein Massai ist, zumal er mich, als ich ihn auf Maa anspreche, scheinbar nicht versteht. Dafür mimt er den beflissenen Chef, was wiederum den von den Massai erstrebten Tugenden, die ich noch kurz zuvor erfahren durfte – dem intensiven Zuhören und dem Teilen –, erheblich abweicht. Er kehrt mir meistens den Rücken zu, und was ich von ihm sehe, ist nicht gerade dazu angetan, Vertrauen zu erwecken, denn er rührt wie ein Geisteskranker in einer *olmosori*, einer Kalebasse für Honigwein, und fischt sich immer wieder – vermutlich vergorenes – Fruchtfleisch heraus. Sollte er auch noch anfangen zu trinken, so würde er womöglich noch gewalttätig werden, denn schließlich fühlt er sich seiner Macht sicher. Als aufmerksamer Beobachter seines Verhaltens bemerke ich in erster Linie seine Abneigung, vielleicht sogar Abscheu, vor allem außer ihm selbst.

»Ich bin der Chef von Ngorongoro! Du bist mein Gefangener!«, verkündet er nun. Was soll's? Immerhin hat er mal die Platte gewechselt. Na ja, nicht ganz ... Aber ich verfalle nicht in Panik, ich warte einfach ab. Eine surreale Situation! In Frankreich wird mir das niemand glauben: »Ich bin der Chef, Du bist ein Krimineller!« Oh, eine neue Spielart! Ich kneife die Augen zu, dicker Qualm droht die Flammen zu ersticken, ich huste, aber er soll nicht merken, was ich bemerkt habe: dass es ihm nicht einmal gelingt, ein Feuer in Gang zu halten. Wo ist eigentlich seine Ehefrau? Ist er überhaupt verheiratet? Was kann die von ihm wollen? Nein, jetzt bin ich gemein ... Ich muss gerechterweise zugeben, dass ich im Grunde ein Faible habe für diese Art von grotesken Situationen, und so nehme ich es mit Humor. Meine Füße brennen, mir ist kalt, und ein Roboter will mir eintrichtern, er sei der Chef ...

Ich habe seit dem Morgen nichts gegessen, und so gern ich meinen

Hunger stillen würde, so gut passt es doch zu seiner wenig massai-
gemäßen Art, dass er mir nichts anbietet. Wie wär's mit einer Tasse
Tee, mein Fürst? Ein schöner, mit Liebe zubereiteter Tee ... Nein?
Nach zwei oder drei Stunden – ohne Uhr kann ich es nicht so genau sagen – rückt er mit einer Neuigkeit heraus:»Morgen findet die
Beschneidung meines ältesten Sohnes statt. Bis dahin bist du mein
Gefangener, und weil morgen ein großer Tag ist, wirst du morgen
während der Zeremonie mein Gast sein, danach wieder mein Gefangener!« Seine Stimme klingt nun milder, er muss verstanden haben,
dass ich kein hergelaufener Gauner bin, doch es wäre übertrieben zu
behaupten, er sei nunmehr stolz, mich als Ehrengast gewonnen zu
haben. Ich richte mich zum Sitzen auf, weil ich annehme, dass die
strenge Bewachung vorüber sei. Doch weit gefehlt! Er brüllt sofort los
und droht, und also lege ich mich wieder hin. Mit flehender Stimme
bitte ich:»Wenn ich die Nacht über hierbleiben soll, muss ich mir
meinen Schlafsack aus dem Auto holen!«

»Nein, auf keinen Fall, du bleibst da liegen! Das ist ein Befehl!«,
entgegnet er wütend. Ich füge mich. Es kommt mir vor wie im Theater, in einem Stück zwischen Drama und Boulevard.

Sein Verhalten ist charakteristisch für eine schwache Persönlichkeit, und somit unvorhersehbar. Ihm ist alles zuzutrauen! Ich liege
zusammengekauert wie ein Fötus und beobachte ihn argwöhnisch.
Das Feuer wirkt beruhigend, und ich umfasse Selenois Ring, wie ich
es jedes Mal tue, wenn ich in Not bin. »*Mzungu!* (Europäer!) Wach
auf! Du hast nicht das Recht zu schlafen. Nicht jetzt!«, erschallt
wieder seine mürrische Stimme, die ich in dieser kurzen Phase der
Entspannung hatte vergessen wollen. Der Mann beugt sich zu mir
hinunter, reicht mir einen Becher und ... eine Decke. »Die gute Milch
wird dich stärken, danach schläfst du besser!«

Dienstag, 23. Mai, Oloirobi, 7.00 Uhr

Kaum dass die ersten Sonnenstrahlen die Hörner der Rinder streifen, schiebt mich der Chef schonungslos vor eine Gruppe von etwa
30 *isipolio* (junge, frisch beschnittene Männer), die in mit Kohle dunkel gefärbte Kleidung gehüllt sind, ein blaues Perlenstirnband tragen und ihre Schläfen mit Kupferspiralen geschmückt haben, wie sie

normalerweise von ihren Müttern getragen werden. Ich weiß, dass die Massai einen solchen jungen Mann wie eine Frau ansehen, die gerade ein Kind zur Welt gebracht hat, nämlich als schwach und beschützenswert. Der Sohn des Chefs, der seinem Vater in keiner Weise ähnelt, hat in knapp zwei Metern Entfernung zu mir im Schneidersitz auf einem einfarbigen und zu diesem Anlass geweihten Rinderfell Platz genommen. Einige ältere Männer, wahrscheinlich seine Verwandten, pöbeln ihn an: »Du solltest ein schlechtes Gewissen haben!«, und: »Damit du es weißt, es wird Blut fließen, und keine Milch!« Der Ton ist ganz der seines Alten ... Doch ich habe schon 1983 an einer solchen Zeremonie teilgenommen und weiß, dass es sich bei den Einschüchterungen um streng festgelegte Codes handelt. Die anderen *isipolio* bemühen sich unterdessen, die harten Worte auszugleichen und bestärken den Jungen mit einem Gesang: »Wenn du ängstlich bist, bekommst du die glanzlosen Vögel! Wenn du mutig bist, sind die Riesenturakos mit den roten Flügeln dein!« ... Mein gestriger Tag, meine Nacht als Gefangener und nun dieses beeindruckende Erlebnis der Initiationszeremonie kommen mir vor wie von einem genialen Drehbuchschreiber erfunden, allein zu dem Zweck, mich zu überzeugen, dass ich unter allen Umständen meiner Intuition folgen soll und das Leben alles Weitere übernehmen wird!

Der Junge ist vollkommen nackt und richtet seinen Blick ungerührt nach vorn. Er ist vielleicht 13 oder 14 Jahre alt. Einer der Ältesten steht nun hinter ihm, um ihn zu unterstützen. Ich nehme an, dass gleich ein naher Verwandter kommen wird, um ihn von Kopf bis Fuß mit kaltem Wasser zu reinigen. So ist es jedenfalls üblich. Das Wasser dieser rituellen Waschung, *enkare entolu* (wörtlich übersetzt: das Wasser der Axt), muss in der Nacht zuvor draußen aufbewahrt werden, und zwar in einem Behälter, der auch eine Axt enthält, welche das Wasser kühlen soll. Die Waschung bezeichnet den Übertritt von der Adoleszenz in einen neuen Lebensabschnitt und steht als Symbol für die Befreiung des jungen Menschen von all seinen Irrungen und Fehlern. In der Praxis aber macht das kalte Wasser den Körper empfindungslos und bietet sich bestens als Vorbereitung für die folgende Operation an.

Inzwischen ist der Offiziant eingetroffen, ein runzeliger Alter. Er segnet den Jungen, indem er sein Gesicht mit *enturroto*, einer schneeweißen Mischung aus Milch und Kreide, benetzt. Ich schaue mich um: Es sind ausschließlich Männer anwesend, und zwar aller Altersklassen – eine andächtige Menge, die sich in wenigen Minuten zusammengefunden hat. Ihre Augen kleben an dem Messer, das jetzt durch die Haut schneidet. Die Männer sind aus Schaulust, aber vor allem zum Wohle des Patienten hier, um ihn zu unterstützen. Denn er darf sich nicht rühren, so besagt es die Regel, und tatsächlich hat er, seit ich ihn anschaue, nicht einmal mit der Wimper gezuckt. Er weiß, dass er andernfalls sein ganzes Leben hindurch Vorwürfe zu hören bekäme. Wahrscheinlich hat er seine ganze Kindheit hindurch für diesen Tag geübt, hat vielleicht seine Freunde gebeten, ihn kräftig zu zwicken und sich bemüht, nicht zu reagieren. Dieser Junge wird es wohl schaffen, und er scheint während des Eingriffs nicht einmal das Bewusstsein zu verlieren. Ich leide mit ihm, denn ich erinnere mich an die heftigen Schmerzen am Morgen nach meiner eigenen Beschneidung, zu der ich mich aus medizinischen Gründen entschlossen hatte und die ich kurioserweise einen Monat vor meiner Abreise zu den Massai habe vornehmen lassen. Nur dass die OP bei mir in einem Krankenhaus und unter Narkose stattgefunden hat! Ich bewundere den Jungen jedenfalls voll und ganz!

Dann ist es vollbracht, dem Alten wird eine Kalebasse mit Kräutermilch gereicht, mit der er den Jungen und das blutige Messer säubert. Die Spannung entlädt sich, die Männer beginnen zu reden, es werden Lobpreisungen auf den Jungen laut, der nun zu zittern beginnt. Alle bewundern seinen Mut, alle versprechen ihm ein Rind ... Ich höre, wie ein Ältester neben mir lästert: »Für einen Angsthasen wäre er viel zu hässlich!« Die Massai glauben nämlich, dass *Enkai* niemals so hart sei, eine Person mit Hässlichkeit und dazu mit Ängstlichkeit zu bestrafen. Nach etwa zehn Minuten hat man ihm – als Belohnung für seinen Mut – offensichtlich genügend Rinder geschenkt. Er erhebt sich, wobei ihm der Alte, der die ganze Zeit hinter ihm gestanden hat, zu Hilfe kommt, und er begibt sich in eine Hütte, in der er mehrere Tage lang umsorgt werden wird. Ich dagegen stehe noch immer unter Schock, als sei ich es gewesen, an dem man die Beschneidung vorgenommen hat. Ich empfinde ein starkes Bedürfnis, mich zurückzuziehen und bin heilfroh, dass ich nicht auf meinen Folterknecht treffe! Der Erfolg seines Sohnes lässt auf ein großes Fest schließen, das jetzt folgen wird, und ich bin guter Hoffnung, dass dabei mein »Fall« in Vergessenheit gerät ...

Die Mittagssonne scheint grell auf das rundliche Gesicht meines Chefs. Er ist überglücklich, und aus allen Ecken des *emboo* klingen die zufriedenen Stimmen der »Assistenten«, die sich in ihren Altersgruppen zusammengefunden haben, um ad libitum zu essen und zu trinken und den Erfolg seines Sohnes angemessen zu feiern. Mein Chef trägt einen makellos gebügelten Anzug und sieht aus wie ein frisch kommunierter Junge, den man in ein Folklore-Gewand gezwängt hat. Mit seiner Kopfbedeckung – sie ähnelt der eines Chefkochs – und seinem *olkuma orok* posiert er wie der Fürst eines obskuren Zwergstaates! Ich sitze ihm zur Linken, doch eher zu seinen Füßen, denn wie die anderen Ehrengäste, die fast alle Anzug mit Krawatte tragen, habe ich auf einer Art Tribüne aus grob zugehauenen Baumstämmen auf einem Hocker Platz genommen, während sich der Chef auf einem Thron niedergelassen hat, der zudem noch auf einem Podest steht. So spricht er von oben auf uns herab, wie er es offensichtlich gern tut.

Mich hat er allen Gästen als seinen Gefangenen präsentiert! Immerhin hat man mir keine Handschellen angelegt, aber ich komme mir vor als ob! Man bringt mir eine Cola und einen Teller mit Reis, wie es wohl meinem neuen Status entspricht, und ich schlinge ihn klaglos hinunter, denn es ist meine erste Mahlzeit seit 24 Stunden … Doch meine Vermutung, dass mein Chef an einem für seinen Sohn und ihn – ich wage nicht, von Familie zu sprechen, denn seine Frau habe ich noch immer nicht zu Gesicht bekommen – so wichtigen Tag seine Herrschaft ein wenig ruhen lassen würde, hat sich leider nicht erfüllt. Nun bleibt mir nur noch die Hoffnung, dass er und seine Gäste ordentliche Mengen Honigwein trinken und ich mich unbemerkt aus dem Staub machen kann. Mein Fluchtplan ist jedenfalls schon fertig! Zum Glück habe ich in der Hütte keine Habseligkeiten, sodass ich bloß den Weg zum Auto schaffen muss. Ich werde den Weg in entgegengesetzter Richtung bis zur Abzweigung fahren und weiter auf der Hauptpiste bis zum Main Gate. Es hat nicht mehr geregnet, und so müsste der Matsch langsam fester geworden sein. Doch nun heißt, es geduldig auf einen günstigen Augenblick zu warten! … Kurze Zeit später höre ich hinter mir ein »*Supa olchief!*« (Guten Morgen, Chef!) und ein herzliches Lachen. Es stammt von einem redselig und herzlich wirkenden Europäer, einem etwa 40-jährigen, großen und sportlichen Mann mit blauen Augen und gelocktem, schwarzem Haar, der meinem Chef die Hand gibt, bevor er sich an mich wendet: »Hier bist du, mein Freund. Ich habe schon gestern den ganzen Tag auf dich gewartet, und heute Morgen!«

Ich bin wie vom Blitz getroffen und verstehe, dass es jetzt gilt, das Spiel mitzuspielen. Also antworte ich: »Ich weiß, ich hätte dich informieren sollen, ich wollte doch auf keinen Fall die *emurata* des Sohnes vom Chef verpassen!« Er setzt sich neben mich, während ich mit einem Seitenblick die Miene meines entwaffneten »Gefängniswärters« prüfe. Dem bleibt kaum eine Chance, und tatsächlich beweist er jetzt seine Feigheit: »Da ist er ja endlich, Ihr Freund! Wie gut!«

Ein wenig später flüstert mir mein Retter zu: »Ich heiße Christopher, ich arbeite hier als Arzt im Auftrag einer österreichischen Nichtregierungsorganisation. Ich habe mir gedacht: Der sitzt in der Patsche! Das ist nicht der erste Fall, dieser Mann ist gefährlich ... Ich lebe oberhalb des Kraters, fahre du mir einfach hinterher. Du kannst wirklich eine Dusche gebrauchen!«

5

– 1990 –
Meine Einsetzung als Ältester

Das letzte Jahr war verrückt. In der Nummerologie entspricht 1989 der Neun ... Das kann kein Zufall sein! Zu seinen Höhepunkten zählt nicht nur meine unglaubliche Flucht beziehungsweise meine Rettung im Ngorongoro-Nationalpark, sondern vor allem meine Teilnahme am *enkang olorikan* (der Zeremonie im »Dorf der Hocker«) in der Nähe »meines« Dorfes Entepesi.

Kurz bevor ich den 505 in Nairobi abgeben und nach Europa zurückfliegen musste, wollte ich natürlich noch dem Dorf von *Papaai* einen Besuch abstatten. Er informierte mich über den Abschluss der Bauarbeiten am Zeremonien-Dorf der Hocker, und so fuhr ich mit ihm gleich am nächsten Tag im Auto nach Embolioi. Ich konnte es kaum erwarten, den Ort kennenzulernen, an dem die langwierige Initiation meiner Altersklasse, die vor 20 Jahren begonnen hatte, endlich ihren Abschluss finden würde. Die Zeremonie des *enkang olorikan* zählt zu den bedeutendsten Ereignissen im Leben eines Massai-Mannes, denn er findet endlich nach den langen Jahren des Lernens und der Verbote seine Anerkennung als vollständige Persönlichkeit, und man händigt ihm den berühmten *olpiron*, den Feuerstab, aus, welcher einst das Feuer seiner Generation entzündet hat. Mit Ablauf dieses Rituals, das in einem eigens dafür errichteten Dorf stattfindet und sich über vier Monate hinzieht, wird der Mann nicht nur zum Ältesten – was bedeutet, dass er die Dualität überwunden hat – sondern er erhält auch die Kompetenz und Macht, das schöpferische Feuer einer neuen Altersklasse zu entzünden und wird damit vom Schüler zum Lehrer.

Takuna, Wortführer meiner Altersklasse, lebt bereits seit zwei Monaten an diesem Ort. Nun wird die zweimonatige Schlussphase dieses nach dem *eunoto* der Morane zweitwichtigsten Rituals im Leben eines Massai anbrechen. Ich hatte mit Yiaro verabredet, dass er mich über das Datum dieser letzten Zeremonie für die *Ilmerisho,* zu denen ich gehöre, informiert, denn ich wollte sie um keinen Preis verpassen. Doch da Yiaro wie all meine anderen Massai-Brüder keine Briefe schreibt, habe ich nicht auf eine Nachricht gewartet. Wahrscheinlich hat er ohnehin angenommen, dass ich zur rechten Zeit am rechten Ort sein würde!

Wirklich rein zufällig (ich hatte eine Woche zuvor mein Flugzeug verpasst) kehrte ich am 14. Juli 1989 nach Paris zurück und geriet dort mitten in eine Zeremonie ganz anderer Art, feierte man doch zusätzlich zum Nationalfeiertag auch den 200. Jahrestag der Revolution! Irgendwie muss mich die Stimmung mitgerissen haben; jedenfalls packte mich plötzlich die vielleicht von vornherein aussichtslose Idee, in diesem sakrosankten Ferienmonat Leute zusammenzutrommeln, Geld zu sammeln und nach Kenia zurückzukehren, um den *enkang olorikan* filmisch zu dokumentieren. Mir blieben knapp zwei Wochen Zeit, und ich bekam natürlich sofort zu hören:»Das ist unmöglich, das schaffst du nie!« Doch ich ließ mich nicht entmutigen und ergab mich nicht dem Schicksal, wie es viele Menschen allzu leichtfertig tun, sondern ich bezog aus den Zweifeln der anderen sogar die Kraft, ein Projekt zu verwirklichen, das mir soeben in den Sinn gekommen war und an das ich nie zuvor auch nur einen Gedanken verschwendet hatte. Gerade deswegen konnte ich den Floh in meinem Ohr auch nicht mehr loswerden. Ich fragte mich: *Woher kommt diese Idee? Warum verschwindet sie nicht aus meinem Kopf? Und was, wenn sie wichtig ist?* Je mehr ich darüber nachdachte, desto mehr wuchs meine Überzeugung, dass es sich um eine absolut einzigartige Gelegenheit handelte. Und schließlich war der Film in unserer Zivilisation ein unumgängliches Medium, das es mir erlaubte, der Welt ein anderes Bild von den Massai zu vermitteln.

Ohne Frage konnte ich einen solchen Film nicht allein machen. Die Arbeit als Autor oder Koautor war für mich durchaus vorstellbar, doch schon die Regie … Es gab da einen Graben zu überwinden, und ich wusste schon zu viel, als dass ich ihn naiv und leichtfertig hätte überspringen können. Welcher Sender würde schon einem blutigen Anfänger Geld bewilligen? Ich wollte die Idee liefern und sie mithilfe von ausgewiesenen Fachleuten wie Bild- und Tontechnikern usw. realisieren. Natürlich dachte ich gleich an einen Freund, der schon mehrere Dokumentarfilme in Kenia gemacht hatte, doch der befand sich gerade bei Dreharbeiten und lehnte ab. Am selben Tag vermittelte mir ein anderer Freund den Kontakt zu einem jungen Cineasten namens Cédric Klapisch, der noch frei war. Er kam gerade aus Cannes, wo er bei den Filmfestspielen mit der Nominierung seines Dokumentarfilms über die Brüder Lumière ein gewisses Aufsehen erregt hatte. Vor allem aber fand er mein Projekt interessant, und er sorgte für eine Unterstützung durch den TV-Sender Canal+. Damit war die Maschine angeschoben, und niemand würde sie noch stoppen können ...

Leute und Geld waren so problemlos zusammengekommen, dass ich geradezu annehmen musste, der Dreh würde ebenso störungsfrei und schnell vonstatten gehen. Doch es kam anders. Mit unserer Ankunft in Kenia begann alles schiefzulaufen. Ich will das niemandem konkret vorwerfen, doch eins ist sicher: Ich habe unendlich viel dabei gelernt! Vor allem über mich! Aus heutiger Sicht muss ich zugeben, dass es, wenn überhaupt, nur einen Verantwortlichen für die unangenehmen Ereignisse im letzten Jahr geben kann, und das bin ich! Denn so geschickt ich meine Begeisterung genutzt hatte, um zu einem Team und zu Geldern zu kommen, obwohl ich kein genaues Konzept besaß, so ungeschickt habe ich mich dann, aus Mangel an Erfahrung und Vorbereitung, vor Ort angestellt und mich zurückgezogen. Also der totale Reinfall? Nicht ganz. Bis dahin war mein Leben mit den Massai von der Wärme einer exklusiven Beziehung getragen. Dazu musste ich nichts weiter tun als, mich von meinem alten Lebensentwurf mit all meinen damaligen Ängsten, Ansprüchen und meiner Ungeduld zu verabschieden. Doch im letzten September kam ich nicht allein, sondern mit einem Laster voll Techniker und »einäugigen Maschinen«, um in der Nähe des zeremoniellen Dorfes mein Basislager einzurichten.

Zu behaupten, dass dieser Einmarsch meine Freunde, meine Familie und all die anderen Massai dort gestört habe, wäre gelogen. Dazu hätte es noch mehr bedurft – schließlich sind sie es gewohnt, sich von einer Minute auf die andere auf Neues einzustellen. Nein, ich war es, den diese Situation beeinträchtigt hat! Ich habe sie nicht ertragen! Obwohl ich selbst sie herbeigeführt hatte, habe ich mich von Anfang an abseits und ausgestoßen gefühlt. Ich war einfach nicht reif dafür, denn Macht und Kontrolle zu verlieren bedeutete für mich, dass ich das Projekt infrage stellte. Ich begann, die anderen – den

Regisseur und seine Leute – zu verteufeln. Damit riskierte ich, alles zu verlieren. In meinen Augen hatten sich alle gegen mich verbündet, denn sie verstanden sich anscheinend blendend, was schlicht daran lag, dass sie sich gut kannten und an die gemeinsame Arbeit gewöhnt waren. Fünf Wochen lang wurde die Stimmung immer angespannter und unerträglicher. Doch statt die Verantwortung bei mir zu suchen, habe ich Gott und die Welt beschuldigt. Das ging so weit, dass ich jegliches Interesse an dem Film verlor. Zumindest beinahe ... Irgendetwas hinderte mich daran, alles hinzuschmeissen, doch ich schaffte es auch nicht, mich voll und ganz für die Sache zu engagieren. Überdies waren hohe Geldsummen im Spiel, die ich für den Schutz der Massai – mein Hauptziel – verwenden konnte. Aufzugeben wäre einfach feige gewesen, was ich mir niemals verziehen hätte. Also hielt ich durch. Die Sprache der Gesten und Stimmungen, die wir im Film verwendeten, war vielleicht ein wenig unnatürlich, aber doch recht aussagefähig, denn ein Film soll schließlich in erster Linie die Wahrheit und das Leben seines Autors reflektieren.

Meine anfängliche Idee bestand darin, die erhabene und überwältigende Energie der Massai, die ich in jeder einzelnen Zelle meines Körpers spüren konnte, in Bildern darzustellen. Die Zeremonie diente allein als Anlass. Das Team konnte mir bis zu einem gewissen Grad folgen, aber angesichts meiner Trägheit und dem Mangel an Schwung und Überzeugungskraft, also meiner Unsicherheit, sowie durch den sich verselbstständigenden Ablauf der Dreharbeiten gelang die Umsetzung meines ehrgeizigen Zieles nur teilweise. Dass der Film nicht total misslang, ist vor allem der friedliebenden, bestimmten und doch ganz sanften Art der Mitglieder meiner Familie zu verdanken, die die Angelegenheit ihrerseits in die Hand nahmen. Sie verstanden, was ich fühlte, sie spürten die Erregung, die mich überwältigte und mich nicht mehr klar denken ließ, weil ich einfach nicht mehr mit mir im Reinen war. Ich glaube ehrlich, dass sie mich noch nie zuvor so erlebt hatten, und ich bin weiß Gott nicht gerade stolz darauf. Sie aber reagierten auf diese Situation, wie es eben ihre Art ist – ohne Zwang oder Gewalt, mit viel Liebe und mit Verständnis für meine Hilflosigkeit. Nach und nach, und ohne dass sie jemand gebeten hätte, eine bestimmte Rolle zu übernehmen, wurden sie ganz automatisch zu den Helden des Films: hier Takuna, stolz, selbstbewusst, in diesen Tagen des Umbruchs und der Entwicklung zum Ältesten Fahnenträger der Tradition; und dort sein jüngerer Bruder Kimakon, der die strahlende Selbstsicherheit eines Morans verlor, als die Behörden seine Zöpfe einforderten, weil er zur allgemeinen Enttäuschung zur Polizei wollte. Stolz und frei der eine, verbittert und gedungen der andere! Dazu *Papaai*, heiter und in allen Situationen ein wenig spöttisch, sowie *Mamai*, frohgemut und eine Spötterin auch sie. Sie alle schafften es, sich selbst zu spielen und retteten so den Film!

Außerdem half diesem Film sein Titel, »Massaiitis«* – was für mich »krankhafte Liebe für die Massai« bedeutet –, auf den ich umso mehr bestand, als die Engländer diesen Ausdruck in den 1940er-Jahren im Zusammenhang mit einer Begebenheit verbreitet hatten, die meiner Geschichte mit den Massai sehr ähnlich war. Natürlich bin ich – anders als der bereits erwähnte Jack Driberg – nie Kolonialverwalter des Massai-Schutzgebietes gewesen, aber Driberg wurde – wie ich – von den Massai geradezu magnetisch angezogen, bis er schließlich alle Brücken hinter sich abbrach, um mit ihnen zu leben.

Kaum waren die Arbeiten an meinem Film abgeschlossen, drängte sich mir die Idee auf, nach Entepesi zurückzukehren, und zwar allein, um die Meinen ganz für mich zu haben und um neue Energie zu tanken, aber nicht nur. In gewisser Weise schämte ich mich für mein Verhalten während der Dreharbeiten, und ich schleppte diese Last seit meiner Rückkehr nach Paris Ende Oktober mit mir herum. Es tat umso mehr weh, als ich weder mit *Papaai* noch mit *Mamai* noch mit Takuna darüber sprechen konnte. Und so verzehrte ich mich in der Vorstellung, meine Familie würde sich empören und mich für unwürdig erachten. Dabei hätte ich mir diese Sorgen ersparen können, denn schließlich war ich vertraut mit den Massai und hätte wissen müssen, dass sie weder urteilen noch spekulieren, sondern schlicht den Augenblick leben. Ich hatte mich von meinem Verstand tyrannisieren lassen und meinen inneren Faden verloren! Zusätzlich belastete mich, was mir *Papaai* am letzten Tag der Zeremonie im Dorf der Hocker anvertraut hatte, dass ich nämlich allein zurückkommen müsse, »damit Ole Peron sich von seinem *olpiron papaai* (seinem väterlichen Entzünder) segnen lassen könne«. Das verstand ich nicht

---

*Der Film hatte seine Premiere 1991 auf Canal+. Vor dem Hintergrund der letzten Zeremonie der Initiation meiner Altersklasse und der Befragung der Mitglieder meiner Familie thematisiert er die Bedrohung der Massai durch die Politik, die Schulpflicht und den Tourismus.

18

17 Während der Dreharbeiten
zu meinem mit Cédric
Klapitsch produzierten
Film »Maasaitis« mit
Moranen aus der Region
des Kilimandscharo.
18 Ich zeige einem ungläubi-
gen Samburu-Mädchen
eine Polaroid-Aufnahme,
die ich von ihm gemacht
habe. Oktober oder
November 1984.

19 Kintalel, der älteste Sohn von Takuna,
   Ende 1990.

20 Riesige Büffel, die ich am 22. Mai 1989 auf der Piste nach Oloirobi (Ngorongoro Conservation Area) getroffen habe.

21 Morane mit den Überresten des Rindes, das anlässlich der Beschneidung des Sohnes ihres Chefs geopfert wurde, in Oloirobi (Ngorongoro), wo ich am 23. Mai 1989 gefangen gehalten wurde.

22

23

22 Zwei Cousins von Kenny während des *eunoto* 1993.
   Peter (links) beaufsichtigt die Morane, Lekukei
   führt ihre Prozession an.
23 Kenny und sein ältester Sohn Koné in Festkleidung
   in ihrem Dorf Indupa im September 2005.

24 Gleich wird Koné sein schwarzes Gewand, das er zum
Zeichen seiner Beschneidung mehrere Monate lang
getragen hat, gegen das traditionelle rote Gewand der
jungen Morane tauschen. September 2005.

25 Kalama ole Koyiaki, ein renommierter Medizinmann, führt
meine Altersklasse durch das große, für die »Zeremonie
der Hocker« errichtete Dorf (olngesher). September 1989.

26 Im Mai 1989 nehme ich auf Einladung dieser Morane
der benachbarten Sektion Keekonyokie an ihrer
»Zeremonie der Hocker« am Fuße des Vulkans
Suswa teil.

27 Kenny und meine Tochter Gabrielle Ende 2003 in der
Bretagne anlässlich der Vortragsreihe, die Kenny in
zehn französischen Städten hielt.

28 Rasur Takunas durch seine Ehefrau Noolkisakara anlässlich der »Zeremonie des Fleisches« am 9. September 1983.

29 Ich genieße das Privileg, an der Seite von Kenny den großen spirituellen Führer Mokompo und dessen Sohn in den »Wald des verlorenen Kindes« begleiten zu dürfen. September 2005.

30 Im Anschluss an die Disputation meiner
   Doktorarbeit am 14. Oktober 1993 an der
   Sorbonne überreicht Kenny mir die Insignien
   eines Ältesten.
31 Der freudestrahlende Kenny nach seinem
   Vortrag in Quimper, 3. Dezember 2003.

nur als Wortspiel, sondern es bedeutete auch, dass er als einer meiner spirituellen Väter, die einst das Feuer meiner Altersklasse entzündet und mich lange Jahre erzieherisch begleitet hatten – wie es bei uns in Europa vielleicht die Paten tun oder gemäß ihrer spirituellen Aufgabe tun sollten –, meine Entwicklung zum Erwachsenen bestätigen und segnen musste.

Dienstag, 3. August, Entepesi, mit Papaai, 12.00 Uhr

Ich betrachte den Horizont, schütze meine Augen mit einer Hand vor den mörderischen Strahlen der Mittagssonne und staune – wie bei meiner Ankunft vor zwei Wochen – über das völlig ausgedörrte und jeglicher Lebenskraft beraubte Weideland. Der Himmel ist von einem wässrigen, fast ins Weiße gehenden Blau. Kleinere Erhebungen und Hügel sind, so weit ich schauen kann, kahl gefressen, und die Weiden beziehungsweise das, was davon übrig ist, glänzen wie von Kupfer bedeckt. In dem erbarmungslosen Licht hat die Landschaft die Farbe von gebranntem Ton angenommen, und wo doch noch etwas Gras aus dem rissigen Boden sprießen konnte, ist es fahlgelb und abgestorben. An den Hängen der Löwenberge drängen sich die über Nacht aus dunklem Buschwerk errichteten Hütten, welche nun Tausende von Nomaden beherbergen, die auf der Suche nach frischem Gras sind. Es sind mehr als zehn Familien, die eigentlich jenseits des Trockenflusses Olkerie leben und geflüchtet sind, denn Kiloo und Entepesi gelten als *emorua naairowua*, die »warme Region«, in der – selbst wenn sie ebenfalls von der Trockenheit betroffen ist – die Rinder nicht so leicht sterben und die Stiere fruchtbar bleiben. »Warm« darf in diesem Fall nicht mit trocken verwechselt werden, denn das Adjektiv bezieht sich auf die Milch, die hier in diesem vergleichsweise frischen oder kühlen Gebiet noch fließt und die gleich nach dem Melken noch warm ist.

Papaai und ich sitzen auf Hockern, die wir so dicht wie möglich an die mit Kuhmist verputzte Wand seiner neuen Hütte herangerückt haben, um wenigstens die Illusion von Schatten zu erzeugen. Während ich den Blick über die unter der Trockenheit leidende Landschaft schweifen lasse, empfinde ich bei dem Genuss, den mir die von *Mamai* gereichte Schale mit rauchig schmeckender Milch verschafft, eine gewisse Beschämung. Um mein Gewissen zu beruhigen, sage ich mir, dass hier immerhin das Gros der ausgemergelten Kühe noch ein wenig Milch gibt. *Mamai* tut wirklich alles, um mir das Leben so angenehm wie möglich zu gestalten. Ja, die ganze Familie, die seit dem letzten Jahr zwei getrennte Dörfer bewohnt, überschüttet mich mit Beweisen ihrer Liebe, als spürte sie, wie dringend ich diese für mein Selbstbewusstsein benötige. In diesem Fall ist es mehr als eine Ahnung, sie wissen es einfach. Sie warnen mich davor, in den ersten Tagen allzu anstrengende Aktivitäten zu unternehmen, als wollten sie mich dazu ermuntern, mich der Wirklichkeit zu stellen, meine Seelennot auszukosten und sie nicht durch Ablenkung zu verdrängen. Ich glaube nicht, dass ich mich täusche, habe ich doch schon häufiger beobachtet, wie die Massai einen Menschen behandeln, der einen seiner Nächsten verloren hat. Sie überhäufen ihn mit Bekenntnissen ihrer Zuneigung, bis er bereit ist, das Fehlen des anderen anzunehmen. Handelt es sich um junge Menschen, die zum ersten Mal eine solche Erfahrung durchleben, dann »entführt« ein Ältester den Leidenden für mehrere Tage aus dem Dorf und spricht mit ihm über das ewige Leben. Handelt es sich um Mütter oder Ehegattinnen, so übernehmen andere Frauen während der Trauerzeit die schwersten Aufgaben wie etwa das Wasser- oder Holzholen. Sie tun das in bester Laune, oft noch fröhlicher als gewöhnlich.

Auf diese Weise ist das Leben hier sehr angenehm. Die heitere Stimmung verleiht mir eine Kraft und einen Schwung, wie ich sie seit Ewigkeiten nicht mehr verspürt habe, und schließlich fühle ich mich wieder in der Lage, mein altes, glückliches Leben aufzunehmen: durch die Gegend zu laufen, die Tiere zu den Weidegründen und zur Tränke im Trockenfluss zu begleiten und … mit *Papaai* zu reden. Die schelmische Neranto und die brave Naserian fehlen mir, denn wie oft habe ich in den vergangenen sieben Jahren an die langen Tage gedacht, die ich während meines ersten Aufenthaltes in Entepesi zusammen mit den beiden Mädchen und der Herde auf den Weiden verbracht habe. Beide haben geheiratet und sind mit ihren Ehemännern fortgezogen. Ich habe sie nie wiedergesehen. Doch die Kinder, die heute an ihre Stelle getreten sind, stehen ihnen in nichts nach. Es sind die Kinder von Takuna: sein ältester Sohn Kintalel, zehn, und seine neunjährige Tochter Noolmiato. *Papaai* hat das Hüten seiner Rinder seinem Sohn übertragen, dessen Dorf etwa einen Kilometer entfernt liegt. Wenn Kintalel und Noolmiato mit den zusammengelegten Herden ihres Vaters und ihres Großvater abends von den Weiden zurückkehren, bringen sie etwa 20 Kühe vorbei, die uns mit Milch versorgen. Am frühen Morgen kommen sie wieder, um die Tiere nach dem ersten Melken abzuholen. Ich begleite sie jeden zweiten Tag, und auch mit ihnen habe ich mich noch keine Sekunde gelangweilt. Sie lachen wirklich den ganzen Tag, so etwas habe ich noch nicht gesehen! Sie ähneln sich ungemein, was meiner Meinung nach zum großen Teil durch ihre Eigenschaften zu erklären ist, und dann natürlich dadurch, dass ihnen die beiden unteren Schneidezähne gezogen wurden, was das charakteristische Aussehen der Massai bestimmt. In den Anfängen war diese Praxis in den Augen der Massai lebensnotwendig, glaubten sie doch, sie könnten durch diese Lücke die an Wundstarrkrampf erkrankten Personen füttern, die nicht in der Lage waren, ihren Mund zu öffnen. Heutzutage ist diese Zahnlücke zu einem Symbol der Beständigkeit und der Schönheit geworden.

Noolmiatos schelmisches und stets ein wenig zurückhaltendes Wesen erinnert mich stark an das ihrer Tante Neranto, die – wie sie – ihre Gesprächspartner mit umso heftigeren Ausbrüchen der Freude zu überraschen pflegt. Ich necke sie wie einst die kleine Schwester Takunas, täusche einen Wettlauf an, lasse sie vorlaufen und versuche sie dann zu fangen, doch sie ist zwei Jahre jünger als Neranto damals, und so schaffe ich es immer, sie einzuholen. Sie besitzt noch immer die berührende Spontanität eines Kindes, und doch folgt auf das schier unbändige Lachen oft auch ein befremdetes »*Torrono Xabio!*« (Xavier ist böse!).

An einem der Tage, an denen ich bei *Mamai* im Haus bleibe, höre ich plötzlich von draußen ein tumultartiges Geschrei, das mich aus der Hütte treibt. Es ist Kintalel, der zusammen mit etwa zehn anderen Kindern aus dem Dorf eine mindestens vier Meter lange Felsenpython hinter sich herschleift. Er erzählt uns mit großer Ernsthaftigkeit, wie sich alles zugetragen hat: »Ich konnte nichts machen, alles ging so schnell! Ich hatte kaum Zeit zu sehen, wie ihr Schwanz eine der Ziegen zu Fall brachte und sie das Tier im Nu verschlang! Ich rief laut um Hilfe. Ich wusste, dass Sitonik und die anderen mit ihren Rindern in der Nähe waren. Sie kamen auf der Stelle angerannt, und dann haben wir die Schlange mit unseren Lanzen durchstoßen!« Um uns herum breitet sich das Geläute der Schellen und Glocken wie ein

Klangteppich aus. Ich fühle mich wie auf einer winzigen Insel inmitten fließender Lava oder wie auf der Arche Noah, die den letzten geflüchteten Rindern das Tor zum Paradies des frischen Grases öffnet.

Hinter mir passiert etwas: Ich wende mich um und erblicke eine junge Frau, die im leichten Trab zu der zweiten Hütte innerhalb der Dorneneinfassung strebt. Es ist Nekisayio, die Ehefrau von Meeli, die als einzige bei *Papaai* und *Mamai* geblieben ist. Sie läuft tief gebeugt, um das Gewicht der schweren Last auszugleichen, die sie auf ihrem Rücken trägt. Um ihren Kopf hat sie einen breiten Lederriemen gebunden, an dem ein Riesenbündel trockenen Holzes hängt. Noch bevor sie es ablädt, beeilt sie sich, uns zu begrüßen, und sie gluckst dabei wie ein kleines Kind. Sie ist eine hinreißend schöne, sehr feminine Frau – ich bin wirklich stolz auf meine Schwägerin! Mit ihrer schwankenden Last eilt sie weiter, flüstert uns ein schüchternes *»Ng'asak«* zu und erreicht *Papaai*, der ihr seine rechte Hand auf den Kopf legt und voller Zuneigung mit *»na siankiki!«* (oh, Frau!) antwortet. Ich vernehme von ihr ein kaum hörbares *»Eeo!«* (Ja!), worauf ein *»Takuenya?«* (Wie geht es Dir?) folgt, was seine Schwiegertochter schließlich mit hoher Stimme mit *»iko!«* (gut!) beantwortet. Mir gegenüber weiß sie nicht recht, wie sie sich verhalten soll. Sie tritt vor und wieder zurück, die Arme! Nach einem kurzen Zögern wagt sie sich schließlich ganz nah an mich heran, damit auch ich ihr meine Hand auf den Schädel legen kann. Da ich derselben Altersklasse angehöre wie ihr Mann, ist sie nicht verpflichtet, mich derart höflich zu begrüßen, doch ich fahre ebenso wie *Papaai* mit einem *»Oh, Frau!«* fort und streichele ihr wohlwollend über den Kopf. Da prustet sie plötzlich los, und schon kann sie sich kaum noch halten vor Lachen. Es folgt eine schüchterne Frage: *»Xabio! She! ... Koree ilpapit?«* (Hör zu, Xavier! Was hast du denn mit deinen Haaren gemacht?)

»Mme Olmurrani nanu! Olpayian kitok nanu tena kata!« (Ich bin jetzt kein Moran mehr! Ich bin ein bedeutender Mann!) In Wahrheit habe ich gleich am ersten Tag hier im Dorf – und ich muss zugeben, dass es jedes Mal so ist – Flöhe bekommen, und wie immer hat *Mamai* mir den Schädel rasiert. Natürlich trage ich nun einen glockenförmigen Hut, aber ich hasse ihn, und so nehme ich ihn ab, wenn ich in Gesellschaft bin, vor allem in der von Frauen ... Nikisayio weiß sehr wohl, dass mein Schädel kahl ist. Sie will einfach einen kleinen Scherz machen, das lieben die Frauen hier. Und *Papaai* scheint das

auch zu genießen, denn plötzlich fangen seine Augen an zu leuchten! Als die Frau aufbricht, setze ich meine lächerliche Kopfbedeckung wieder auf. Der Hut ist immerhin besser als ein Sonnenstich, das habe ich inzwischen nach leidlicher Erfahrung verstanden. Ich atme tief durch, aber seit ich wieder hier bin, fühle ich mich ohnehin stark und voller Elan. Selbst die Tatsache, dass in dem Dorf, in dem ich einst 28 Monate gelebt habe, von den ursprünglich 20 oder gar 30 Hütten nur noch zwei übrig sind, vermag mein Wohlbefinden kaum zu beeinträchtigen. Trotzdem muss ich *Papaai* eine Frage stellen, ihm, der gerade in ein Stück *emakat* – einen Salzstein – beißt, um ihn mit Kautabak zu vermischen, was ihm nach Überzeugung der Massai kreative Kräfte verleihen soll.

»*Papaai*! Wie kommt es, dass du hier so einsam lebst, obwohl du früher das Leben in der Gemeinschaft so genossen hast?« Er lacht über meine Frage, um mir schließlich voller Überzeugung und sehr humorvoll zu antworten: »Die Leute helfen einander hier immer noch, so gut es geht, das hat sich nicht geändert! Auf seine Verwandten und auf seine Freunde kann man sich hier absolut verlassen. Es stimmt, dass die großen Dörfer, die *inkanasan*, in denen mehrere Familien zusammenlebten, jetzt verschwunden sind, genau wie das, in dem wir mit dir gelebt haben. In einem solchen Dorf, das weißt du, hatten wir keine Sorgen. Jedes Problem wurde sofort und mit Unterstützung der anderen gelöst. Es war üblich, sich gegenseitig zu helfen, und zwar spontan und ohne dass man die Hilfe hätte einfordern müssen, weil alle den anderen gegenüber offen waren. Die Kinder werden nirgendwo solche Erfahrungen machen können. In einem großen Dorf leben sehr viele Kinder, wodurch sie sehr früh eine beachtliche Autonomie erlangen. Sie kosten ihre Lebensfreude aus, spielen und bleiben untereinander, ohne das Leben der Erwachsenen zu beeinträchtigen. Trotzdem sind sie unser ganzer Stolz. Sie erfinden Spiele, amüsieren sich mit den Rindern innerhalb der Einfriedung oder mit der *enkukuo* (Holzkohle), und sie laufen von Hütte zu Hütte und hören von den Großmüttern immer neue Geschichten, die sich um unser Leben ranken – von Moranen, der Löwenjagd, Viehdiebstählen … Auf diesem Weg sind unsere Erfahrungen bis heute weitergegeben worden, die Älteren kennen die Geschichten in- und auswendig und übermitteln sie ihrerseits den Jüngeren. Wir Männer vermitteln den Kindern alle wichtige Information über das Hirtennomadentum:

Wir erklären, wie man einen Dorn aus einem Huf zieht oder wie man den Rindern und Ziegen bei der Geburt hilft. Und natürlich singen wir Lieder – über den Stolz, eine Herde zu besitzen und über die Liebe, die notwendig ist, um den Tieren zu dienen, damit sie uns Fleisch und Milch geben ... Auch jetzt, wo wir eine neue Lebensform gefunden haben, versuchen wir uns wie früher zu verhalten. Wenn wir Hilfe benötigen, müssen wir uns eben an jemanden im Nachbardorf wenden ...«

Papaai ist überhaupt nicht aufgeregt, er spricht mit der fröhlichen Stimme eines Menschen, der die neuen Umstände angenommen hat. Dafür sind Besonnenheit und Erfahrung nötig, andernfalls würde eine solche Zäsur vielleicht zu einem Schockzustand führen. Jedenfalls würde ich so reagieren, der ich ein bedingungsloser Anhänger der traditionellen Kultur und Lebensweise der Massai bin. Ich weiß wohl, dass die Massai alles andere als Rationalisten sind; trotzdem bestehe ich auf einer Antwort von *Papaai*. Ich formuliere meine Frage anders: »Warum habt ihr die Aufteilung eurer Territorien nicht verweigert?«

»Eines Tages werde ich dir die ganze Wahrheit sagen. Heute aber werde ich mich damit zufriedengeben, dir zu erklären, dass wir mit keinem der Eingriffe zufrieden sind. Zuerst bekamen wir mit den *sikim* (den Group Ranches) eine so moderne Einrichtung wie das Gemeinschaftseigentum vorgesetzt, das uns de facto nicht den Besitz, sondern den Verlust des Landes gebracht hat. Und nun lebt jeder auf einem kleinen Stück Land, das ihm ganz allein gehört, was für jeden Einzelnen eine Sicherheit bedeuten soll. Wir werden sehen, *ti Enkai*! Doch jetzt stelle ich dir eine Frage: Hast du schon einmal über den Namen nachgedacht, den die Propheten im letzten Jahr deiner Altersklasse verliehen haben? *Ilkitoip*! Dieser Ausdruck ist schwer zu übersetzen, er beinhaltet die Begriffe Leben, Schutz, Großzügigkeit und Verständnis. Diesen Namen hat es schon einmal gegeben. Vor einem Jahrhundert wurden unsere Ahnen der rechten Hand so genannt, und zwar in einer Zeit, als die Weißen über eine Strategie nachdachten, uns unser Land wegzunehmen ... Das Leben ist eine ewige Wiederkehr!«

Es herrscht ein seltsamer Trubel am Olkerie: Das Plätschern des Wassers wird von lauten Stimmen und dem Muhen, Blöken und Brüllen der Tiere übertönt. Es ist ungewöhnlich stickig und heiß, und ich versuche, wenigstens meinen Eierkopf vor der Hitze zu schützen – mit dem Glockenhut. Seit gut zwei Stunden folge ich *Papaai*, der mit mir aufgebrochen ist, um Wurzeln und Pflanzen zu sammeln, mit denen er die eklige Blase heilen will, die ich beim Aufwachen an meiner linken Hand entdeckt habe. Zum ersten Mal seit ich bei den Massai bin, sorge ich mich wirklich um meine Gesundheit. Der Anblick dieses mit gelblichen Riefeln durchsetzten Geschwulstes, das aussieht wie das Resultat einer Verhexung oder als hätte man an dieser Stelle einen Nagel eingeschlagen, versetzt mich in Angst und Schrecken. Ich erinnere mich wohl, dass ich mich den ganzen gestrigen Tag über gekratzt habe, weil es mich furchtbar juckte. Es gibt hier vor allem im Gras viele kleine Insekten, die einen solchen Juckreiz auslösen können, und wenn man sich die Haut aufkratzt, kann das Wundgebiet schnell ein ganz eigenes Leben entfalten! Das ist nicht ungewöhnlich und kein Grund zur Aufregung.

Doch in diesem Fall sieht die Wunde wirklich übel aus. Doch *Papaai* findet das nicht, und was er sagt, glaube ich. Er meint, die Massai seien gegen das Insekt, das mir zugesetzt hat, immun. Es handele sich um einen Fadenwurm, der, wenn man ihn auf der Haut zerkratze, eitrige Beulen verursachen und … die Flussblindheit hervorrufen könne. Mein Vater schlägt den gewundenen Uferweg ein und marschiert nun im Schatten der majestätischen Akazien. Ich betrachte bewundernd seine anmutigen langen Beine und seinen leichtfüßigen Gang. Noch immer staune ich über die selbstverständliche Harmonie seiner Bewegungen und darüber, wie sehr er sich im Einklang mit der Natur befindet. Mit sicherem Blick inspiziert er einen Strauch oder streicht zärtlich über die Rinde eines Baumes, als wolle er sich ihrer Mitwisserschaft oder ihres Urteils vergewissern. »Schneide mir etwas von diesem hier ab, und von dem dort auch!«, weist er mich an und zeigt auf einen verkümmerten Strauch. Etwas später entknotet er sein inneres *olkarasha* und zieht eine kleine Holzschachtel hervor. Er ritzt in die Rinde eines Myrrhenbaumes und fängt das zähflüssige, zitronengelbe Harz blitzschnell mit seinem Kästchen auf. »Du reibst deine Hand vor dem Schlafengehen damit ein, und du trinkst von der Brühe, die dir *Mamai* daraus kochen wird. In zwei Tagen sieht deine Hand wieder aus wie die gesunde«, verordnet er und setzt ein spitzbübisches Lächeln auf. Das Ganze hat kaum eine Stunde gedauert. *Papaai*, der Unermüdliche, gibt das Zeichen zur Rückkehr ins Dorf. Und meine Hand fühlt sich schon viel besser an!

Donnerstag, 12. August, Tag meiner Segnung in Entepesi, 7.30 Uhr

Über den Weiden flimmert die heiße Luft, und das Dorf ist wie in Glut getaucht. Um meine Gefühle ist es ähnlich bestellt. Die Zeremonie, die ich im letzten Jahr gefilmt habe, werde ich an diesem Morgen an mir selbst erfahren. Ich musste nicht erst darum bitten; *Papaai* hat es längst geplant – und zwar bereits nach der Episode mit dem Film, denn er hatte mich damals mit all meinen Widersprüchen erlebt und war zu dem Schluss gekommen, dass ich für den letzten Segen noch nicht reif war. Solange ich in der Dualität befangen blieb, war meine Initiation eben noch nicht abgeschlossen.

An diesem Morgen – so hat es mein Vater vorgesehen – soll nun mein Status als »vollkommener Mann« bestätigt und ich zu einem jungen Ältesten berufen werden. Bei genauer Betrachtung meiner linken Hand, die nur noch eine vage Spur der Erkrankung aufweist, empfinde ich den Segen schon jetzt. Ich fühle mich ruhig und ausgeglichen, ich habe wunderbar geschlafen und schaue zuversichtlich in die Zukunft. Außerdem erhoffe ich mir, dass die Weihe jene Frustration des vergangenen Jahres bereinigen und aufheben wird. Takuna ist gekommen, um mich in seine Arme zu schließen, und er ruft mich bereits mit der Bezeichnung unserer neuen Altersklasse: »*Olkitoipi!*« Er wird von einem prachtvollen Alten mit einem makellos weißen Bart begleitet. Ich begrüße ihn voller Rührung, denn er wird von nun an mein Pate sein. Noch warten wir auf *Papaai*, der nach Hause gegangen ist, um einen Hocker zu holen, und als er sehr bald wieder auftaucht, rügt er uns, dass wir auf ihn gewartet haben. Der Gute! Er spricht mit uns wie mit kleinen Jungen:»Stellt euch in die Mitte des *emboo* auf!« Da muss selbst der kultivierte Alte lachen, und Takuna schlägt mir vielsagend auf die Schulter. Mein Vater wettert leise über diese Ausfälle und reicht dem Alten, der sich immer noch vor Lachen windet, den Hocker. Die Zeremonie lässt sich gut an, sie wird den anderen im Gedächtnis bleiben … Schließlich gelingt es dem weißhaarigen Paten, seine ansteckende Heiterkeit zu bezähmen und eine kleine Kalebasse mit einem hellgrauen Brei aus Dung und Asche hervorzuziehen. Er hat den Hocker auf ein pechschwarzes Fell gestellt und bestreicht die Sitzfläche mit ein wenig von der grauen Masse, zu der *Papaai* die Haare vom Schwanz eines Stieres und einer Färse gibt, die er seit der gemeinschaftlichen Zeremonie für mich aufbewahrt hat. Der Alte, der sich schließlich beruhigt hat – zumindest lacht er nicht mehr lauthals –, schüttet aus einer seiner beiden länglichen Kalebassen einige Tropfen Milch und Honigwein hinzu. Dann steht er auf, nunmehr sehr feierlich, führt den Hocker zum Mund, spuckt in allen vier Himmelsrichtungen darauf und reicht ihn mir. Dabei erklärt er, mir fest in die Augen schauend, dass der Hocker meine persönliche Autonomie widerspiegele und ich auf alle Ewigkeit zur Altersklasse der *Ilkitoip* gehören werde.

Dieses Mal gibt es weder Fotos noch Filmaufnahmen; ich stehe den Massai, die mich adoptiert haben, allein und bloß gegenüber. Habe ich ihr Vertrauen verdient, und wird es weiterhin so sein? Werde ich zu der Liebe fähig sein, die sie in sich tragen? Dass die rote Decke, in die sich der Alte gewickelt hat, ihm von den Schultern … in den Dung rutscht, werte ich als ein Zeichen. Niemand lacht. Ich hebe sie auf, er bedankt sich mit einem »*Ashe!*« und schaut mich intensiv an, als wolle er mir noch etwas mitteilen. Doch was? Ich trage den Hocker mit ausgestreckten Armen, mein Pate hält seine Hände einige Zentimeter über die Sitzfläche und spricht seinen Segen: »*Enkai* sagt, dass du jetzt ein *Olkitoipi* bist; *Enkai* sagt, du bist jetzt ein Ältester; *Enkai* sagt, dass du verantwortlich bist! *Enkai* wird dir helfen zu gedeihen! *Olkitoipi*, mein *Olpiron*, sei gesegnet! *Olpiron lai* (mein geistiger Sohn), lebe in Frieden und werde glücklich mit vielen Rindern und vielen Kindern! Sei gesegnet durch diese Worte!« Nicht einmal eine Fliege traut sich, das feierliche Ritual zu stören … Der Alte nimmt den Deckel der zweiten Kalebasse ab und führt die Öffnung zu meinem Mund, damit ich von der lauwarmen Flüssigkeit, die nichts anderes als Milch ist, trinke. »*Naai! Naai! Naai!*«, rufen die drei Massai im Chor.

Nun ist *Papaai* an der Reihe, mich zu segnen, und händigt mir die Insignien eines alten Massai aus: eine Fliegenklatsche und eine

Tabaksdose. »*Enkai* wollte, dass du zu uns kommst. *Enkai* wollte, dass wir uns für dich entscheiden. *Enkai* wollte, dass du ein Massai wirst. *Enkai* soll dich beschützen in deinem neuen Leben. Sei gesegnet!«

Montag, 16. August, Esilalei, in der Nähe des Dorfes von Selenoi, morgens früh um 4.00 Uhr

Ich war mehrfach versucht, umzukehren, weil ich meinte, Schritte oder ein Knacken gehört oder flüchtige Schatten ausgemacht zu haben. Ich komme langsam voran, zum Glück geht Takuna vorweg. Im Lichtkegel meiner Taschenlampe lässt sich nicht viel erkennen, aber der Mond ist ja noch fast voll, und so herrscht keine totale Finsternis. Um mich herum und als Silhouette vor dem schwarzen Himmel erahne ich die geheimnisvoll gewundenen Zweige und Äste der Myrrhenbäume, die, je weiter wir gehen, immer buschiger werden. Ich weiß sehr wohl, dass das Dorf Esilalei (abgeleitet von *osilalei*) nach diesen Pflanzen benannt ist, die in der Gegend sehr üppig wachsen, aber das beruhigt mich noch lange nicht. Meine blühende Fantasie lässt mich allerorts bizarre Raubtiere erblicken, die nur darauf warten, sich auf mich zu stürzen. Schon eine gute Stunde suchen wir das Terrain diesseits des Olkerie ab, und wir sind den ganz frischen Spuren sogar einmal durch das Flussbett gefolgt, doch auf der anderen Seite wurde die Vegetation bald undurchdringlich und hat uns zur Umkehr gezwungen. Mir wurde dort ganz heiß, und es fehlte nicht viel und mir wären vor Angst die Sinne geschwunden. Doch ich habe vor meinem unermüdlichen und tatkräftigen Bruder den Tapferen spielen wollen ... Und dies ist eine ernste Angelegenheit! Wir suchen nach einem Dutzend Rinder, und zwar nicht irgendwelchen, sondern denen von Selenois Ehemann. Bisher ohne Erfolg! Natürlich sind wir nicht die Einzigen, die nach den Tieren fahnden, doch das Gebiet ist ausgedehnt, und wir mussten uns in kleinste Gruppen aufteilen. Ich fühle mich geehrt, mit dem Wortführer der *Ilkitoip* gehen zu dürfen, was ich als eine Bestätigung empfinde, einer der Ihren zu sein. Und so will ich sie nicht enttäuschen, zumal das Wort Angst im Vokabular der Massai nicht vorkommt ...

Es ist das dritte Mal, dass ich an einer nächtlichen Suche nach verirrten Rindern teilnehme. Nun kann man nicht behaupten, die Massai seien nachlässiger geworden, doch solche Fälle waren ihnen bis dato unbekannt. Dass die Tiere weglaufen, ist eine weitere katastrophale Folge der Privatisierung! Wie in den beiden früheren Fällen hatte auch der Ehemann von Selenoi eine zu enge und zu niedrige Einfriedung aus Dornengestrüpp errichtet. So etwas wäre in einem *inkanasan* nicht passiert, denn hier wäre jeder Fehler sofort bemerkt und behoben worden. Doch wenn man allein und noch dazu in einem fremden Gebiet lebt, kann sich ein solcher Fehler in der Einschätzung der Umstände schnell einschleichen. Und er kostet Lehrgeld! Es war der kleine Bruder von Selenois Gatten, der kurz nach Mitternacht ins Dorf von Takuna gerannt kam, um ihn zu alarmieren. Der Ehemann der schönsten Frau der Welt war anscheinend nicht zugegen. Er hatte sein Dorf verlassen, um mehr als die Hälfte seiner Rinder bei Freunden jenseits der Maparashas in einer weniger unter der Trockenheit leidenden Region in Sicherheit zu bringen.

»*Pakiteng lai!* (Meine Kuh!) Schau her ...«, flüstert mir mein Bruder zu und zeigt mit seiner Taschenlampe auf eine sandige Stelle, die deutliche Hufspuren mehrerer Tiere aufweist. Wir beugen uns hinab und verfolgen jede einzelne der Fährten – er mit dem Zeigefinger und ich im Geiste, bis er zum Schluss kommt, es handele sich um zehn der flüchtigen Tiere. »Bleib hinter mir! Und keinen Laut! Wir folgen diesen Fährten, die Tiere können noch nicht weit sein!«, beschließt er und hastet los. Die Ankündigung erfüllt mich mit Jubel, um nicht zu sagen: einem Gefühl der Erleichterung. Während ich ihm am Rand des Akazienhains entlang folge, meine ich wiederum zu sehen, dass sich in der Dunkelheit unter den großen Bäumen und außerhalb der lächerlichen Reichweite meiner Taschenlampe etwas bewegt, doch ich zwinge mich erneut, diese Beobachtung meiner Fantasie anzulasten. *Da ist nichts!* Doch auch mein Teamgefährte erschrickt, offensichtlich hat er etwas bemerkt. Ich lasse den Lichtkegel erneut von links nach rechts wandern und suche die Finsternis ab. Plötzlich fällt der schwache Schein auf mehrere schemenhafte Körper. Ehe ich mich versehe, ist Takuna schon da, und der Schein meiner Lampe fällt auf einen glücklichen Mann inmitten seiner kleinen, zahmen, braunroten Rinder, die seine Zärtlichkeiten wie heilige, fruchtbare und nährende Herrscherinnen in Empfang nehmen und sich mit einem vertraulichen, liebevollen Zungenschlag bedanken.

Dazu fällt mir ein Vers von Paul Éluard ein: »On ne mène pas la vache à la verdure rase et sèche à la verdure sans caresses.« (Man treibt eine Kuh nicht auf ein geschorenes und trockenes Grün, ein Grün ohne Zärtlichkeit.) Auch wenn die Kuh in diesem Fall ja eher nach Hause zurückkehrt ... Etliche Dichter haben sich von der besonderen Beziehung der Kühe zu den Menschen inspirieren lassen und die sanfte Schönheit dieser Tiere in ihren Werken gewürdigt, doch nirgendwo finde ich eine passendere Entsprechung zu dem Empfinden Takunas, dessen Gesicht vor Glück leuchtet, als im indischen Atharvaveda, wo es heißt:»Die Kuh ist der Himmel, die Kuh ist die Erde, sie ist heilig, sie ist alles unter der Sonne.« Kein Wunder, sage ich mir, als ich die übergroße Freude von den Gesichtszügen meines Bruders ablese, dass *Enkai* den Massai alle Kühe der Welt zum Geschenk gemacht hat. Die Kuh ist noch immer das heilige Tier der Massai, und sie wird es bleiben, und die nährende Mutter aller dazu ...

Das tiefe Blau des Himmels hellt sich am Horizont schon etwas auf, als wir nach nur einer halben Stunde das Dorf von Selenoi erreichen, wo wir unseren mit viel Glück wiedergefundenen Schatz abgeben können. Nun sind es die Verlockungen eines anderen Schatzes, die mein Herz höher schlagenlassen. Takuna und ich haben auf dem *eruat kitok* Platz genommen und trinken den wunderbaren Tee, den uns Selenoi zubereitet hat. Ihr Anblick berührt mich tief, ganz wie bei unserem allerersten Zusammentreffen. Ich habe sie seit dem letzten Jahr nicht mehr gesehen, und die wohlige Wärme, die mich durchströmt, rührt nicht nur von der Feuerstelle her. Während Takuna ihr von unseren Heldentaten erzählt, hat sie ihren gleichmütigen Blick fest auf mich gerichtet und strahlt mit jener inneren Anmut und einer majestätischen Haltung, die Mannequins oftmals vergeblich zu kopieren suchen. Ob sie die Rinder hat entwischen lassen, damit sie mich wiedersehen kann? Nein, bestimmt nicht, ich bin vor Freude schon ganz wirr! Sie hat keine Taktik nötig! Und doch gefällt mir die Vorstellung, dass sie vielleicht an so etwas gedacht haben mag. Solange mein Bruder neben mir sitzt, kann sie nicht frei sprechen, aber ihre strahlenden Augen sagen mehr als alle Worte. Überglücklich falle ich in den Schlaf ...

6

Vom eunoto *an die Sorbonne*

Als ich im vergangenen Monat einen Punkt hinter den letzten Satz meiner über tausend Seiten umfassenden Dissertation setzte, wurde mir plötzlich klar, wie lang und hart er ist, der Weg von der Hölle zur Erkenntnis! Und lohnend … Ich bin nicht einmal besonders erleichtert, denn schließlich hatte ich mich während des Schreibens nicht als Gefangener gefühlt, und trotzdem empfand ich in dem Moment eine besondere Freiheit. Es sind die Ängste, die uns hindern, unseren Weg zu gehen; dabei sind wir es selbst, die diese sogenannten Ängste schüren, vielleicht, weil wir so unsere Zurückhaltung, uns dem Leben zu stellen, rechtfertigen wollen. Das Leben bezieht seinen Wert bestimmt nicht aus der Zahl seiner Tage, sondern vielmehr aus dem, was man aus ihnen macht, und nur wer bereit ist, seine ganze Willenskraft einzusetzen, wird aus dem Leben Befriedigung gewinnen. Was sonst, wenn nicht jene über jeden Verdacht erhabene Energie hätte mir die Geduld verschaffen können, meine eigenen Erfahrungen zu machen? Ich bin aufgebrochen, um mit den Massai zu leben, ohne etwas über sie zu wissen oder irgendjemanden dort zu kennen. Zurückgekommen bin ich mit dem eigentlich unerreichbaren Ziel, in Paris zu leben, ohne mich in Gleichgültigkeit und Ungeduld zu verlieren. Und, oh Wunder: Ich glaube, es ist mir gelungen! Nein, ich bin mir sogar sicher! Was erwarte ich noch? Ich habe einen bestimmten Zyklus abgeschlossen, zugleich habe ich Selbstvertrauen gewonnen. Ich erwarte jetzt gar nichts grundlegend Neues; vielmehr fange ich ganz einfach an zu leben!

Ich verdanke diese Einsicht sicher meiner Initiation bei den Massai, aber ich bin überzeugt, und das möchte ich ausdrücklich betonen, dass die Arbeit an meiner Dissertation dazu beigetragen hat. In unserem Land existiert eine organisierte Form der Initiation, die der inneren Entwicklung der Jugend dienen soll, nicht mehr, und es bleibt uns nur mehr die Möglichkeit, den jungen Leuten diese Art von Arbeit anzubieten, sofern sie denn überhaupt wählen können ...

Nun kann mich hier nichts mehr halten, und eine Woche nach Beendigung meiner theoretischen Arbeit sitze ich im Flugzeug und fliege auf Einladung von Kenny zu den Massai. Keine drei Monate bevor ich selbst an der modernen Form des Übergangsritus teilnehmen werde, wie ich das Rigorosum bezeichne, werde ich zufällig (aber auch dieses Mal ist es natürlich kein Zufall!) einem kollektiven Ritual der Massai beiwohnen, welches *eunoto* genannt wird und das offizielle Ende der traditionellen Ausbildung der Morane markiert. Es kommt mir so vor, als hätte der Mann aus meinen Träumen diese Zeremonie ganz bewusst auf dieses Datum gelegt, damit ich die Gelegenheit wahrnehme, um meine Massai-Energie aufzuladen und mich danach gestärkt in die universitäre Arena zu stürzen.

Das *eunoto*, also die Zeremonie der »Pflanzung«, ist eines der aussagestärksten Rituale der Massai. Kenny zufolge erhalten die Morane als Bewahrer einer bedeutenden, wenn auch in ihrem Fortbestand bedrohten Kultur beim *eunoto* und anlässlich dieser letzten Feier in Freiheit noch einmal die Möglichkeit, sich gehen zu lassen und die eigenen Grenzen auszutesten. Ich brenne vor Ungeduld, doch ist es nicht das Interesse des zwanghaften Sammlers, das an mir nagt, schließlich habe ich schon etliche Bräuche im engsten Kreise miterlebt. Das *eunoto*, von dessen emotionaler Intensität ich aus einigen Dokumentarfilmen erfahren habe, ist meiner Neugier bisher entgangen, denn als ich zum ersten Mal nach Entepesi kam, hatte meine Altersklasse diese Zeremonie bereits hinter sich.

Ich bin also wegen des *eunoto* hergekommen und verbringe einen himmlischen Monat in der Gesellschaft von *Papaai, Mamai,* Takuna, Kintalel, Noolmiato, Nekisayio und Yiaro, die ich zuletzt bei den Dreharbeiten für die Zeremonie der Hocker gesehen hatte. Sie alle sind hocherfreut und mir so nah, als hätten wir uns nie getrennt. Einziger Wermutstropfen ist die Abwesenheit meiner Prinzessin Selenoi, die nach Arroi musste, um sich um ihre kranke Mutter zu kümmern, und die ich nun nicht wiedersehen werde. Doch ich habe gar keine Zeit, darüber zu grübeln, versuche ich doch zu ergründen, warum sich Takuna 1989, anlässlich des letzten Segens für meine Altersklasse der *Ilkitoip* im Dorf der Hocker, so sehr um die 49 Rinder bemüht hatte. Gott fordert den Beistand von einem *loibon*, dem man sich mit der Gabe von Rindern erkenntlich zeigt. Der *loibon* legt die Termine der beiden wichtigsten Zeremonien, dem *eunoto* und dem *olngesher*, in Abhängigkeit des Mondes fest, und vor allem segnet er die Teilnehmer, die ihm zum Dank 49 Rinder übergeben müssen. Ohne dieses Geschenk, welches den Abschluss des Initiationszyklus einer Altersklasse bezeichnet, wäre es unmöglich, einen neuen Zyklus für die folgende Generation in Gang zu bringen ...

Die Ereignisse eignen sich geradezu perfekt als Veranschaulichung meiner These, dass die Aufteilung des Landes und die Einmischung der Politik in das Wesen der Tradition die Vernichtung der Bräuche nach sich zieht. Ich habe diese Zusammenhänge verstanden, und Takuna sowieso! Die Politiker hoffen nämlich, dass Takuna die 49 Tiere nicht zusammenbekommt, sodass keine neue Altersklasse gegründet werden darf und die *Ilkitoip* also auch nicht die spirituellen Väter (und Lehrer) dieser nachfolgenden Altersklasse werden können. *Papaai* bleibt frohgemut und analysiert: »*Esiasa ake!*« (Das ist Politik!), als sei er losgelöst von allen Eventualitäten ...

Ich bin unterwegs nach Kajiado, im Fond eines alten Geländewagens, wo ich zwischen schweren Säcken mit Reis und *ugali* (Maismehl) eingezwängt bin. Mein Kopf schlägt ständig gegen den Seitenholm, an den ich mich klammere, und ich sehne mich nach meinem Mofa. Andere Zeiten, andere Sitten! Mir kommt eine Gegenlichtaufnahme in den Sinn, auf der man von mir nur eine phantastisch aufgeblähte Silhouette erkennt ...

Donnerstag, 3. August, zwischen Kajiado und Kilonito, 11.00 Uhr

»*Maapeti!*« (Nun aber los!), ruft Kenny aus, den ich in Kajiado treffe, wo er neuerdings sein Büro hat. Der ehemals cremefarbene Jeep ist mit einer dicken Schicht des feinen, rötlichen Laterit-Staubes bedeckt. Kennys Fahrer Paul bemüht sich, die Windschutzscheibe mithilfe der Scheibenwischer und dem kümmerlichen Rinnsal, das sporadisch aus der Waschanlage sprüht, einigermaßen sauber zu halten. Nach zwei Stunden, ich war inzwischen eingedöst, fahre ich hoch und bemerke erstaunt, dass wir immer noch in Kajiado sind. Unbeirrt fährt Paul die Hauptstraße auf und ab, die durch Schlagbäume und häufige, wenn auch unerklärliche, Haltebuchten verschönt wird. Eben das Übliche. Ich nicke wieder ein und schrecke erst aus dem Schlaf, als der Wagen in ein schmales, tief eingeschnittenes Tal einfährt, an dessen tiefster Stelle sich die unebene Piste ihren Weg durch sehr graue Hügel bahnt. Riesige Lastwagen kommen uns entgegen und wirbeln dichte Wolken von Staub auf, der trotz der hochgefahrenen Seitenfenster ins Wageninnere dringt und alles bedeckt. Es geht die Hügel hinauf und hinunter wie mit der Achterbahn durch ein staubiges Niemandsland, obwohl sich an den Pistenrändern wie durch ein Wunder ein paar armselige Verkaufsstände aus Wellblech halten. Der Flecken hat diese Wüstenei mit Recht in seinem Namen verewigt: Kampi ya Mawe, was aus dem Swahili übersetzt Steinbruch bedeutet.

Die Fülle an Farben und Pflanzen ist zugunsten einer gräulichen Wüste gewichen, die von vereinzelten uralten und verkümmerten Dornensträuchern durchbrochen wird. Die stufenförmig angeordneten und blattlosen Zweige dieser Silberakazien lassen mich an Weihnachtsbäume denken, die nach den Festtagen ihren Glanz verloren haben. Kenny wendet sich nach hinten und erklärt mir nicht ohne Stolz, dass er inzwischen zum *olpiron,* also zum Paten einer neuen Altersklasse geworden ist: »Die *enkipaata,* die Tanzzeremonie anlässlich der Bildung einer neuen Gruppe, wird direkt nach dem *eunoto* stattfinden, an dem auch du teilnimmst. Ich werde der Zeremonienmeister sein. Doch anders als Takuna werden wir keinen politischen Fehler begehen, der zur Befleckung der Tradition führt!«

Mit Bedacht arbeiten wir uns nun auf einer stark geneigten Piste gut 300 Meter bergab durch eine ausgedörrte steinige Landschaft von der Farbe gebrannten Tons, die wahrscheinlich genauso unfruchtbar ist wie dieser. Hinter dem Ausgang der Schlucht folgt ein weiterer, eintönig hellbraungrauer Landstrich, aus dem einzelne Akazien aufragen, die anmuten wie Segelschiffe mit an den Rahen aufgegeiten Segeln. Als die holperige Wegstrecke hinter uns liegt, lasse ich mich von der Ruhe dieser Landschaft vereinnahmen, die still und gleichförmig an uns vorüberzieht. Doch beim Anblick zweier Rinder, die in fortgeschrittenem Verwesungszustand am Pistenrand liegen, verwandelt sich mein Gefühl von Freiheit schnell in bange Sorge. Warum mögen die Raubtiere dieses Angebot verschmähen? Weil das Terrain mit solchen Kadavern übersät ist?! »Das ›Massai-Land‹ ist zur Müllkippe Kenias verkommen«, erläutert Kenny. Doch irgendwie erkenne ich keinen direkten Zusammenhang zwischen den beiden faulenden Kadavern und seinem anscheinend unwiderruflichen Urteil. »Bei meiner Rückkehr aus Loitokitok letzte Woche bin ich durch den Amboseli-Nationalpark gekommen und habe dort mehrere sterbende beziehungsweise tote Flusspferde gesehen. Ursache hierfür kann nicht die Trockenheit gewesen sein, denn die Vegetation in dem Sumpfgebiet war noch wunderbar grün. Aber in den Parks sammelt sich nicht nur der Müll der Besucher, sondern auch Industrie- und Chemieabfälle, und zunehmend dient das wenige uns verbliebene Land sogar als Lagerstätte für allen möglichen Abfall der Konsumgesellschaft!«, fügt Kenny in aller Seelenruhe zur Erklärung hinzu und strahlt in seinem makellos gebügelten weißen Hemd eine grenzenlose Gelassenheit aus. Er scheint die Energie zu besitzen, die man braucht, um Berge zu versetzen …

Aufgeschreckt durch die Motorengeräusche, stiebt ein winziges Kirk-Dikdik, das sich in seiner Größe und der Farbe des blassgrauen Fells kaum von einem Hasen unterscheidet, auf und davon.

Bald gelangen wir nach Mile Forty-Six, einer Bahnstation am Ende der Welt, wo diejenigen, die der Natronhölle von Magadi entkommen sind, einen ersten Zwischenstopp einlegen. Danach windet sich die Piste erneut durch das spärlich bewachsene Land am Fuße von verwaisten Hügeln. Das dominante Gelb wird durch Rot-, Orange- und Brauntöne ergänzt, und unser von Büschen und Sträuchern begrenzter Fahrweg wird wegen der vielen Kurven und so manchem, der Undurchdringlichkeit des Dornengestrüpps geschuldetem Umweg erneut zur Tortur. »Alles Zeichen der Privatisierung des Landes«, wie Kenny zu erklären weiß. »Viele derjenigen, die so das Territorium ihrer späteren Ranch abgesteckt haben, wurden dazu von offizieller Seite genötigt. Doch die Dornenbarrieren führen früher oder später zu schweren Auseinandersetzungen. Die Schlinge dieser Falle zieht sich unaufhörlich zu.« Verschlimmert wird die Lage durch den Widerstand der Natur, die sich mit einer zunehmenden Austrocknung jener schon seit Längerem von den Wiederkäuern verlassenen Territorien rächt. Es ist geradezu absurd!

Die Sonne scheint mir angenehm warm auf den Rücken, und mit einem Mal empfinde ich selbst meinen Schweiß und meinen Muskelkater als segensreich. Die fahlen Farben der Landschaft lullen mich ein, und Paul lässt seinen Wagen nach einer letzten Haarnadelkurve schneller rollen. Der Weg, den er in- und auswendig kennt, macht eine leichte Linksbiegung und führt bis auf Weiteres durch die raue Schönheit einer flachen Strauchlandschaft. Geblendet schließe ich die Lider, die Sonne steht mittlerweile im Zenith. Als sich der Jeep durch immer höheres Gestrüpp windet und schließlich vor einer Gruppe besonders mickriger und nackter Büsche zum Halten kommt, schrecke ich aus meinen Träumen. Ich habe mich schon so sehr an all diese pflanzlichen Zäune gewöhnt, dass ich auch bei dieser Hecke noch nicht an die Ankunft im Dorf (des *eunoto!*) glauben mag.

***

Ich habe mich neben dem Cousin von Kenny auf einem toten Ast am Rande des Waldes niedergelassen. Der korpulente und leicht bekleidete Mann erscheint auf den ersten Blick fröhlich, gutmütig und großzügig, und es überrascht mich wenig, dass er einer der Ältesten ist, die das Fest der Morane begleiten. Diese Aufgabe fällt den »Gefährten im idealen Alter« zu, und zwar jenen, die man respektvoll die *Inkaminin* nennt – die Gutmütigen, Geselligen, allzeit Bereiten, die vor allem von scharfem Verstand sind. Seiner ist jedenfalls von drastischer Unerbittlichkeit. »Ich bin ein guter Freund von Kenny, trotz meiner Körperfülle, und ich heiße Peter«, bedeutet er mir in einem rudimentären Englisch, um gleich darauf auf Französisch zu fragen, wie es mir geht. Er kann weder lesen noch schreiben, doch wie er mir erklärt, vergisst er nichts von dem, was er irgendwann einmal im Radio gehört hat. Daher weiß er nicht nur den Krieg in Bosnien, wohin etliche junge Massai ausgewandert sind, sondern auch die US-amerikanische »Operation Restore Hope« in Somalia zu kommentieren. Seinem Redefluss lässt sich ebenso wenig Einhalt gebieten wie seinem großen Messer, mit dem er unablässig Grillfleisch abschneidet, und zwar so schnell und so viel, dass ich mit dem Essen gar nicht nachkomme und sich die Stücke in meinen Händen häufen. »Du siehst: Nicht nur deine Massai aus der Gegend um Entepesi kennen sich aus in der Welt …«, provoziert er mich fast ein wenig plump, doch schon im nächsten Moment verraten mir seine lebhaften Augen voller Schalk, wie gut seine Bemerkung zu der Frage passt, die ich gerade im Stillen formuliere. Solche Koinzidenzen kenne ich aus Situationen mit *Papaai*, Kenny oder Yiaro, und sie beweisen in meinen

Augen, wie gut sich die Massai auf Telepathie verstehen. Übermütig fährt Peter fort: »Vielleicht hast du es noch nicht bemerkt: Das Dorf des *eunoto* besteht aus nur 39 Hütten, obwohl es 49 sein müssten. Doch die Politik des Verwaltungsbezirks Magadi hat auf die Ältesten des Feuerwaldes eingewirkt, und so haben die Morane von Magadi und Torosei nur zehn Leute geschickt. So etwas ist bei uns noch nie vorgekommen«, schließt er belustigt, denn er ist schlau genug, um zu verstehen, dass man über die Flut der politischen Einflussnahmen nichts anderes als lachen kann.

Während Peter nun verstummt, entnehme ich dem Gewirr hoher Stimmen und der steigenden Spannung die Ankunft des weiblichen Geschlechts. Bald wimmelt es von Frauen jeden Alters – die Mütter der Morane, wie ich an den beiden Kupferspiralen erkennen kann, die sie vor der Brust hängen haben. Das Bild ändert sich so abrupt, dass ich fast glaube, ich sei zwischendurch eingeschlafen und hätte einen Akt verpasst. Wo zuvor die einfarbig roten Gewänder der Morane die Szene bestimmt haben, drängen sich jetzt die Mütter mit ihren knallbunten, mit unterschiedlichsten Motiven bedruckten Kleidern. Sie sitzen in Gruppen zu zehn oder fünfzehn im Kreis, und ich kann kaum mehr als ihre glatten Schädel erkennen, die oberhalb der Vegetation zu schweben scheinen. Einige der Ältesten sind offenbar zuständig für die Verpflegung und bieten von dem gegrillten Fleisch an, das sie in ein Tuch eingeschlagen am Gürtel tragen.

»Die Massai respektieren die Frauen, denn sie fürchten sie sehr«, bedeutet mir Peter schulmeisterlich. »Habt ihr in Europa auch Angst vor den Frauen?«

»In der modernen Welt ist die Kommunikation nicht ganz einfach«, antworte ich, ohne mich allzu weit vorzuwagen. Lieber komme ich auf jene Frauen zu sprechen, die ich vor Augen habe: »Ich habe von einer Legende der Massai gehört, die besagt, dass die Frauen früher ihre eigenen Herrinnen waren. Sie lebten unter sich, zusammen mit riesigen Herden gezähmter Elanantilopen, und trafen sich mit den Männern ausschließlich zum Zweck des Tauschhandels und der Befruchtung.«

»*Ee pae!*« (Natürlich!), antwortet er wie versteinert und fügt hinzu, ohne weitere Ausführungen meinerseits abzuwarten: »Sie sind nachlässig mit den Tieren umgegangen, und deshalb hat Gott sie gezwungen, zu den Männer zurückzukehren.« Er tätschelt mir zum Abschied die Schulter und wendet sich den anderen »Paten« zu, die sich an dem Feuer zusammenfinden, auf dem das Fleisch gebraten wurde. Die Morane nähern sich der sterbenden Flamme von der anderen Seite. Der Ort besitzt einen symbolischen Wert, denn durch das Entzünden eines Feuers mithilfe des Feuerstabs haben die Ältesten vor Jahren die Altersklasse ins Leben gerufen. Das Feuer bezeichnet die einzelnen Etappen des Initiationszyklus, und das Feuer wird die jungen Männer in der Welt der vollendeten, reifen Männer zu neuem Leben erwecken. Der Kreis, den die Männer um die Feuerstelle herum bilden, symbolisiert die Identität der Massai und ihr Ideal der Gleichheit. Die Alten üben eine erzieherische Macht gegenüber den Jungen aus, ohne dass ihr Verhältnis durch Befehl und Gehorsam bestimmt wäre. Die hierarchische Einordnung basiert auf dem biologischen Alter und dient zur Unterscheidung jener, die bereits die volle soziale Reife erlangt haben, von denen, die, um dorthin zu gelangen, noch bestimmte Abschnitte innerhalb der langwierigen Initiation durchlaufen müssen. Bei Betrachtung der Gefährten der jüngeren Altersklasse, die bereits einen starken Gemeinschaftsgeist aufweist, verstehe ich, warum die Massai im Fall von sozialem Ungehorsam nicht wenig erfindungsreich sind. Im Laufe ihrer »Lehrzeit« empfinden sie sich in zunehmendem Maße als verantwortlich für die gesamte Gesellschaft, jedoch kennen sie Ausnahmen, wie sich in dem Sprichwort »Die Weisheit hat nicht immer weiße Haare« niederschlägt.

Bei der Durchsicht der Kolonialarchive bin ich tatsächlich auf einen solchen Fall gestoßen. An einem Tag im September des Jahres 1918 sollen die Morane der Sektion der *Purko* die Empfehlung ihrer »Paten« missachtet und den Sitz der Verwaltung in Ololunga (bei Narok) angegriffen haben, um gegen die Eröffnung einer Schule und die Schulpflicht für Kinder zu protestieren. Die Auflehnung gegen die Ältesten, in deren Augen Widerstand als sinnlos und gefährlich galt – eine Haltung, die durchaus gerechtfertigt erscheint, wenn man bedenkt, dass bei der Auseinandersetzung 14 Morane getötet und 60 verletzt wurden –, betrachteten die Morane damals als Mission zur Rettung der Ehre der Massai-Gesellschaft und zur Bewahrung der Kinder vor einer vom Staat verordneten Form der Sklaverei.

Die spirituellen Väter schwingen ihre langen weißen Stäbe, was die Morane zum Ende des Segens nachahmen: »Dass Gott euch zur Blüte verhelfe ... Lebt glücklich und in Frieden ...« Und plötzlich füllt sich die Luft, die ich atme, mit dem Gefühl der Gemeinschaft und Übereinstimmung, und die aus den reinsten Tiefen ihrer Seele rührenden »*Naai, naai, naai!*«-Rufe erscheinen mir wie eine Art Heilsversprechen. In einiger Entfernung vernehme ich schrille, in Harmonie rhythmisch aufbrandende Frauenstimmen. Und während die Männer weiterhin ihre Hirtenstäbe durch die Luft schwingen, gruppieren sich die Frauen zu einem Ehrenspalier vor unserem Blätterdach. Ihr offensichtlich ermunternder Gesang wird drängender. Männer jeglichen Alters folgen dieser Aufforderung und bilden eine lange Reihe, wobei sie in ausgelassener Stimmung ihre Stäbe kreisen lassen. Ich begebe mich ans Ende der beiden einander gegenüberstehenden Reihen von Frauen, welche die Männer einschließen. Es formiert sich eine Art Polonaise, an deren Ende die Frauen marschieren und abwechselnd Soli singen und zu einer gemeinsamen Melodie zusammenfinden. Mit dem Gebrumm der Männer führt der Gesang zu einem fantastisch stimmungsvollen Crescendo. Die Musik ist hier alles, und alles ist Musik. Die Männer und Frauen tragen die Musik in sich, sind sie doch mit Gesang aufgewachsen.

Bevor ich zu den Massai kam, habe ich Singen als Erniedrigung empfunden. Noch heute erinnere ich mich mit Entsetzen an einen Abend mit Freunden in Paris, an dem jeder etwas singen sollte. Als ich an der Reihe war, habe ich mühsam den Liedtext abgelesen und mich von jemandem auf der Gitarre begleiten lassen ...

Die Festgesellschaft ist mittlerweile auf dem Plateau oberhalb des für die Zeremonie errichteten Dorfes angelangt, der Gesang bricht ab, und die disziplinierte Reihe zerfällt in ein unbeschreibliches Durcheinander. Männer und Frauen laufen in alle Richtungen auseinander und statten sich mit langen, belaubten Zweigen aus. Die Männer sind heiter, doch bewegen sie sich jetzt langsamer, die Frauen werden indessen ernst und bestimmt, lassen sich aber von ihren knöchellangen Röcken nicht in ihrer Lebhaftigkeit und ihrer Rage behindern. Die Männer hingegen scheinen wie betäubt, und selbst ich reagiere nicht, als sich eine Meute junger Frauen auf einen schlaksigen Ältesten stürzt und ihm ein paar heftige Schläge verpasst, die er gelassen hinnimmt. Der Arme hatte sich einfach zu dicht an einen in den trockenen und rissigen Boden gesteckten Bratenspieß herangewagt, den die Frauen für sich auserkoren hatten. In diesem Augenblick, in dem ich es am wenigsten erwartet habe, beginnt offensichtlich die berühmte Phase des überaus humorvollen Kampfes zwischen den Geschlechtern um die Eroberung des Fleisches. Ich weiß allerdings nicht, ob es sich um einen richtigen Kampf handelt oder ob sich die Männer vielleicht deshalb den Frauen unterwerfen, um sich später von ihnen bedienen zu lassen; die Stockschläge jedenfalls, die jetzt ausgeteilt werden, sind alles andere als simuliert. Die Morane, die sich bisher zurückgehalten haben, stürzen sich auf die Frauen und mimen wilde Entschlossenheit, doch sie verraten sich, weil sie ihr Lachen nur mühsam unterdrücken können. Eine Gruppe Ältester fällt über eine Frau her, die sich gerade des Fleischspießes bemächtigen will, und es hagelt doppelte Schläge. Die Ruten peitschen durch die Luft, und ich höre sie immer näher kommen. Die Energie der Frauen scheint unerschöpflich, und sie haben sichtlich Freude daran, alte wie junge Männer zu züchtigen. Als ich ein Foto von dem Tumult machen will und gerade durch den Sucher schaue, erwischt auch mich ein harter Schlag auf den Nacken. Die Überraschung und der Schmerz bringen mich zum Wanken, aber ich bin noch so geistesgegenwärtig, um Hals über Kopf die Flucht zu ergreifen, als die Frau zu einem weiteren Hieb ansetzt. Ich habe nicht geträumt, der Angriff hat tatsächlich stattgefunden, und er stellt für mich klar, dass die Frauen hier keine Gelegenheit auslassen. Außer Atem halte ich mich nun abseits und versuche, meine Lebensgeister zu reaktivieren. Dieser Vorfall ist nicht unbemerkt geblieben, denn die Frauen werfen mir belustigte Blicke zu, und fast sieht es so aus, als vergäßen sie darüber, sich ein Stückchen Fleisch zu sichern. Es ist mir gelungen, mich ganz klein zu machen! Ich habe mich genau wie die anderen erniedrigen lassen! Das ist doch das Ziel gewesen, oder?! Ich muss diese Demütigung nicht nur hinnehmen, sondern ich bin stolz, sagen zu können, dass ich mich wirklich darauf eingelassen und zum Gelingen dieses denkwürdigen Tages beigetragen habe! So jedenfalls interpretiere ich Kennys Gebaren, der sich freudestrahlend in meine Arme stürzt, als hätte ich Großes vollbracht.

Ein Geschrei lässt mich aufhorchen. Die Frauen jubeln, denn sie haben die nachlassende Aufmerksamkeit genutzt, um den Bratenspieß zu entwenden, und eine nach der anderen trägt das Fleisch wie eine Trophäe über dem Kopf. Jetzt sind sie ohne Zweifel die Königinnen des Festes … Und so stimmen sie erneut glückselige Gesänge an.

Als ihre Prozession am Eingang des *eunoto*-Dorfes angelangt ist, hält mich Kenny zurück und weist ins Tal: »Ich muss zu meinen Tieren zurück! Doch ich verspreche dir, dass wir morgen bei Tagesanbruch zurück sind!« Im Auto sind Kenny und Paul ganz versessen darauf, mir Anekdoten aus ihrem Leben zu erzählen und reden fast die ganze Zeit gleichzeitig. In dem Dorf, an dem wir vorbeifahren, herrscht lebhafte Aktivität. An dem langen Ast, der hier als Flaggenmast dient, flattern zwei Fahnen: die schwarz-rot-grüne Nationalflagge und die einfarbig blaue der *emanyata*. Die Morane haben einen Halbkreis gebildet und wetteifern in Gruppen von zwei oder drei Tänzern, wer am höchsten springen kann. Hundert Meter weiter und östlich des Dorfes fällt mein Blick auf eine weitere dörfliche Struktur, dieses Mal allerdings in Miniatur – als hätten Kinder hier die Siedlung ihrer Eltern nachgebaut. Ich zähle neun Hütten, die aus Zweigen errichtet und mit Häuten gedeckt sind. Kenny ahnt, was ich fragen will, und antwortet: »Je näher das *eunoto* rückt, desto stärker wird die Siedlung der Morane auf das Allernötigste beschränkt. Mit der Befreiung von den körperlichen Bedürfnissen sanktioniert man die Einheit aller Mitglieder der Altersklasse.«

Freitag, 11. August, Ankunft in dem
für das eunoto *errichteten Dorf, 7.30 Uhr*

Kenny ist inzwischen zum Arbeiten nach Narok gefahren, und ich bin seither mehrere Male zu Fuß zum Dorf der Zeremonie gegangen. Das sind 15 Kilometer hin und 15 Kilometer zurück ...! Für nichts und wieder nichts, da sich nichts Wesentliches mehr ereignet hat. Außerdem hatte ich vorgestern einen Fieberanfall – womöglich Malaria? Immerhin ist das Fieber gesunken, nachdem Kenny eine Ziege geschlachtet und mir von dem Fett, gemischt mit einem Rindenaufguss, zu trinken gegeben hat. Heute, im Auto, bin ich wieder wohlauf.

Ich fühle mich geläutert. Windböen peitschen mir ins Gesicht und tragen den zarten Duft trockenen Grases heran, und ich genieße die ersten kräftigen Strahlen der aufgehenden Sonne. Plötzlich vernehme ich mehrere dumpfe Schläge und ein tiefes Brummen. Aufgeregt springe ich als Erster aus dem Geländewagen. In der Ferne ist nur eine rote, unbewegliche Kette zwischen zwei Kreisen zu erkennen. Als ich mich nähere, spüre ich, wie sich die Geschichte der aufgereihten Morane im Rhythmus der gedämpften Klänge, die einem

Kudu-Horn entweichen, mit der meinen vermischt. Diese 49 Morane, die verdienstvollsten, wie mir Kenny zuruft, sind von ihresgleichen und ihren »Paten« im Glauben an die traditionelle Erziehung in der *emanyata* auserwählt worden. In den zurückliegenden Tagen meiner Abwesenheit hat man ihnen die Köpfe geschoren. Nun sind sie es, die die Prozession anführen – mit ernsten Mienen, die Schädel mit noch feuchter, glänzender Erde eingerieben, auf der Stirn ein weißes, mit Kreide gemaltes Zeichen. Die Gesichter scheinen ohne Ausdruck, und ihre Augen fixieren etwas, von dessen Existenz allein sie Kenntnis besitzen. Sie gehen dicht gedrängt hintereinander her, und einige berühren zart einen Finger ihres Vordermannes. Jeder trägt drei weiße Stäbe aus Holz, die er im Rhythmus der verlangsamten Schritte neben sich in den Boden stößt. Die *ing'udisin*, die langen Stöcke der Hirten, sind Zeichen des Friedens, und sie gelten als Symbol für die Mission, die diese Männer bis zum Erreichen der Reife zu erfüllen haben. Angeführt wird der Aufmarsch vom *Olotuno* (dem Pflanzer), also dem – gerade auserwählten – geistigen Führer der Altersklasse, der als Zeichen der ihm übertragenen Aufgabe des Ermunterns seine Lanzen mit je zwei Straußenfedern geschmückt hat. Die Stimmung ist bedeutungsschwanger. Ich selbst habe den Eindruck, ich hätte mich innerlich vollkommen entleert, um diese reichen und dichten, meinem Leben den Weg weisenden Empfindungen in mich aufnehmen zu können. Ich fühle mich immer stärker mit ihnen im Einklang; so, als hätte ich ihr Leben als Moran geteilt, als verstünde ich das alles, als hätte ich alles im Verborgenen miterlebt. Eine unsichtbare Kraft drängt mich mit Körper und Seele hinein in ihre Wahrheit, und ich lasse mich ohne jeden Widerstand von ihr vereinnahmen.

Aus meiner Position sehe ich die Morane schräg von unten, und so scheint es mir, als entstiegen sie dem Stamm eines Baumes und verfingen sich in dem Gewirr seiner entlaubten Krone. Alles strebt nach oben: die Stäbe, der Stamm, die Äste. Tausend Blicke in die Ferne, tausend gen Himmel gerichtete Zweige ... Auch der Baum über den rot bemalten Schädeln scheint seinen Saft von oben zu beziehen. Er lässt mich an den Lebensbaum aus dem 24. Gesang von Dantes »Göttlicher Komödie« denken, seinem Purgatorium ... Zur Rechten, mitten in dem aus neun provisorischen Hütten errichteten Dorf, zähle ich 49 Frauen, die Mütter der Morane. Gerade haben sie in aller Eile eine Einfriedung aus weißen und schwarzen Rinderfellen gebaut, welche vielleicht – wie der eingezäunte Garten von Dante – den Eingang zum irdischen Paradies symbolisiert. Das gequälte Heulen der Hörner und die ernsten, schweren, von Sehnsucht geprägten Blicke sprechen eher dafür, dass die Morane diesem Paradies bald den Rücken kehren werden. Auf ihren Gesichtern lese ich von ihrem inneren Kampf, von den bewegenden Erfahrungen ihrer letzten Jahre, die dazu dienten, die Grenzen der Freiheit auszuloten. Es ist der Kampf um die Freiheit, die sie zu verlieren fürchten ... Zehn Meter vor dem Geviert machen sie Halt.

Ihre Stimmen verstummen. Ihre erstarrte, standbildhafte Haltung ist zweifellos auf das Ausmaß ihrer emotionalen Verwirrung zurückzuführen. Ich mache mich ganz klein, aber nicht so sehr, um jegliches unangemessene Eindringen zu vermeiden, sondern vielmehr, weil mir angesichts dieser geballten Schönheit und der unerreichbaren Freiheit bewusst wird, dass ich eben doch noch kein wahrer Massai bin ... Innerhalb der Einzäunung steht ein Ältester und wirft einem außergewöhnlich großen, schwarzen Rind einen weichen Lederschurz über die Nüstern. Die Massai opfern ihre Tiere durch Ersticken. Sehr bald verendet es in letzten Zuckungen, doch der Alte hält ihm weiterhin das Maul zu. Seine Opferung ist kodifiziert, das Rind wird so zur Ikone, zum Heiligenbild von höchster Bedeutung. Man legt es auf den Rücken, wobei sein Kopf nach Süden und der Schwanz nach Norden weist, um an den Ursprung der Massai zu erinnern. Die Flanken zeigen nach Osten und Westen, in Richtung des Sonnenauf- und des Sonnenuntergangs, und symbolisieren die »günstigen« und die »ungünstigen« Seiten des Rindes. Auch dies soll – im Allgemeinen – an die Migration des Volkes vom Norden in den Süden erinnern und – im Besonderen – an die Reise jedes Einzelnen, während seines kurzen Aufenthaltes auf Erden, vom Leben ins Jenseits, metaphorisch gesprochen: von Ost nach West ...

Ich schließe meine Augen und lasse mich von der Präsenz der Stille, von ihrer Vielfalt, die so viel mehr ist als das Nichts, leiten. Plötzlich wird meine Empfindung durch eine fröhliche Stimme gestört ... Es ist Peter, der seinen Schützlingen erlaubt, in das Innere des magischen Kreises vorzudringen. Er zwinkert mir zu. Ich habe ihn seit unserer ersten Begegnung nicht wiedergesehen, und nun, da ich ihn überhaupt nicht erwarte, taucht er wieder auf! Seine Lebensfreude ist ansteckend. Noch jetzt muss ich schmunzeln, wenn ich seine Gesten und seinen Aufzug beschreibe: Dieser von Kopf bis Fuß in ein gold-gelbes Gewand gehüllte Mensch kann einfach nicht unbemerkt an einem vorübergehen! Und als er mit martialischem Blick und forsch wie ein Major der britischen Armee seinen rechten Arm anwinkelt und mit festem Griff seinen *esiare narok*, einen Wanderstab aus Eben-holz packt, muss ich wirklich lachen. Nun wird der Rumpf des Rin-des vom Hals bis zum Unterleib geöffnet. Das Tier ist schon lange tot, und der Offiziant durchsticht das Herz, sodass aus der klaffenden Öffnung das Blut strömt. Der in eine himmelblaue Tunika gekleidete Medizinmann verfüllt die Wunde mit einem Pulver, das alle Postu-lanten auf dem Weg ins Erwachsenenalter beschützen soll. Einer nach dem anderen, angeführt von ihrem Wortführer und dem geistigen Führer, knien die Morane vor dem Opfertier nieder und tauchen ihre Gesichter in die Flüssigkeit. Schier unendliche Sekunden verharren sie bewegungslos mit den Lippen im Blut, und als sie sich aufrichten, trieft ihre untere Gesichtshälfte von dem roten Opfersaft.

Auch im christlichen Leben verwendete man ursprünglich das Blut eines Stieres. Später wurde es durch das Blut eines Lammes er-setzt und heute durch Wasser. Als Kind bin ich einmal auf ein beein-druckendes Buch gestoßen, in dem die Stierkämpfe in Spanien als eine spätere Version jener Bluttaufe beschrieben wurden. In Merida hat man gar die Stierkampfarena auf den Ruinen eines antiken, dem Mithras-Kult geweihten römischen Tempels erbaut, in welchem sich die Zenturios entkleideten, um mit dem Blut eines weißen Stieres ge-tauft zu werden und dadurch die für den Kampf gegen ihre Feinde nötige Kraft zu empfangen.

Aus der Ferne nähert sich eine gedämpfte Schwingung. Meine Au-gen richten sich auf einen kleinen roten Punkt am blauen Horizont. Wie erfrischt vom Opferblut stürmen die Initiierten aus der Um-zäunung heraus und verleihen ihren bisher gezügelten Emotionen Ausdruck durch kurze, spitze Schreie. Das Tröten des Horns erschallt nun im Crescendo, die Tonlage der Stimmen wird höher und höher, die hoch über die roten Schädel gereckten Stäbe setzen sich klar ge-gen den wolkenlosen Himmel ab. »Das ist die *olamal*. Sie kommen zurück aus den Bergen, wo sie das *enkorien* geholt haben, das aus dem Stamm eines wilden Olivenbaumes geschnitzt wird«, sagt Kenny, der nie um eine Erklärung verlegen ist.

»Wozu dient es?«

»Du weißt ja, dass der Olivenbaum zu unseren heiligen Bäumen gehört. Die Fahne der *emanyata* hängt an einem Ast eines solchen Baumes, und dieser wird nun in der Mitte des *osingira*, des großen ›Hauses der Zeremonien‹ aufgestellt.«

Der Punkt am Horizont ist inzwischen nähergekommen, und ich erkenne jetzt einen dicht gedrängten Trupp von Moranen, der sich langsam auf uns zubewegt. Die Vibration ist unterdessen zu einem Donner angeschwollen. Angeführt von Lekukei, dem Wortführer der Morane, der ebenfalls ein naher Cousin von Kenny ist, bilden die »Bluttrinker« in ihrem gleichmäßig wiegenden Tanz eine wogende Einheit, die den Trägern des Heiligtums entgegenstrebt. Gespannt und ein bisschen nervös schließe ich mich ihnen an. Als die Gruppen nur mehr hundert Meter voneinander entfernt sind, beginnen sie sich in Schlangenlinien fortzubewegen. Wieder begibt sich der *Olotuno* an die Spitze der Prozession, als wären das *eunoto* und die gesamte Altersklasse ohne ihn bedeutungslos. Wie die strahlende Sonne im Hintergrund gemahnt er an das Ganze, das den allem innewohnenden Dualismus aufhebt. Der Stamm der Wilden Olive, den er im Zentrum der *osingira* aufstellt, symbolisiert nicht nur den Zusammenhalt einer Generation, sondern auch das Gleichgewicht und die Vollendung oder, mit einem Wort, die innere Einheit jedes Einzelnen. In unserer im Materialismus erstickenden Gesellschaft mangelt es grausamerweise an derlei Übergangsriten. Und ich verspüre einen seelischen wie körperlichen Mangel! Wir lassen uns von Spannungen und unversöhnlichen Gegensätzen bestimmen, und so ist es nicht weiter verwunderlich, dass wir unser ganzes Leben Gefangene unserer Unentschlossenheit und unseres mangelnden Selbstvertrauens bleiben ...

Der Gesang ist süß, und es wird viel gelacht. Dennoch treffen die in zwei Gruppen aufgeteilten Morane sehr kraftvoll aufeinander. Sie ziehen in gegenläufigen Reihen aneinander vorbei, wobei sich die Männer mit einem leichten Schlag auf die Schulter gratulieren. Die Zöpfe derjenigen, die keiner Rasur unterzogen wurden, fliegen wild umher, und die vorherige Anspannung ist gewichen. Lekukei führt erneut eine Gruppe von Moranen an, die noch immer drohend ihre Stäbe durch die Luft schwingen ... Ich setze mich etwas abseits in den Schatten einer Schirmakazie, weil es mir ein wenig schwindelt. Es ist zu anstrengend: zu viel zu sehen, zu viel zu hören, zu viel zu verarbeiten! Zumal ich noch immer – dies ist eine leidige Angewohnheit – gleichzeitig empfinden und analysieren will. *Lass dich gehen, beruhige deinen Geist, lebe den Augenblick!* Gerade überlege ich, ob ich den Moranen in die geweihte Einfriedung folgen soll, als Kenny mit einem auf zwei überkreuzte Zweige gespießten Stück Grillfleisch ankommt.

»Nimm das, wir haben viel Zeit! Man muss schon ein Vogel sein, wenn man beim Aufstellen des Stammes zuschauen will, und außerdem sehen die Morane dort zu – nicht die Alten wie du!«, wirft er mir zu und lacht wie ein Kind, was meine Gemütslage angenehm beruhigt. Da Lekukei mitgekommen ist, fürchte ich, dass er etwas auf dem Herzen hat. Ich spüre, wie er mich mit seinen dunklen Augen fixiert, als wolle er mir seine Energie einflößen. Und wenn die Augen die Fenster der Seele sind, dann muss seine undurchdringlich und erhaben sein. Ich erkenne darin unendlich weite und wilde Ebenen, rauschende Flussläufe, hoch aufragende und Schutz bietende Bäume, heilige Berge, aber auch den unbedingten Willen, die Elemente zu respektieren und die eigene Freiheit zu bewahren. Es ist offensichtlich: Es ist ihm gelungen, ein Massai zu bleiben, der an einem der schönsten Orte unserer Erde lebt. Das ist es, was er mir zu verstehen geben will, und schon bricht er wortlos auf und kehrt zu seinen Altersgenossen zurück. Hockend verzehre ich mein Fleisch und bin nicht ganz bei der Sache. Meine Augen schweifen hinauf zum Himmel, wo immer mehr Geier kreisen, als wüssten sie bereits über das Festmahl auf Erden Bescheid …

Im Dorf der Häute haben sich die Zeremonienmeister erhoben und legen Stücke des gegrillten Fleisches auf einem Bett aus langen, rosenähnlichen Stielen aus. Die Morane bilden tanzend und singend einen Kreis um die neun Hütten der Zeremonie. Die Wortführer dringen in diesen Kreis und machen im Uhrzeigersinn die Runde, um sich dann rechts von ihrem Eintritt niederzulassen. Ihnen folgen die anderen dicht auf dicht und bilden mit ihren leuchtenden Gewändern einen farbenprächtigen Ring. Das *osingira*, das »Haus der Zeremonie«, das an einen umgedrehten geflochtenen Korb erinnert, dominiert die Szene. Nun haben alle Platz genommen und sind bereit, das heilige Fleisch entgegenzunehmen. Ich überrasche Kenny, der mich intensiv beobachtet und an meinen Reaktionen mehr interessiert zu sein scheint, als am Fortgang des Rituals, dessen Ablauf ihm geläufig ist. Ich halte mich hinter Lekukei. Vor uns treten drei Paare in Blau gewandeter Ältester hervor. Die sechs tragen verschiedene Fleischstücke und beginnen mit der Verteilung des Opferrindes entgegen dem Uhrzeigersinn. Die beiden ersten »Paten« schleppen ein schweres Stück aus der Brust heran und wischen damit über das Gesicht des »Pflanzers«. Der hält es zweimal mit seinen Zähnen fest und beißt schließlich ein Stück heraus, das allerdings viel zu groß ist, als dass er es unzerteilt essen könnte. Nun ist es ihm erlaubt, seine Hände zu Hilfe zu nehmen. Es wird gelacht, und er selbst scheint wie verrückt vor Freude. Die folgenden Älteren bringen verschiedene Innereien des Opfertieres herbei, von denen ich das Herz, das Zwerchfell und die Lunge erkenne. Und ich erinnere mich an die Worte Selenois, als sie mir damals, im September 1983, verschiedene Fleischstücke auf die Lippen legte, um alle gegensätzlichen Tendenzen zu harmonisieren ...

Die beiden letzten Männer beschließen den kleinen Trupp und teilen kleine Stücke noch roten Fleisches aus. Der von Tierfellen gesäumte Platz wird hierbei von einer übernatürlichen Ruhe erfasst, und ich hebe meinen Blick zum Himmel, wo die dünne Wolkendecke im Licht der untergehenden Sonne erstrahlt. Die Morane erheben sich und meutern, dass ihre Fleischstücke zu klein waren, als dass sie ihnen helfen könnten, das Himmelsgewölbe zu erreichen. Aber streben sie nicht schon mit ihren gereckten Stäben gen Himmel? Wieder entsteht erregte Unruhe, doch dieses Mal scheint die Menge einem gewissen Rhythmus zu folgen. Die Initiierten drängen nacheinander durch den einzigen Ausgang, den der Kreis ihnen bietet, und verbreiten ein unerhörtes Chaos. Doch dieses ist nichts anderes als meine eigene Verwirrung angesichts der fast hundert Männer, die so plötzlich ihre Andacht vergessen und mit wilden, übertriebenen Gesten die ihren wunderschönen Körpern innewohnende Freude ausdrücken können. Schnell erweist sich auch für mich die Unordnung als geplante Choreografie: Die Morane springen mit geschlossenen Beinen umher, ohne sich trotz des dichten Gedränges ins Gehege zu kommen, und suchen mit ihren kurzen, stechenden Schreien die Explosion des Ego, die Erhöhung der Seele und ihre trunkene Freude in Einklang zu bringen.

Und weiter geht es im Schlusssprung zu einem der neun Ausgänge des äußeren Kreises, wie mir Kenny atemlos zuruft. Er, der ohnehin so jung aussieht, erscheint mir noch einmal zehn Jahre jünger. Auch ich bin außer Atem und halte mich im Lauf an seiner Seite. Und obwohl sie mit geschlossenen Beinen springen, sind sie uns schon jetzt voraus, eingehüllt in eine dichte, vom Schein der untergehenden Sonne rot beleuchtete Staubwolke. Der Klang des Kudu-Horns verheißt mir – gleich dem heimatlichen Nebelhorn – die nahende Rettung …

Sonntag, 13. August, unterwegs zum vielleicht letzten Tag des eunoto, 6.30 Uhr

Die Morgenluft ist klar, und ich kann am Himmel nicht eine Wolke entdecken. In meiner Freude über das fahle Rot der aufgehenden Sonne mag ich kaum glauben, dass sie in drei, vier Stunden wieder weiß glühen wird. Da Kenny an diesem Morgen dringend zu einer abgelegenen Arbeit muss, mache ich mich schon im Morgengrauen zu Fuß auf den Weg, was mir trotz der langen Strecke nicht unrecht ist. Ich liebe diese Wanderungen, bei denen ich mich voller Tatkraft fühle, tausend Pläne schmiede, und in Erinnerungen an meine wunderbaren ersten Jahre in Entepesi schwelge …

Ich habe mir vorgenommen, den direkten Weg zur *emanyata* durch das aschgraue verdorrte Gras zu nehmen. Zu meinem Bedauern muss ich nun feststellen, dass der direkte Weg nicht unbedingt auch der kürzeste ist, weil man unter Umständen – wie ich jetzt – zu langen Umwegen gezwungen wird: Vor mir liegt eine unüberwindliche Sperre aus dornigen Zweigen, und ernüchtert seufze ich über die Privatisierung des Landes. Doch die Natur ist herrlich, trotz der Trockenheit und trotz des menschlichen Wahnsinns, und – auch das habe ich gelernt: Ich genieße den Augenblick. Zwischen den fahlgelben Büscheln brüchigen Grases ertönt der Schlag einer fliehenden Zwergwachtel, und es wimmelt von kleinen, für die Tiefebenen charakteristischen Rebhühnern. Da ich weder auf Rinder noch auf eine Menschenseele treffe, erscheint mir die Natur hier geradezu unberührt. Als ich endlich an den heiligen Ort gelange, ist es schon fast Mittag. Doch auch hier sehe ich keinen Menschen … Wo sind die Morane abgeblieben?

»Mein Freund! Geht's gut?« Ich wende mich um und sehe, wie Peter mir folgt und eine weidende Kuh nachahmt. Der Meister der

Selbstironie besteht darauf, dass ich in seiner Hütte, auf der anderen Seite der Einfriedung, die so leer noch größer aussieht, einen Tee trinke. Immer taucht dieser Mann aus heiterem Himmel auf – eine geniale Gabe für einen Aufpasser ... Ich nippe von dem Tee, der eher nach heißem Zuckerwasser schmeckt. Er wechselt von seiner Tierrolle in die eines bosnischen Kriegsreporters, wobei er seinen Stock als Mikrofon vor den Mund hält und auf Englisch von einem Zwischenfall in Sarajewo berichtet: »Ein Kommando von Moranen in Kampfanzügen ist heute Morgen um 8.15 Uhr in die Stadt eingedrungen, um einige französische Spione festzunehmen. Durch ihre drohenden Lanzen beunruhigt, haben sich diese sofort an die Massai der UN-Friedenstruppen gewandt!« Auch bei den Massai – und selbst unter den streng Traditionellen – gibt es offensichtlich nicht nur die Artisten, die Luftsprünge vollführen, sondern auch die Akrobaten des Geistes, denen ich mich besonders nahe fühle.

So vergehen lange Minuten ... bis draußen ein Tohuwabohu entsteht und ich aus der Hütte schieße wie ein Hase aus seinem ausgeräucherten Bau. Die Morane sind zurück! Es sind Hunderte, und sie wirbeln eine enorme Staubwolke auf. Ihre Schreie lassen mich an einen Angriff der Apachen denken. Sie stürmen die Einfriedung des *osingira*. Ich gerate ins Getümmel und bemerke neun besonders junge und offensichtlich frisch Initiierte, die Kopfbedeckungen aus Straußenfedern tragen und die im Inneren des heiligen Hauses Platz nehmen dürfen. Angesichts ihres Alters können sie nur kurz in der *emanyata* gelebt haben. Man hat sie aufgrund ihrer Reinheit ausgewählt, und ich schlussfolgere, dass alle anderen bereits sexuelle Erfahrungen mit verheirateten Frauen gemacht haben, denn diese müssen draußen bleiben!

Nachdem kurz ein wenig Ruhe eingekehrt ist, stoßen die Morane erneut kleine spitze Schreie aus, die mein Trommelfell mit gefühlten 100 000 Watt Leistung traktieren. Dazwischen mischt sich das Jaulen von Kudu-Hörnern und das Gescheppere kleiner Schellen aus Metall, die zu Hunderten an ihren Schenkeln befestigt sind. Sie scheinen ihre Macht zu spüren, und so versuchen sie in großer Zahl, noch immer mit geschlossenen Beinen Tanzschritte oder Sprünge vollführend, in das Innere des *osingira* vorzustoßen, das ihre Angehörigen mit bloßen Händen schützen. Die Morane haben ihre Körper mit weißen Linien aus Ton bemalt, und nun schwenken sie ihre friedenverhei-

ßenden Stäbe drohend über ihren Köpfen. Ihre Mütter feuern sie
an, die meisten sind auch in ihren Tanz eingefallen. Ich weiß gar
nicht mehr, wo mir der Kopf steht und versuche, wenigstens ein
Foto von all diesem Aufruhr zu machen, doch ich muss wirklich auf-
passen, dass mich diese eindrucksvolle Horde nicht niedertrampelt!
Denn die gesamte anwesende Massai-Gemeinschaft befindet sich
in Ekstase! Während dieses letzten Scheingefechts zeigt sich nicht
nur der Zusammenhalt der Gruppe, sondern auch das Ende jener
wunderbaren Zeit der Freiheit, welche die Morane genießen durften.
Kaum dass sie das *osingira* stürmen, wogt die Menge schon wieder
heraus. Es sind kleinere Gruppen von 20 bis 30 Männern, welche die
heilige Hütte einkreisen, in sie eindringen und sie wieder verlassen
– und das wieder und wieder. Wie nur kann ein Volk, das von so vielen gegenläufigen Kräften bedrängt wird, von einem so starken Geist
beseelt sein?

Da ich keine Nachricht von Kenny erhalte, beschließe ich, mit Mo-
hammed zurückzufahren, einem fahrenden Händler aus Pakistan,
der den Frauen und den Moranen eine Menge Ramsch zu verkaufen
hat. Er bietet mir für die Nacht das Zelt seines »Watchman« an, der
wenige Kilometer von hier auf das Warenlager aufpasst. So kann ich
schnell zurückkommen, wenn die letzten Männer, die noch ihre alten
Zöpfe tragen, sich rasieren lassen …

Im Zelt des Watchman, 21.00 Uhr

Zu meiner Überraschung ist das Zelt nichts anderes als eine staubige,
khakifarbene Höhle, in der ich mich in meinem Schlafsack auf dem
nackten Boden ausstrecke. Mitten in der Nacht dringen zwei bedrohlich Betrunkene ein. Sind das die Wachleute? Ich bekomme es mit der
Angst. Sie haben eine Sturmlaterne in den Baum vor dem Eingang
gehängt. Ich stehe auf, um sie zu löschen, dann krieche ich wieder
in die Federn. Die Männer sind verschwunden! Es gelingt mir nicht,
wieder einzuschlafen. Mir ist kalt, und das Zelt wird von einigen heftigen Böen erfasst. Ich ziehe es vor, die Nacht im Freien zu beenden,
dort stinkt es wenigstens nicht so widerlich! Ich wickle mich in meinen Schlafsack ein und setze mich auf einen Baumstamm auf dem
notdürftig eingefriedeten Gelände mitten im Niemandsland. Trotz
der beißenden Kälte ist es eine grandiose Nacht. Bei meinen nächt-

lichen Aufenthalten in den von freier Natur und wilden Tieren umgebenen Massai-Siedlungen habe ich eine Schwerelosigkeit der Seele kennengelernt, die ich vom Tage nicht kannte. Rundherum haben die Tiere die Herrschaft über das Land zurückerobert. Der Himmel ist von funkelnden Sternen übersät, einfach märchenhaft, und im Osten, eben oberhalb des Horizonts, erkenne ich das Sternbild der Jungfrau. Wenn der Regen kommen sollte, dann von dort … doch wann wird das sein? Direkt senkrecht über mir entdecke ich den Rigel und den Betelgeuse aus dem Sternbild des Orion, die so stark leuchten, dass ich meine, sie kämen mir entgegen, und einige Sterne sind von einem hellen Nebel umgeben. Aus der Ferne, oberhalb der Senke, die hinab nach Magadi führt, vernehme ich dreimal das Gebell eines Schakals, der später aus tiefster Seele in ein langes, herzzerreißendes Geheul ausbricht, als wolle er die Sterne vom Himmel holen. Was ich in diesem Moment verspüre, muss die Freiheit sein! Die klare Luft, diese Atempause, in der ich auflebe, schürt in mir die Hoffnung und lässt mich an große Dinge glauben. Das tiefe Schwarzblau des Himmels weicht einem blassen Lila: Der Aufgang der Sonne kündigt sich an. Es ist wohl Zeit, dass ich mich auf den Weg mache …

Das Leben in der *emanyata* erwacht nur langsam, man ist offensichtlich noch von der Feier des Vorabends erschöpft, oder aber man scheut sich vor der Rasur, die das definitive Ende der Morane bezeichnet. Während Peter mir vor seiner Hütte eine Tasse Tee kredenzt, haben sich die Mütter der Morane rund um das Dorf verteilt. Sie stehen mit dem Rücken zu ihrer jeweiligen Hütte und beginnen mit der Schur der mythischen Haarpracht ihrer Söhne, die sie mit Milch befeuchten. Jeweils zwei von ihnen stehen am Rand eines hellen Fells, auf dem sich ihre beiden Söhne gegenübersitzen. Sie bewegen sich bedächtig. Schreie werden laut, doch es sind nicht die ohrenbetäubenden vom Vortag, sondern vielmehr klingen sie schmerzhaft, als begleiteten sie die letzten Zuckungen eines verwundeten Tieres. Ganz in meiner Nähe hat ein Moran Schaum vorm Mund und reißt seine Hände zum Himmel hoch. Ich schaue in die Runde und entdecke überall junge Erwachsene, die von Krämpfen geschüttelt werden. Eine starke Erregung hat sich ihrer bemächtigt, und sie entspricht ganz offensichtlich dem Grad der Freiheit, den sie erlebt haben. Ich verstehe, dass sie sich deren Ende kaum herbeiwünschen. Die Mütter sind sehr um sie bemüht und liebkosen sie wie Kleinkinder. Ich bringe es nicht übers Herz, ein Foto zu machen, denn nun überwältigen auch mich die Emotionen, und warum sollte mir die Erinnerung an diese Momente nicht ausreichen? Als alle kahl sind, werden ihre Schädel mit feuchter, roter Erde eingerieben. Die Morane versammeln sich abseits und verharren dort wie versteinert. Niemand sagt ein Wort, es wird nicht getanzt. Ich sehe überall Rot, und ich breche auf. Als ich gegen 8.00 Uhr die *emanyata* verlasse, sehe ich zwei dickliche, mit Hawaii-Hemden bekleidete und sehr bleiche Amerikaner aus einem nagelneuen Geländewagen mit einem roten Diplomatenkennzeichen steigen. Ich lese: UMWELTPROGRAMM DER VEREINTEN NATIONEN. Dann höre ich ihre batteriegetriebenen Zooms und sehe die Videokameras an ihren Schulterriemen. Sie können mich nicht sehen, und verstehen tun sie auch nichts, als ich ihnen spöttisch zurufe, sie seien wohl zu spät gekommen!

Sonntag, 20. August, unterwegs nach Sajiloni, dem »Dorf der langen Stäbe«, 6.30 Uhr

Es ist halb sieben, und ich bin im Begriff, Kajiado zu verlassen. Ich fühle mich trotz der lauten Musik aus Zaire und dem Gelächter der alkoholisierten Gäste des düsteren Hotels, in dem ich die Nacht verbracht habe, ausgeruht. Allerdings brauche ich ohne die rituelle Tasse Tee am Morgen lange, bis ich richtig wach bin. Es verspricht, ein wunderschöner Tag zu werden. Gestern hat mich Kenny in das 20 Minuten entfernte Sajiloni mitgenommen, wo die Massai am stärksten von der Privatisierung des Landes betroffen sind. Unlängst wurde hier ein zeremonielles Dorf mit 29 Hütten errichtet. Kenny stellt mich seinem Halbbruder vor, dem jüngsten Sohn der zweiten Frau seines »eingeschlafenen«, also verstorbenen, Vaters. Die Zeremonie, anlässlich der Kenny mich hergebracht hat und der ich unbedingt beiwohnen soll, betrifft wiederum Morane, doch in diesem Fall handelt es sich ausschließlich um junge Männer, die die staatliche Schule besuchen und niemals in einer *emanyata* gelebt haben. Doch, wie Kenny mir erklärt hat, haben diese Massai das *eunoto* »der linken Hand« einer Altersklasse durch eine verkürzte Form ersetzt, die im *enkang ong'udisin,* dem »Dorf der langen Stäbe« stattfinden soll. Die letzte Segnung, um nicht zu sagen das Fest, wird nicht länger als einen Tag dauern, wenngleich die 29 Mütter schon vor Wochen eigens zu diesem Anlass eine rituelle Siedlung mit 29 Hütten errichtet haben, in denen die Morane seit einem Monat – dem Zeitraum, in dem hier Schulferien sind – leben. Ein wenig hochmütig frage ich mich, ob mich dieses Fest angesichts des bereits erlebten *eunoto* beeindrucken kann, denn nach den zurückliegenden, äußerst spannenden zwei Wochen sind meine Aufmerksamkeit und meine Neugierde geschwunden, aber ich will Kenny eine Freude machen. Ich bin ohne innere Anspannung und vor allem ohne Illusionen gekommen, aber auch ohne jene Hochstimmung, die einem so viel Kraft verleihen kann.

Nach einer kurzen Unschlüssigkeit erinnere ich mich wieder an den Weg, der hinter der katholischen Kirche lang führt. Er ist leicht abschüssig und endet in einer Senke. Ich beobachte eine bleierne Wolke, die sich vor die Morgenröte schiebt und bald immer mehr Sonnenstrahlen durchlässt. Trotz ihrer anarchischen Ausdehnung lasse ich diese halbwegs urbane Distrikthauptstadt mit all ihren wenig attraktiven Bauten erstaunlich schnell hinter mir und blicke über die von der Sonne versengte, leicht hügelige und unendlich weite Tiefebene, und auf jeder Erhebung stelle ich mir vor, ich stünde auf einer Düne und sei dem Meer nicht mehr fern. Doch statt des beschaulichen Glitzerns liegt nun eine massige und statische Spiegelung vor mir, denn vor dem eher unregelmäßigen Kreis der 29 Hütten, die wie auf den Kopf gedrehte Körbe aussehen, dem Dorf der langen Stäbe, parken etwa zehn *matatus*, die hier üblichen Gemeinschaftstaxis. Trotz der frühen Stunde ist bereits eine große, bunt zusammengewürfelte Menge auf den Beinen. Männer jeglichen Alters stehen in kleinen Gruppen zusammen, tauschen Neuigkeiten aus und lachen. Sie tragen ihre feinsten Straßenanzüge, einige haben dazu rot oder blau karierte Tücher umgebunden. Wegen der Kälte oder weil sie noch immer und vor allem Massai sind? Die Frauen haben sich um die Kuppeln aus Dung gesetzt und sind mit der Zubereitung der Speisen beschäftigt. Die einen stellen enorme Stapel von *chapatis* (Reisfladen) her, andere verarbeiten den *enkurma*, eine Art Brühe auf der Basis von Maismehl, zu einem festen Teig, wieder andere füllen bergeweise strahlend weißen Reis in große Kochtöpfe. Ich merke nicht auf Anhieb, dass der etwa 30-jährige Mann, der ebenso wie Kenny offen und begeistert auf die Leute zugeht, sein Halbbruder ist. Anders als gestern Abend, als er Jeans und ein T-Shirt trug, haben ihn heute die an seiner Schulter verknoteten *ilkarash* in einen gewöhnlichen Massai verwandelt. Ich spüre, mit welchem Stolz er diese Kluft trägt. Wahrscheinlich ist es seine Art, mit Respekt auf ein Ereignis wie diese Feier zu reagieren. »Der Dritte in der Reihe dort, der Große, das ist mein kleiner Bruder!«, ruft er voller Begeisterung und weist auf ein offensichtlich zu schnell gewachsenes, spindeldürres Wesen inmitten von 20, 30 Jungen, die sich artig wie Schulanfänger im Gänsemarsch aufgereiht haben. Er bestätigt Kennys Erklärungen vom Vortag: »Es sind die der linken Hand, die, ›Die in einer Schlacht niemals eine Niederlage haben einstecken müssen‹. Fast alle gehen zur Schule, und nur in den Ferien haben sie ihr Leben als Morane geführt. Aus diesem Grund findet die Zeremonie auch jetzt statt. Die linke Hand einer Altersklasse nimmt bei uns nie am *eunoto* teil!« Ich sehe niemanden, der seine Ohrläppchen hat durchstechen lassen. Auch ist das Haar der Jungen nicht nach der noblen Art der Morane geflochten, denn es ist für Zöpfe viel zu kurz, und so ist es einfach mit roter Erde eingerieben. Sie erregen bei den Anwesenden nur wenig Aufmerksamkeit, als sie im Gänsemarsch, mit kurzen Schritten, ihre Körper eher schüchtern biegend, die Köpfe vorstoßend und die Friedensstäbe geschultert, an uns vorbeitanzen. Sie umrunden mehrfach das Dorf, in dem unterdessen die Ältesten in einem von Fellen eingefassten Areal ein weißes Rind opfern. Eifrig, wie bei uns die frisch Kommunierten das Abendmahl empfangen, kommen die Morane heran und lassen sich von dem noch warmen Blut, vermischt mit Honigwein und Milch, zu trinken geben. Dann nehmen sie in der Gruppe die Runden wieder auf, doch führen sie ihre eintönigen Tanzschritte seltsam gleichmütig aus – als hätten sie sie in aller Eile lernen müssen – und wahren, wie ich, eine gewisse Distanz zu den Ereignissen. Einige Männer kommen heran und erklären mir in gebrochenem Englisch die Bedeutung der einzelnen Bilder. Sie ermuntern sich gegenseitig. Einer von ihnen packt mich plötzlich am Arm. Er versinkt in einem dunkelblauen Polizeiregenmantel, der für seine zierliche Gestalt viel zu groß ist. »Dies sind Rituale von Wilden, haben Sie überhaupt eine Erlaubnis, hier zu sein?«, wiederholt er fünf-, sechsmal, wie ein Verrückter. Zum Glück befreit mich Kennys Halbbruder aus der unangenehmen Lage, wobei er, wie um mich abzulenken, auf zwei kniende Älteste zeigt. Einer von ihnen dreht, immer schneller und heftiger, zwischen seinen Händen einen dünnen Stab aus Holz auf einer Scheibe aus demselben Holz, während sich der andere Mann herunterbeugt und aus Leibeskräften pustet. »So entzünden wir ein Feuer. Heutzutage tut man das allerdings nur noch anlässlich von Zeremonien, doch das Holz ist immer noch heilig. Es stammt vom *oseki* (Kordie)«, wie er mir versichert.

Nacheinander stellen sich die Moran-Schüler vor den beiden Älteren auf und lassen sich von ihnen von vorn und von hinten segnen und mit Honigwein und Milch aus zwei länglichen Kalebassen bespritzen. Danach nehmen sie erneut ihre Runden auf. Der Fleischgrill hat mich inzwischen total eingeräuchert, und während sich die Morane im umliegenden Busch zerstreuen, sind die Frauen immer noch mit der Zubereitung des Essens – *chapatis*, gekochtes Fleisch und ... Kartoffeln (was für eine Delikatesse!) – beschäftigt! Ich habe großen Hunger, aber im Moment wird es hier noch nichts für mich geben. Das Shoppingcenter von Sajiloni sei nur einen Kilometer entfernt, erklärt man mir. Ich verschwinde.

Der jetzt bleierne Himmel verdüstert meine Stimmung – eine Mischung aus Trauer, Überdruss und Melancholie. Sajiloni beläuft sich auf wenige Wellblechbaracken, in denen der übliche Schund der Händler ausliegt. Weil es nichts zu essen gibt, nehme ich ein Tusker-Bier. Mit alleinreisenden Fremden kann man hier nichts anfangen. Noch betrübter gehe ich zum Dorf der langen Stäbe zurück, doch als die Sonne wieder am Himmel erscheint und mit ihr die Farben zurückkehren, verspüre ich erneut die Geschichtsträchtigkeit des Ortes und seiner Kultur. Ich begegne einem Mann in einer schlichten Uniform, der mir bedeutet, der Chef zu sein, und ausruft: »Die Kultur der Massai existiert noch immer! Ich nehme an, Sie studieren unsere Kultur ...«

Die jungen Männer sind nun am Eingang zur Einfriedung angetreten, wo ihre Väter sie erwarten, um sie mit der Brust, dem Herzen und der Lunge des Rindes zu segnen. Ich bin mittlerweile etwas besser aufgelegt als noch am Morgen und bereit, an dieser letzten Etappe teilzunehmen, als plötzlich die bisher absolut leidenschaftslose Monotonie des Rituals durch ein unglaubliches Durcheinander gestört wird. Die lange Reihe löst sich ohne Vorankündigung auf, und die ersten Drängler stoßen auf einen etwa zehn Meter langen, mit Dornengestrüpp eingefassten Gang, der den Zugang zur Einfriedung verwehrt. Dies ist offensichtlich ein Schock, der die ganze Gruppe durchfährt, die Überraschung ist absolut, von überall ertönen wie-

derholt spitze Schreie. Die Erregung ist augenfällig, einige der jungen
Männer fallen in Trance. Körper winden sich in Krämpfen am Boden, die wenigen noch geistesgegenwärtigen Männer versuchen das
Schlimmste zu verhindern. Älteste eilen zu Hilfe, ich aber weiß nicht,
was ich tun soll.

Ganz in meiner Nähe versucht ein Junge von kaum zwölf Jahren
in friedlicher Trance mit stieren Augen und im Rhythmus seines sich
windenden Körpers mit rudernden Armen gegen den Strom der fre-
netisch Tanzenden anzukommen. Der Anblick des Treibens versetzt
mich in Schrecken, und ich habe die Assoziation eines mit Leichen
bedeckten Schlachtfeldes. Doch diese Leichen bekreuzigen sich, und
sie zittern am ganzen Körper! Es werden immer mehr, die sich völlig entfesselt gebärden, ohne ein Bewusstsein für ihre verzehnfachten
Kräfte oder gar die Ratlosigkeit ihrer Mütter zu entwickeln. Diese
nämlich sind herbeigeeilt, um bei der heiligen Verteilung des Fleisches zuzuschauen, und nun sind sie es, die Schreie der Angst und
der Verzweiflung ausstoßen und schließlich in Richtung des Dorf-
ausgangs die Flucht ergreifen. Zwei von ihnen stürzen sich auf mich
und schubsen mich zur nächstgelegenen Hütte. »Wir werden dir zu
Essen geben!«, behauptet eine, doch ihre Stimme verrät, dass sie sich
fürchtet. Es scheint mir mehr als verwunderlich, dass sie mich vor
dem Spektakel retten. Vor allem wollen sie wohl verhindern, dass ich
die Überschreitungen fehldeute. Das Blut des Rindes soll den Boden
fruchtbar machen und die Natur wiederbeleben, und es ist eine Art
Taufe, die den Respekt des Menschen gegenüber der Natur besiegelt.
Für mich spiegelt die Trance der jungen Massai ihre Angst wider, die
auftritt, weil ihre Initiation nicht vollständig und traditionell erfolgt
ist. Sie sind ganz offensichtlich in Schwierigkeiten, weil sie zwischen
der Wahrheit ihrer Eltern und dem stehen, was sie in der Schule lernen, und bisher keine eigenständige Position gefunden haben ...

Als ich die Hütte verlassen darf, in der die Frauen mir von dem
gekochten Fleisch und den Kartoffeln zu essen gegeben haben, ist
draußen in der Einfriedung eine eigentümliche Ruhe eingekehrt. Die
jungen Männer stehen an die Einfriedung mit den aufgehängten Fellen gelehnt und reichen einander ein großes Messer, mit dem jeder
sich sein letztes Stück Fleisch abschneidet, um des Zusammenhalts
der Gruppe zu gedenken. Der Segen des Fleisches tut an Ort und Stelle seine Wirkung. Keine Spur mehr von dem Sturm, der das Dorf

überwältigt hat! Die Jungen erheben sich schweigend und lassen sich erneut von zwei Ältesten mit Milch und Honigwein bespritzen, um dann mit Würde das Zentrum des Dorfes zu vereinnahmen. Sie haben sich verändert. Vielleicht hat es ihnen geholfen, dass sie, atemlos und stöhnend, für einen Augenblick nicht mehr in der Lage waren, ihre Körper zu beherrschen, um sich jetzt als dauerhaft initiiert zu betrachten und einen tiefen inneren Frieden zu finden. Die Schüler der linken Hand, die heute Morgen ins Dorf geschlendert kamen, fühlen sich jetzt der linken Hand, denen, »Die in einer Schlacht niemals eine Niederlage haben einstecken müssen«, wirklich zugehörig. Auf das Zeichen ihres jungen Wortführers recken sie ihre weißen Stäbe gen Himmel und durchbrechen die Stille mit kurzen, freudigen Rufen. Ihre Gruppe erweckt den Eindruck eines großen Körpers, der sich zum gedämpften Klang gegeneinandergeschlagener Hölzer ein- und wieder ausrollt. Frauen und Mädchen stoßen dazu, die Angst ist gewichen, es wird viel Schmuck gezeigt. Wenn die meisten dieser Morane auch nicht in den Genuss der traditionellen Erziehung in der *emanyata* gekommen sind, so beweist mir dieses Ereignis, dass selbst jene durch die Privatisierung des Landes am traditionellen Leben am meisten gehinderten Massai sich nicht so ohne Weiteres von einem vorgetäuschten nationalen Konstrukt vereinnahmen lassen. Manchmal trügt der Schein eben …

Kennys Bruder bringt mir eine Schale kochend heißen Tee. Und ich beginne, die ungeheure Stärke von Kenny zu erkennen: Er hat mich deshalb hierhergebracht, damit ich endlich begreife, wie sinnlos es ist, auf Klischees und Apriori zu vertrauen … Nach dem, was ich gerade gesehen, gehört, gespürt und empfunden habe, hoffe ich, dass ich mich in Zukunft nicht mehr vom Anschein täuschen lassen werde.

Freitag, 14. Oktober, im Appartement
Décanale Panthéon-Sorbonne, 15.30 Uhr

»Für die Massai haben zwischenmenschliche Beziehungen Vorrang vor denen zwischen Menschen und Dingen … Ihre Spiritualität ist eine ökologische, denn die sehr langsam fortschreitende Initiation, die jedem Massai ermöglicht wird, verleiht jedem das Wissen und die Sensibilität, die er benötigt, um die Dualität zu überwinden und die

Mutter Erde unabhängig von jeglicher Art der Aneignung zu respektieren. Ihre Kultur des Seins ist einzigartig, auch weil sie in großem Maße Wissen und Fertigkeiten hervorgebracht hat, die zu den besten Weiden der Welt geführt und die Entfaltung der größten Vielfalt von wilden Pflanzen und Tieren begünstigt haben … Aber die sogenannte Entwicklung, die konzipiert ist, als würde der Mensch nicht existieren, hat Einzug gehalten! Entwicklung ist das Schlüsselwort, und es bezeichnet eine Bewegung, die, in Analogie zum Lebendigen, zugleich als natürlich, wünschenswert und zwangsläufig erscheint … In den 1970er- und 1980er-Jahren zählte nur eines, doch heute ist es noch schlimmer gekommen, denn man stellt sie noch immer nicht infrage – nämlich die systematische Umwandlung der Natur und der sozialen Verhältnisse in Güter und Dienstleistungen … Zum ersten Mal in der Geschichte zielt der Westen nicht mehr darauf, seine Kultur zu exportieren, sondern alle Kulturen zu zersetzen, um eine rein negative Lebensweise zu etablieren, die sich auf die Anbetung von Konsum und Rentabilität und auf den Wahn des technisch-ökonomischen Wachstums stützt … So wurden die Massai nicht ob ihrer einzigartigen Kultur des Gebens und Nehmens berühmt, sondern sie fanden weltweite Beachtung nur wegen des folkloristischen Images, das man in der aseptischen Welt der friedlichen Safaris zur Förderung des Massentourismus und zu Lasten der Fremdartigkeit zu erhalten sucht: das des ›blutrünstigen Kriegers‹ … Es bleibt meiner Meinung nach nur noch eines zu tun, nämlich die traditionelle Gesellschaft zu stärken, und zwar genau zum heutigen Zeitpunkt – da man sie auffordert, sich zu entwickeln –, indem man ihre Produktionsweise anerkennt und aufwertet. Nur wenn die Unterschiede respektiert werden, kann es auf Erden menschlich zugehen …«

Ich sitze auf einem winzigen Stuhl hinter einem Tisch, auf dem meine in zwei Bänden gedruckte Doktorarbeit liegt, und gestikuliere heftig. Meine Rede zu ihrer Verteidigung ist ungestüm, aber ich spüre deutlich, dass es die Massai sind, mit deren Zunge ich spreche, so wie sie während der langen Jahre der Initiation meine Hand beim Schreiben geführt haben. Ich befinde mich am Scheideweg. Vor mir sitzen die fünf Professoren und hören mir zu – wahrscheinlich zutiefst erschüttert, dass ich die wirtschaftliche Ideologie kritisiere, anstatt die Massai anzugreifen – und hinter mir meine Freunde und die Familie, die zahlreich erschienen sind, um mir moralisch beizustehen. Ich würde mich am liebsten zu ihnen umdrehen, denn meine Botschaft wendet sich an sie und nicht an die anderen, deren Antworten und Theorien ohnehin meine Entdeckungen und mein Leben überdauern werden. Und genau hinter mir steht Kenny Matampash ole Meritei, der Mann aus meinem Traum! Ohne ihn gäbe es diesen historischen Tag gar nicht. Was hätte ich ohne ihn machen sollen? Unsere Seelen sind eng verbunden. Und gemeinsam werden wir den Weg zu Ende gehen!

Meine Redezeit ist auf 20 Minuten beschränkt, und trotzdem habe ich das Gefühl, schon eine Ewigkeit gesprochen zu haben. »Die Massai waren am Grabenbruch die bedeutendste Kultur – man nannte sie die ›Lords of East Africa‹ –, und heute sind sie zu einer Minorität verkommen, weil man sie wegen ihrer humanistischen Werte verachtet ...« Ich lasse meine Arme fallen. Man räuspert sich, die Fliegen – wenn es denn welche gibt – fliegen auf, in meinem Rücken wird getuschelt, und dann nehmen mich die Professoren aufs Korn! Das gehört zum Spiel, ich weiß, aber es ist wirklich merkwürdig, dass die Einwände nur so auf mich herunterhageln:

»Sie sagen, dass unsere Rationalität und die daraus folgende grenzenlose Akkumulation das Leben der Massai bedroht ... dass der scheinbar angehäufte Reichtum in Wirklichkeit eine Verarmung der menschlichen Natur bedeutet und, schlimmer noch, zum Verzicht auf die Natur und die menschlichen Bedürfnisse führt! Sie sagen, dass der Kapitalismus, den wir als Fortschritt begrüßen, nichts anderes als Entsagung bedeutet. Der Mensch verliere das Gefühl für seinen eigenen Körper, er vergesse seine Sinne und seine Sinnlichkeit. Finden Sie das nicht ein wenig übertrieben?«, fragt mich einer von ihnen, offensichtlich untröstlich. Und ich antworte ihm in aller Seelenruhe: »Unser Unterbewusstsein ist unmenschlich geworden, bevölkert von Abstraktionen, die im wirklichen Leben nicht vorkommen. Die Massai können sich nicht vorstellen, dass wir mit kühlem Verstand und ganz ökonomisch die Existenz von betriebsamen Geistern verhehlen, und doch möchten wir ihnen unsere nüchterne Sicht der Dinge aufzwingen. Dabei erleben auch wir ein echtes Drama, weil wir unsere Identität im Rahmen einer Moderne zu bewahren suchen, die jegliche Identität zerstört ...« Ein anderer Hochschullehrer weicht meinem kämpferischen Gestus aus und beginnt mit der Kritik von Methode und Form ...

Nun ergreift mein Doktorvater das Wort, und sein Ton klingt ermunternd, voller Zuneigung und Bewunderung, gar humorvoll: »Wissen sie, meine Damen und Herren, unseren Massai ... hatte ich schon jahrelang nicht mehr gesehen, doch eines Tages tauchte er wieder auf und überreichte mir diese tausend Seiten! ... Ich habe immer an ihn geglaubt, denn ich habe bei diesem Studenten auf Anhieb den Willen erkannt, eine sinntragende Zivilisation von Grund auf kennenlernen zu wollen. Afrika kann solche selbstlosen Forscher wie Xavier gut gebrauchen ... Er hat die ganzen Jahre hindurch im Verborgenen gearbeitet, um dem akademischen Getto zu entkommen und eine sozialwissenschaftliche Studie auf der Basis der Menschlichkeit abzuliefern. Ich danke ihm!« Nach einer schier endlosen, atemlosen Anspannung folgt endlich die Anerkennung! Die Jury zieht sich in ein Nachbarzimmer zurück, kehrt zurück, alle stehen auf, es folgt das Urteil. Werde ich verurteilt? Doch wozu? Nach all dieser Kritik! Ich erwarte nichts. Mein schönstes Geschenk ist die Fertigstellung dieses Monumentalwerkes (meiner Wahrheit), das ich hier in den heiligen Hallen der Sorbonne feierlich und in Anwesenheit meines geliebten Kenny präsentiere. Darauf bin ich stolz, und das ist meine schönste Belohnung. Trotzdem: Es bleibt ein Grimmen im Bauch, was bedeutet, dass mir die Zensur nicht egal ist!

Ich staune: Man hat meine Promotion einstimmig beschlossen! Es folgen Glückwünsche, man will meine Arbeit für den Prix de Thèse einreichen und bescheinigt mir sogar, wie es im Jargon heißt, »die Fähigkeit, eine Forschung zu leiten«! Ich lächele, denn meine Augen haben durch das linke Fenster hindurch die Inschrift auf dem Giebel des gegenüberliegenden Panthéon erfasst: *Aux grands hommes, la Patrie reconnaissante!* (Den großen Männern, das dankbare Vaterland!) Genau! Den großen Männern! Wenn einer der Anwesenden diese Auszeichnung verdient hat, dann ist es Kenny, der mir in die Arme stürzt und mir den Ebenholzstab und den Fliegenwedel eines Wortführers der Massai überreicht. »Er hat sie verdient, diese traditionellen Insignien!«, erläutert er freudestrahlend den staunenden Anwesenden. Und er fährt fort: »Ich möchte Ihnen die Geschichte einer Fledermaus erzählen. Wenn man sie sieht, denkt man, sie sei ein Vogel, aber wenn man sie von Nahem betrachtet, meint man, sie sei ein Säugetier. Eines Tages, bei einem Treffen der Vögel und der Säugetiere, wendet sich die Fledermaus den Vögeln zu. Die aber sagen: ›Gut, du kannst fliegen, aber, großer Gott, du hast Brustwarzen und Zähne. Du bist keine von uns!‹ Also geht die Fledermaus zu den Säugetieren. Die aber sagen: ›Aber du kannst doch fliegen! Wir können nicht fliegen. Du bist keine von uns. Geh zurück zu den Vögeln!‹ Und was passiert? Die Fledermaus hängt in der Luft. Sie ist weder ein Vogel noch ein Säugetier. Oder? Genauso geht es Afrika heute. Viele Gesellschaften sind zu Fledermäusen geworden; sie sind weder westlich noch traditionell. Xavier hat es sich ausgesucht, unter uns zu leben, und damit sein Forschungsgebiet bestimmt. Und – nach Hause zurückgekehrt – bezeugt er nun, dass wir keine Fledermäuse sein wollen. Ich bin stolz auf ihn, denn er war nicht feige, er ist unserer Wahrheit und sich selbst auf den Grund gegangen. Im Namen der Massai, im Namen unserer Kultur, im Namen unserer Lebensweise als Hirten, im Namen unserer Rinder sage ich ihm *ashe naleng* (vielen Dank)!«

7

– 1996 –
Entdeckungen im
»Wald des verlorenen Kindes«

I ch befinde mich auf der anderen Seite der Barrikade. Das ist es jedenfalls, was die Leute glauben. Ich habe nicht das Gefühl, mich verändert zu haben. Ich würde sogar genau das Gegenteil behaupten. Denn indem ich mich immer stärker gefestigt fühle, wächst meine Überzeugung, mit allem, was sich außerhalb von mir befindet, nichts mehr zu tun zu haben. Zu diesem Außerhalb zählt etwa die Universität, an die ich nach der Disputation meiner Doktorarbeit zurückgekehrt bin. Das Leben an der Universität kann recht angenehm sein, vor allem, wenn man etwas durchgemacht hat, das andere mit dem Durchqueren einer Wüste vergleichen. Natürlich sehe ich das anders, denn ich habe immer geahnt, dass die Distanz zu meiner Befreiung, zur Entdeckung meiner persönlichen Agenda führen würde. Dennoch! Ich lasse mich in Versuchung führen, ohne mich allerdings darüber hinwegzutäuschen, was man im Gegenzug von mir erwartet. Und ich bin natürlich auch zu gewissen Kompromissen bereit! Ist es nicht auch das, was ich seit meiner ersten Begegnung mit den Massai immer getan habe? Wenn etwa meine Kraft, mich anzupassen, bei jeder Rückkehr nach Frankreich unsanft auf die Probe gestellt wurde? Der Übergang vom Kompromiss zum einseitigem Zugeständnis erscheint in den meisten Fällen fließend: Eine kleine Notlüge sich selbst gegenüber, und schon ist man bereit, sich aufzugeben. Doch ich habe sehr schnell gemerkt, dass diese Welt nicht die Meine ist, dass ich nicht bereit bin, dem Schein zu genügen und die Grenze zum Zugeständnis zu überschreiten.

Ich arbeite seit drei Jahren als wissenschaftlicher Angestellter und habe somit eine lehrende und eine forschende Aufgabe, doch noch nie in meinem Leben habe ich so wenig erforscht! Was auch? Auf meine Person bezogen gibt es nichts zu suchen, seitdem ich mich gefunden habe. Also erfindet man Forschungsprojekte mit wohlklingenden Bezeichnungen, es werden einem Gelder bewilligt, denn man hat ja ein gewisses Ansehen, man widmet sich, wenn es hochkommt, alle zwei Wochen seinem Forschungsfeld, danach nimmt man einen Stift zur Hand und schreibt innovative Konzepte nieder, um den Geldgebern zu beweisen, dass ihr Vertrauen gerechtfertigt ist. Das ist wirklich großartig! Und wenn man mal nicht weiß, was man in seiner Freizeit anfangen soll, kann man jederzeit zu einem Treffen der Kollegen gehen. Etwa zu einer Versammlung der Abteilung – ein echtes Bravourstück! Man taxiert sich, man ergeht sich in wissenschaftlichen Termini, man theoretisiert, man urteilt – vor allem über jene, die gerade nicht anwesend sind – und verbringt so Stunden, um hinterher eine absolute innere Leere zu verspüren. Dieses Spiel muss man lernen, und man darf dabei keine Wellen schlagen, denn sonst heißt es:»Man nimmt Sie sowie nicht ernst! Seien wir doch mal ehrlich ...«

Was ich bei den Massai gelernt habe, lässt sich in Frankreich nicht so leicht anwenden, denn hier glaubt man weiterhin an die Aussagekraft von Diplomen, die ein enormes Prestige mit sich bringen und den Diplomierten in den Stand versetzen, Bedeutendes zu tun und darüber zu reden ... Mir ist etwas passiert, das Unschuldigen wirklich sehr selten geschieht: Anfang des Jahres wurde ich als Repräsentant der Universität als Teilnehmer an der zweiwöchigen Jahressitzung des Institut des Hautes Études de Défense Nationale (Institut für nationale Verteidigungsstudien) auf der Insel La Réunion nominiert. Nun belaufen sich meine Erfahrungen mit der »nationalen Verteidigung« auf gerade einmal jene drei Tage der Musterung, die ich 1978 in Guingamp absolviert habe. Ich erinnere mich sehr wohl, wie ich mich als dienstuntauglich darstellte: Natürlich habe ich Theater gespielt ... Nicht, dass ich den Militärdienst auf keinen Fall absolvieren wollte – ich hätte ja sogar für zwei Jahre an die Französische Botschaft in Nairobi gehen können –, nein, ich hatte mein Leben nach dem Abitur einfach mit dem einzigen Ziel verplant, zu den Massai zu fahren und dort zu leben. Ich hatte also keine Minute zu verlieren, und schon gar nicht zwei Jahre, auch nicht in Nairobi! Es hat funktioniert, und ich durfte meinen Weg weitergehen. Dennoch sollte ich nun plötzlich zwei Wochen lang mit dem Generalstab der französischen Armee an einem Tisch sitzen! Doch das Leben liebt die Komödie, darum liebe ich das Leben so sehr, und deshalb liebe ich auch die Massai, in deren Leben der Humor immer mit von der Partie ist. Am 18. Januar, dem neunten Tag der Sitzung, hatte ich einen ganz besonderen Auftritt, als ich nämlich stolz verkündete: »Gabrielle meldet Ihnen ihre Geburt!« Diese Nachricht hatte für mich absolute Priorität, denn sie besaß eine Exklusivität, die alles andere in den Schatten stellte. Ich verspürte plötzlich meine Männlichkeit und meine kriegerische Kraft. Nicht die, die zu Kriegen führt, sondern jene, die zum Handeln ansport, wie etwa der Mut, etwas voranzutreiben, aber das bereits Geschaffene zu schützen.

Aber woher kam Gabrielle? Noch einmal muss ich auf die Disputation meiner Doktorarbeit zurückkommen. Gleich danach wurde ich gebeten, an der Sorbonne ein Seminar über politische Anthropologie zu halten. Daran nahm auch eine vortreffliche Studentin teil, die damals noch nicht wusste, dass sie einmal einem Engel das Leben schenken würde. Ich habe mich in sie verliebt, und wir sind zusammen weggegangen, als ich kurz danach einen Ruf der Université de l'Océan Indien erhielt. Ich war auf Lebenszeit verbeamtet, und ich erhielt damit zum ersten Mal die Gelegenheit, das Lebensglück als Paar voll zu genießen, was mir auch den Eintritt ins Erwachsenenleben enorm erleichterte ... Trotzdem ist mir heute klar, dass ich für ein solches Leben nicht geschaffen bin, ja, schlimmer noch, dass es mich langweilt. Die Schuld war natürlich nicht meiner jungen Ehefrau anzulasten, es war eher das »moderne Leben«, das mich anödete. Selbst die üppige Natur vermochte nur, mich zu ekeln. *Es ist höchste Zeit, Xabio!*

Als ich die Professur auf La Réunion annahm, dachte ich an die geografische Nähe zu Kenia, die mir die Gelegenheit versprach, öfter ins Land der Massai zu reisen. Diese Illusion habe ich schnell aufgeben müssen, denn zum einen liegt etwas, das auf einer Landkarte so nah aussieht, in Wirklichkeit manchmal sehr fern, zum anderen vermochten die Reisen, die ich seit meiner Ankunft auf der ehemaligen Bourboninsel jedes Jahr nach Kenia unternahm, mich nicht von der schweren Last zu befreien, die auf meinem Gemüt ruhte. Ich fühlte mich nicht mehr frei, es ging einfach nicht. Um den Gegner zu täuschen, der in diesem Fall ich selbst war, zog ich alle sechs Monate um: Innerhalb von zwei Jahren haben wir so alle Teile der Insel bewohnt ... Eine andere List bestand in meinen Fernreisen, doch anders als meine Reisen zu den Massai, die zugleich Reisen zu mir selbst waren, fielen diese recht armselig aus, denn sie fanden außerhalb meiner Seele statt und führten mir unausweichlich meine Einsamkeit vor Augen, die von Mal zu Mal größer wurde. Mein Leben entwickelte sich zur Flucht nach vorn. Und, das kann ich wirklich sagen: Die Falle schnappt ganz schön schnell zu! Zum Beispiel wurde ich, ohne dass ich mich darum bemüht hätte, gebeten, die Leitung des geopolitischen Instituts der Universität zu übernehmen. Und ich fühlte mich gedrängt anzunehmen, denn schließlich schmeichelte mir dieses Vertrauen auch, obwohl ich ahnte, welche Folgen das haben könnte. Wahrscheinlich sagte ich mir: Das ist es, ich bin angekommen, ich werde die Welt erobern! Bestimmt habe ich so gedacht, es ist ja auch allzu menschlich, doch diese Medaille hatte eben auch eine Kehrseite. Ich reiste also von einer Stadt in eine andere, von einem Kolloquium zum nächsten, war hier drei Tage und dort zwei. Doch wozu? Was hatte ich davon? Ich empfand ein enormes Unbehagen, eine große Frustration. Aber ich habe eine Menge über die Seele des Menschen gelernt.

Ganz anders als ich in meiner unendlichen Naivität gedacht hatte, diente das Kolloquium nicht dazu, den Kenntnisstand zum Wohle der krankenden Menschlichkeit voranzutreiben, sondern eher dazu, die Teilnehmer von eben jener geheiligten Mission abzulenken – ohne allerdings vom Anschein der Sittlichkeit und Strenge abzuweichen, den die Forschung sich gern gibt. Es hieß, sobald man seine eigene Botschaft losgeworden sei und so getan hätte, als habe man den anderen beim Verlautbaren der Ihren zugehört, sei man frei und besäße die Möglichkeit, neue und interessante Orte zu besichtigen, neue und interessante Menschen zu treffen, mit denen man neue und interessante Beziehungen eingehen könne ... Die Realität sieht so aus, dass man die meiste Zeit damit vertrödelt, das Kauderwelsch der Leute zu verstehen, doch vor allem Klatsch und Tratsch und vertrauliche Mitteilungen auszutauschen und sich abends gemeinsam zu amüsieren. Das bedeutet: Es wird gegessen und getrunken – alles ist ja schon bezahlt! –, man überbringt seine Botschaft, auf die man nicht selten stolz ist, und dann fährt man nach Hause, ohne auch nur einen Blick, oder wenn doch, dann einen sehr kurzen Blick auf das Land geworfen zu haben, in das man eingeladen wurde. Ich will das nicht ins Lächerliche ziehen; ich sehe es so, und ich finde es schlimm, wirklich furchtbar! Ich nutze diese Zeit, um meinen Kampf für die Anerkennung der sogenannten Naturvölker zu führen, doch die meisten meiner Kollegen tun so, als sei ich ein Außerirdischer. Ich habe bemerkt, dass man mir wirklich zuhört, wenn ich etwas zu erzählen habe. Doch wenn man dann versteht, was ich sage, bekomme ich oft Beleidigungen zu hören, zumindest aber beschuldigt man mich, des erlauchten Kreises der Wissenschaftler nicht würdig zu sein. Mit anderen Worten: Man verstößt mich.

Letzte Woche war ich in Harare, der Hauptstadt von Simbabwe, auf einem Kolloquium zur gemeinschaftlichen Verwaltung natürlicher Ressourcen und nachhaltiger Entwicklung. Dort habe ich in leidenschaftlichem Ton über den seit Jahren während Kampf der Massai für die Rechte zur alleinigen Nutzung des Primärwaldes Naimina Enkiyio (Wald des verlorenen Kindes) referiert. Die sogenannten Spezialisten aber haben – was ich erst nach ihrem Gegenschlag verstehen konnte – nicht ertragen können, dass ich die wahrnehmbare und quantifizierbare Wirklichkeit der angeblich archaischen und des Lesens und Schreibens unkundigen Massai unterstützte, welche nämlich seit Jahrhunderten ihren Wald zu nutzen und gleichzeitig zu erhalten wissen, ohne auf die hoch wissenschaftlichen und ausgefeilten Vorgaben des Westens zur gemeinschaftlichen Nutzung zu rekurrieren. Das war wirklich die Höhe! Als Antwort haben mir die »Experten« die allerneueste Phrase entgegengehalten, die hart an Böswilligkeit grenzt: »Die Massai haben nicht das wissenschaftliche Werkzeug, um den Wald in den kommenden Jahren zu erhalten!« In meiner Erwiderung zitierte ich den Fall von Ngorongoro, wo die Massai – wie immer in gutem Glauben – den Leuten von der International Union for Conservation of Nature (IUCN) die Verwaltung und Gestaltung des Kraterbereiches überlassen hatten. Und was war der Dank? Man hat die Massai aus dem Gebiet vertrieben! Und mit welchen Folgen? Der Verschlechterung des Zustandes des Ökosystems in einem bisher unbekannten Ausmaß!

Doch allein gegen alle zu kämpfen, ist anstrengend, und ich hatte den Eindruck, die ganze Welt habe sich gegen mich verschworen und trachte mir nach dem Leben! Trotzdem hielt ich an der – nachweisbaren – These fest, dass alle essenziellen Entwicklungen von Individuen angeschoben wurden, die zunächst für sich lebten und dafür kämpfen mussten, dass ihre Lebensweise und ihre Ideen Anerkennung fanden. Bei der Rückkehr auf meine Insel wurde ich zum Glück von den strahlenden Augen meiner Tochter begrüßt, die mich alles vergessen ließen und meine Depressionen in Freude verwandelten. Sie hat mich erneut gelehrt, in aller Naivität Dinge hinzunehmen und mich zu öffnen. Wie die Massai! Um meine Authentizität zu bewahren und um mit mir ins Reine zu kommen, musste ich mein Reden mit meinem Handeln in Einklang bringen.

Ich brachte Gabrielle einige Worte Maa bei, vor allem natürlich die Bezeichnungen für die Tiere. Das musste man wirklich einmal gehört haben: wie sie *olng'atuny* (Löwe) oder *olowuaru keri* (Leopard) sagte und sich vor Lachen kaum noch halten konnte. Sie gab mir die Kraft weiterzumachen. Aber wo und wie sollte das geschehen? Im universitären Rahmen, wo jeder, der seine Konzepte nicht im höchsten Glanz präsentieren konnte, als unseriös verschrien war? Ich denke oft daran, was Rousseau zu diesem Thema zu sagen hatte:»Ich werde mich rechtfertigen, aber dieses Bemühen ist unnütz und überflüssig, denn alles, was ich dir sagen werde, werden nur diejenigen hören, denen ich es nicht erzählen müsste.«

In ein paar Tagen muss ich nach Genf, wo ich wie jedes Jahr zu dieser Zeit an einem Arbeitsgruppenforum der UN über die autochthonen Völker teilnehme. Dort treffe ich seit Jahren auch einige Massai, die ich inzwischen gut kenne. Es passiert dort eigentlich nichts Großartiges, aber das Treffen gibt den Völkern Gelegenheit, sich kennenzulernen und Erfahrungen auszutauschen. Und vielleicht werden die Menschenrechte eines Tages um die Rechte von Bevölkerungsgruppen erweitert, wodurch die Legitimität einzelner Stämme, die ein anderes Leben führen und sich nicht dem Materialismus und der Produktivität unterwerfen wollen, anerkannt würde.

Inzwischen bin ich auch in Kenia gewesen, wo ich außer Kenny auch Charles ole Sonkoi wiedergetroffen habe, den Anführer im Machtkampf zwischen den traditionellen Massai und den lokalen Behörden um die Kontrolle des Waldes des verlorenen Kindes. Im Jahr vorher, genauer gesagt am 24. Juli, hatten Charles und ich neben der Tochter des kenianischen Ministers für lokale Gemeinschaften gesessen, die eine sogenannte autochthone NRO (Nichtregierungsorganisation) leitete. Man kann sich nun nach dem tieferen Sinn ihrer Anwesenheit auf einem Forum fragen, das eigentlich alle Forderungen der »Autochthonen« an die staatliche Maschinerie abschmettern sollte. Außerdem war sie nicht allein gekommen, sondern in Begleitung von 24 Mitarbeitern ihres Vaters, die alles dafür taten, den Naimina Enkiyio zum Nationalpark zu machen. Die Gegenseite war mit drei Menschen besetzt: Außer mir, der ich allein angereist war, gab es noch einen jungen Massai, der aus dem Wald selbst stammte, und Charles, der gegen die »Einmischung der modernen Politik mit dem Ziel, den engen Zusammenhalt unter den traditionellen Massai zu zerschlagen« rebellierte.

Donnerstag, 9. Juli, Naimina Enkiyio, »Wald des verlorenen Kindes«, mit Kenny und Charles, 7.30 Uhr

»Nach links ... genau. Jetzt nach rechts ... ja, richtig. Zwischen den beiden großen Bäumen, dahinten. Und jetzt geradeaus!«, ruft Charles, der neben Kennys Fahrer auf dem Beifahrersitz Platz genommen hat. Er weist ihm den von Vegetation überwucherten Weg. Wir befinden uns etwa 2500 Meter über dem Meeresspiegel, und die kühle Luft duftet nach *esonkoyo*, der Lieblingspflanze der Massai, die sie gegen Körpergeruch einsetzen. Trotz der unbequemen Fahrt genieße ich die Landschaft und fühle mich leicht, ich bin gelassen und voller Freude. Die Bäume und Büsche bilden ein zartgrünes Meer, und erst bei näherer Betrachtung erschließe ich die enorme Vielfalt an ungewöhnlichen Farben und Formen. Hier und da ragen vereinzelte Felsen aus dem Blättermeer heraus, aber Paul findet stets an ihnen vorbei, als gäbe es Markierungen. Und wirklich sind diese Steinhaufen sehr farbenfroh und extrem gut sichtbar.

Von den gigantischen »Bäumen des Schöpfers« *(olcani le Nkai),* unter denen wir hindurchfahren, hängen elfenbeinfarbene, fast leuchtende Bänder von schaumiger Konsistenz herab, die im Wind wehen. Zu ihren Füßen aber zeigt sich die unwahrscheinliche Mannigfaltigkeit tropischer Büsche in Bernstein- und Rottönen. Den ganzen Tag schon geht es unablässig die Hügel hinauf und hinunter, und jeder ist wiederum dicht bewachsen mit den schönsten und verschiedenartigsten Pflanzen und üppigem Gras. Auf einer Kuppe ist uns plötzlich ein recht weiter Ausblick möglich, und Charles veranlasst Paul zum Halten. Wir steigen aus. Charles schaut sich um und sagt: »Dort hinten!« Er zeigt auf einen kahlen Flecken inmitten des dichten, fast undurchdringlichen Primärwaldes.

Ich folge ihm auf einem Pfad, der durch hohes Gras und Büsche führt. Kenny ist zunächst mit Paul ein wenig zurückgeblieben, doch sie schließen bald auf. Beide haben einen Zweig zwischen den Zähnen und fordern mich auf, es ihnen gleichzutun: Es handelt sich um eine *enkike* (Zahnbürste), deren Geschmack ich unbedingt kennenlernen will ... Charles hat diesen Ort offensichtlich ausgesucht, um uns etwas Interessantes vorzuführen. Wir gelangen an einen zauberhaften Ort, an dem der Stamm eines riesigen Baumes direkt aus den Felsen zu wachsen scheint, über die er seine ebenfalls gigantischen Wurzeln ausgebreitet hat. Ringsherum wachsen blühende Sträucher, die einen betörenden Duft verströmen. Charles empfiehlt mir, mich auf einen Stein in einiger Entfernung zu diesem merkwürdigen Massiv zu setzen. Ich sage merkwürdig, weil ich so etwas noch nie gesehen habe. Charles setzt sich zu mir, während Kenny und Paul abseits bleiben.

»Findest du ihn schön, diesen Baum?«, fragte er mich und verströmt plötzlich eine Aura großer Güte, wie ich es von Kenny kenne.

»Ja, wunderschön!«

»Und was fühlst du?«, insistiert er.

»Ich fühle mich sehr gut, irgendwie in Sicherheit, ein bisschen so, als wäre ich verliebt«, antworte ich, ohne weiter nachzudenken, und schließe meine Augen.

»Sehr gut! ... Und sonst? Nichts weiter? Betrachte einmal genau die Umgebung des Baums!«

Je länger und aufmerksamer ich ihn betrachte, desto mehr bewundere ich seine Form und Farbe, und ich fühle mich immer leichter, als würde der Wind, der hoch oben durch die Zweige peitscht, in mich eindringen und mich erfrischen. Ich fühle mich unglaublich gut, ganz wie Kenny, der wie ein Kind davonspringt und sich über die Kräuter freut, die er am Rande des Waldes findet, welcher hinter dem großen Baum, den ich betrachte, leicht abfällt. »Ich bin wie in einem Rausch, außerdem fühle ich mich durchdrungen«, füge ich spontan hinzu.

»Durchdrungen wovon?«, fährt er fort.

Ich suche den Himmel ab. Er ist jetzt gleichmäßig blau, obwohl die Hügel in der Morgendämmerung noch von einer dicken, sehr feuchten Wolkenschicht verdeckt waren. Und plötzlich bemerke ich in der Ferne die glitzernde Kuppe des Oldoinyo Lenkai – der Berg Gottes, ein noch aktiver Vulkan am Ufer des Natronsees. »Durchdrungen von dieser fruchtbaren Natur«, jubele ich.

Kenny ist mittlerweile wieder zu uns gestoßen und begeistert sich an seinen Funden: *olmoso* und *musanduku,* aber auch *ilkierriampe* (lokale Baumarten, die in der westlichen Botanik noch unbekannt sind), denen allesamt sagenhafte medizinische Eigenschaften nachgesagt werden.

»Du bist hier auf dem höchsten Punkt des Naimina!«, erklärt mir Charles so hoch konzentriert, als handele es sich um eine bedeutende Enthüllung. Und dann legt er richtig los: »Hier wird die stärkste Energie frei, das ist es, was du im Moment spürst … Dies ist der Ort, an den unser mächtigster *loibon,* der Prophet Mokompo ole Simel, kommt, um zu beten, wenn er sich in seinem Dorf Olngarua (Sumpfland) aufhält. Er betet natürlich auch in der »Kathedrale der sieben Bäume«, wo der Wald besonders dicht ist, doch dahin können wir dich nicht mitnehmen!« Die Stille, die nur selten von dem fremd klingenden Ruf eines Vogels durchbrochen wird, ist von einer solchen Intensität, dass man Lust bekommt, auf ewig in ihr zu versinken. Als ich ihn gerade um mehr Informationen zu diesem besonderen Ort bitten will, der den Anwesenden eine so außerordentliche Kraft verleiht, fährt er schon fort: »Und ein Primärwald auf einem Berg bringt noch mehr Energie hervor.« Ich muss ihm glauben, ich kann nicht anders, denn ich fühle mich stark wie nie zuvor. Hier also hat Mbatiany die spirituellen Kräfte der Gemeinschaft der Massai an Senteu weitergereicht und dieser sie seinem Sohn, dem heutigen Mokompo, überantwortet. Charles erklärt mir, dass der Wald für dieses Erbe von originärer Bedeutung sei, und dass es zur heiligen Mission gehöre, ihn vor allen Eindringlingen zu bewahren. Hier sei die Verbindung von Himmel und Erde am deutlichsten spürbar, hier bete der *loibon* in Kommunion mit *Enkai* und empfange die Offenbarungen des Gottes zur Führung seines Volkes … Aus dem Wald höre ich das Rauschen eines Wasserfalls.

Ich frage scherzhaft: »Ist es diese Energie, derer sich die verschiedenen Parteien mit der Gewalt über den Wald bemächtigen wollen?«

»Auch wenn du so ironisch fragst: Genauso ist es! Wie sonst ließe es sich erklären, dass eine Handvoll friedlicher Menschen, die keine andere Waffe als das Gebet kennen, sich so lange gegen die ganze Welt durchsetzen konnten? Es geht bestimmt nicht um die 450 Quadratkilometer Primärwald und die Errichtung von Lodges für Milliardäre! Die Leute an höchster Stelle sind sich bewusst, dass sie mit der

Herrschaft über den Wald auch die Gewalt über die gesamte Region und über ein Volk erlangen, das sich gemäß den Gesetzen des intelligenten Kosmos zu verhalten weiß. So würden sie zwei Fliegen mit einer Klappe schlagen: Sie würden Geld verdienen und uns vernichten!«

Ich verstehe, warum er mich unbedingt hierherbringen wollte, bevor ich zur x-ten geschwätzigen Konferenz nach Genf aufbreche. Er wollte, dass ich ganz konkret nachvollziehe, wie sich hier die menschlichen Zellen mit Lebensenergie aufladen. Nun, ich glaube, dieses Ziel hat er erreicht!

»Alle Westler sollten hierherkommen, um die Bestimmung der Bäume zu verstehen!« Seufzend wendet er seine Handflächen zum Himmel. »Die Bäume filtern die Biosphäre und halten unser Ökosystem im Gleichgewicht. Sie wandeln die Lichtstrahlen in kosmische Schwingungen um. Am Abend sammelt sich diese Energie in den Wäldern und versorgt uns. Die Bäume sind die Lungen unserer Erde. Was fingen wir ohne sie an? Kannst du dir diese Berge ohne Bäume vorstellen? Oder große Gebiete ohne Bäume, die zur Entgiftung der Seen, Flüsse und der unterirdischen Wasserreserven beitragen? Oder Städte ohne grüne Freiräume? Ja, die Massai sind sehr unglücklich, dass sie der Zerstörung unseres Planeten zusehen sollen!«

Ich schaue mich um, und auch ich bin in der Tat sehr traurig, wenn ich daran denke, dass diese Tausende Jahre alte Landschaft in wenigen Jahren zu Staub zerfallen soll.

»Schau, dort links, hinter den Ebenholzbäumen. Dort liegt ein Sumpf, und er ist der Ort, an dem unsere wichtigsten Kulte stattfinden, an dem unsere Altersklassen Gestalt annehmen ...« Ich wende mich um und sehe eine Vielzahl von Stummelaffen, die sich in den Baumkronen von Ast zu Ast schwingen. Sie erinnern mich daran, dass der Naimina Enkiyio zugleich eine wahre Arche Noah ist, in der die »Big Five«, Huftiere, Primaten und eine außergewöhnliche Vielfalt an Vögeln leben. Zudem ist er ein lebendiges Beispiel für die Gemeinschaft von Hirten und der wilden Tierwelt, wie sie vor noch nicht langer Zeit in allen Gebieten der Massai die Regel war.

»Alles ist heilig, und wir befinden uns in einer ständigen Interaktion mit der Umwelt«, wiederholt Charles bestimmt fünf- oder sechsmal. »Wir tun das seit Menschengedenken, und wir geben unser Wissen an die nachfolgenden Generationen weiter. Das ist unsere

Stärke, und das ist unser Beitrag zum Erhalt unser aller Erde … Siehst du den großen *osokonoi* (Kerzenstrauch) dort unten? Etwa hundert Meter weiter im Wald gibt es Quellen mit klarstem Wasser, welches wir unter anderem als Heilmittel verwenden. Es fließt ohne Unterlass und ist so gesund und rein wie zu Urzeiten. Wir trinken es und fühlen uns belebt. Der Frieden in unseren Körpern, in unserem Geist und auf der Erde ist derselbe, warum sollte man ihn zerstören wollen? Wir Massai werden das nicht zulassen!«

Ich erhebe mich, als mir Kenny offensichtlich einige Schritte weiter etwas über einen anderen Baum erzählen will. Doch als ich ihm folgen will, hält Charles mich an der Schulter zurück und raunt mir zu: »Nimm diesen Ort gut in dir auf, nächstes Jahr wirst du ihn nicht wiedererkennen!«

»Warum?«

»Weil dann andere Pflanzen nachgewachsen sein werden. Der Wald macht nicht nur keine Rückschritte, sondern er entwickelt sich auf natürliche Weise von Jahr zu Jahr weiter, ohne dass man etwas pflanzen müsste. Das beweist, wie sehr die Seele der Bäume der unseren gleicht.«

Ich laufe zu Kenny hinüber und stehe plötzlich vor einer riesigen Feige mit Luftwurzeln, die im Verhältnis zu dem massigen Stamm eines zweiten Baumes, an den sich die Feige angelehnt hat, winzig sind. »Hast du diese beiden Bäume gesehen, wie sie gemeinsam zum Himmel streben?«, fragt Kenny staunend. Und Charles, der mir gefolgt ist, fügt begeistert hinzu: »Die Feige hat sich entschieden, zur Schmarotzerpflanze dieses gigantischen *olpilpili* zu werden, damit sie überleben und gut gedeihen kann.« Übergangslos und mit verklärtem Ausdruck stimmt Kenny mit seinem Alt einen Gesang an. Ich versuche, den Sinn zu verstehen: »*Kira ilosupuko owang atua, osupuko lang le Karsayia, langorie enkidong e nkalamu, maape kiriama. Kira ilosupuko owang atua, osupuko otonie Mokompo …* (Wir gehören diesem Hochland des Lichtes an. Unsere Kultur und unsere Erziehung verteidigen dieses Land, bis zu unserem Tod. Wir gehören diesem Hochland des Lichtes an, wo Mokompo residiert. Niemals werden wir dich den Fremden überlassen. Unser Land ist uns, Region für Region, abhanden gekommen, die heißen Tiefebenen von Mara, das kühle Hochland von Mau. Nun soll es uns zumindest gelingen, Loita – und damit diesen Wald – zu behalten. Unser Land ist uns,

Region für Region, abhanden gekommen, wir hören es mit Verdruss. Loita! Heiliges Land des Lichtes, nichts kommt dir gleich. Wir, die Gemeinschaft der Massai in Loita, haben unseren Botschafter ole Sonkoi beauftragt, mit allen zu sprechen, die boshaft sind, und sie zu bitten, ihren Hochmut und ihre Gier nach unserem Land herunterzuschlucken.)«

Charles schließt Kenny in seine Arme und erklärt mir, dass die Frauen dieses Lied gedichtet haben – als Ausdruck ihres friedlichen Widerstands: »Unsere Frauen sind die Ersten, die ein ökologisches Bewusstsein entwickelt und tagtäglich in die Praxis umgesetzt haben. Sie wissen, dass Naimina Enkiyio unser Überleben, unsere Seele, unsere Vergangenheit und unsere Zukunft bedeutet. Auch wir Menschen gehören dazu, und umgekehrt ist der Wald ein Teil von uns. Der Wald steht im Zentrum unseres Lebens.«

Plötzlich kommt mir ein Satz aus dem »Kleinen Prinzen« in Sinn, den ich seit meiner Kindheit nicht mehr gelesen habe: »Das Wesentliche ist für die Augen unsichtbar.«

8

Der geplante Todeskampf der Massai

Ich bin nach Entepesi zurückgekehrt, um hier den symbolträchtigen Wechsel in das Jahr 2000 zu begehen. Zwei Jahre schon habe ich meine Adoptivfamilie nicht mehr gesehen, und zwei Jahre ist es her, dass ich alle meine Ämter an der Universität aufgegeben habe. Vielleicht klingt es ein wenig überheblich, aber dies war die Entscheidung, die mir von allen am leichtesten gefallen ist. Ich hatte sozusagen meine Strafe abgesessen! Und ich war mir absolut sicher, dass ich weder aus Kalkül oder Bequemlichkeit noch aus einem anderen, illusionären Grund, der einen Menschen zum Gefangenen seiner Ängste werden lässt, hätte bleiben können. Ich denke im Nachhinein an die Wahrheit der Äußerungen eines Kollegen auf La Réunion, dem Einzigen übrigens an der Rechtsfakultät, an der ich lehrte, der kein »Zorèy« (einer aus der Hauptstadt Paris) und auch kein »Zorèy-Péi« (ein Pariser, der schon lange auf der Insel lebt) war. Ich sehe die feinen, intelligenten Gesichtszüge von Malbar – der südindischer Abstammung und auf La Réunion geboren war – genau vor mir, auch deren gleichmütigen Ausdruck, der dem eines tibetanischen Priesters ähnelte, und seine lebendigen Augen. Wir kannten uns gerade fünf Minuten, als er mich zu einem Gespräch in sein Büro einlud. Zu meiner Überraschung eröffnete er mir damals: »Du bist eine alte Seele. Du wirst sehen, du bleibst nicht lange auf dieser Insel, denn du begreifst schnell, und du bist nicht zufällig hier. La Réunion ist der Ort der beschleunigten Überwindung des Karmas, der stärksten Akzeleration der spirituellen Entwicklung.«

Also bin ich nicht mit Trauer im Herzen gegangen, sondern ich war erleichtert, meine Freiheit wiederentdeckt zu haben. Ich war niemandem verpflichtet außer mir selbst. Ich verließ den sorgenfreien Alltag mit blauem Himmel und den Füßen im Wasser vom einen auf den anderen Tag und fand mich an Bord eines holländischen Lastkahns im Port de la Bastille in Paris wieder. Der Kontrast war hart, auch wenn ein solches Schiff, wie meine Schwester Odile es mir geliehen hatte, unbedingt einem anonymen Appartement vorzuziehen war. Doch die Unterbringung war im Verhältnis zu meinen sonstigen Sorgen ohnehin kein Problem. Als ich die Insel verließ und Frédérique und ich übereinkamen, uns zu trennen, hatte ich nicht erwartet, dass sie sich woanders als in Paris niederlassen würde. Sie aber ging nach Nizza! Und so pendelte ich ein Jahr lang hin und her, um meine Tochter Gabrielle zu sehen, und jede Trennung von ihr zerriss mir das Herz aufs Neue.

Während dieser Zeit habe ich sehr gelitten. Nicht aus Einsamkeit, die Einsamkeit kenne ich, und ich habe gelernt, mit ihr umzugehen. Nein, mir fehlte etwas. Es war unerträglich. Mir fehlten Liebe und Innigkeit, mir fehlte die unverzichtbare Wärme, die man empfindet, wenn man seine zweijährige Tochter in die Arme schließt. Mir fehlte ihre Gegenwart, ihr herzliches Lachen, ihre Sorglosigkeit beim Spielen. Dieser Mangel riss mich bald in einen Abgrund, und ich verlor die Lust am Leben. Damals erinnerte ich mich an etwas, das mir Kenny bei einem unserer ersten Treffen erklärt hatte: »Nur *Enkai* besitzt die Macht, den Lauf der Dinge zu ändern und das Geschehene zum Guten zu wenden. Glaube fest an seine grenzenlose Macht, liefere dich ihm aus. Konkret bedeutet das: Wenn dir etwas Unangenehmes passiert, sei es ein kleiner Zwischenfall oder eine Katastrophe, dann danke *Enkai,* dass es dir passiert ist, anstatt dich darüber zu beklagen. Du wirst sehen, dass dein Herz zu singen beginnt …« Diesem Rat bin ich gefolgt und nach und nach wieder auf die Beine gekommen.

Das war keine Frage des Willens, zumindest nicht ausschließlich, sondern eher des Bewusstseins und der täglichen Praxis. Ich hatte mich entschlossen, die freie Zeit zu nutzen, um meine ganze Aufmerksamkeit meinen Ideen zu widmen und diese in die Tat umzusetzen. Ich nahm mir vor, zielstrebig und diszipliniert zu sein und damit alle düsteren Gedanken zu verscheuchen. Sobald mir also etwas Negatives passierte, drückte ich *Enkai* meine Dankbarkeit aus. Bis dahin hatte es Stunden – wenn nicht gar Tage – auf meiner Seele gelastet, wenn jemand mir etwas Beleidigendes sagte oder tat. Nun aber war ich im Begriff zu verstehen, dass es vergebens und gefährlich ist, wenn man sich systematisch gegen etwas wendet, das einem widerfährt, denn dies nährt nur unsere Ängste. Ich setzte also in die

Tat um, was mich die Massai gelehrt hatten und was sie beherrschen, nämlich die Gegensätze miteinander zu vereinbaren. Zu jedem negativen Gedanken, den ich akzeptieren musste und den ich auf keinen Fall abwehren durfte, suchte ich eine positive Assoziation, mit deren Hilfe das Gleichgewicht wiederhergestellt wurde. Wenn die Massai behaupten: »Nur Schwierigkeiten bringen uns voran«, so denken sie dabei nicht, dass es eine Freude ist zu leiden, sondern dass es gut ist, die Probleme als Ergänzung zu Wohlbefinden und Wohlstand und als zum Wesen des Lebens zugehörig zu erkennen.

Heute, zwei Jahre später, kann ich sagen, dass diese tägliche Disziplin bereits in dem Moment, da ich mich für sie entschieden hatte, eine wohltuende Wirkung zeigte. Nach nur wenigen Tagen empfand ich eine ganz neue Art von Frieden. Es war, als ob Hunderte sehr fest geschnürter Knoten in meinem Inneren sich gelöst hätten. Das Schlechte, das ich nun nicht mehr bekämpfte, war nicht mehr vordringlich, ich nahm es vielmehr anders war. Auch für dieses Mal *ashe naleng* (vielen Dank), Kenny!

Ich wollte meine neue Selbsterfahrung ausnutzen und fing wieder in der Werbeagentur an, in der ich schon damals, als ich an meiner Doktorarbeit schrieb, gearbeitet hatte … Und ich fand meinen Rhythmus wieder, wie sechs Jahre zuvor: Ich stehe jeden Morgen um fünf Uhr auf (ich wohne nicht mehr auf dem Boot – das war eine Übergangslösung –, sondern wieder an Land, am Montmartre) und schreibe meine Erlebnisse vom Sommer 1993 in Entepesi und mit Kenny nieder, was mir für den restlichen Tag eine außergewöhnliche Kraft verleiht. Außerdem habe ich meine Ernährung von Grund auf umgestellt, denn ich habe Bio-Lebensmittel und besonders Keimsaat für mich entdeckt, und langsam geht die Saat in mir auf! Zu allem Überfluss, auch dafür danke ich *Enkai*, ist Gabrielle mit ihrer Mutter nach Paris gekommen und in meine Nachbarschaft gezogen!

Dienstag, 4. Januar, Entepesi, mit Papaai, 17.00 Uhr

Die Luft ist kühl und klar. Die Rinder kehren langsam zum abendlichen Melken ins Dorf zurück, und alte Erinnerungen werden in mir wach. Natürlich sind es nicht Kintalel und Noolmiato, die inzwischen verheiratet ist, sondern es ist der kleine Sohn von Takuna, der die

Tiere bringt, und nichts hat sich grundlegend verändert. So hat es jedenfalls den Anschein. Nekisayio lebt noch immer bei ihren Schwiegereltern, und Takuna, der seit einigen Jahren eine zweite Ehefrau hat, residiert wie ehedem mit seinen neun Kindern im Nachbardorf. Keines davon hat regelmäßig eine Schule besucht, und sie alle erhalten die Lebensart und die Spiritualität ihres Volkes aufrecht, denn sie sind – vor allem – Massai. *Mamai* hat sich nicht verändert. Manchmal glaube ich, dass allein meine Anwesenheit sie glücklich und beredsam macht, aber andererseits bezweifele ich, dass nur dieser eine Grund für ihr gutmütiges Wesen verantwortlich ist ... Die Tage verlaufen genauso wie letztes Mal, so wie immer, nur dass ich bei jedem Aufenthalt die Namen der Kühe neu lernen muss! *Sotua* – die Friedfertige –, *Nyorra* – die man liebkost–, *Supat ai* – die Freundliche –, *Nairang entim* – die im Wald bleibt; dies sind die Kühe, die in letzter Zeit zu *Papaais* Herde hinzugekommen sind.

Papaai ... Der arme *Papaai* ist sehr schwach geworden. In seinen Gesichtszügen erkenne ich zwar noch immer meinen Vater, aber ich muss ihn jetzt stützen, wenn er seine Hütte verlässt und zu seinem schattigen Lieblingsplatz hinter der *enkaji* mit Blick auf die Löwenberge geht, und selbst für diesen kurzen Weg brauchen wir bestimmt eine halbe Stunde. Jede Bewegung wird für seinen hinfälligen Körper zur Tortur, und mit seinen trüben, einst so lustigen Augen kann er praktisch nichts mehr sehen. Doch seine Heiterkeit und Hellsichtigkeit sind unversehrt, seine menschliche Größe ist noch immer spürbar, und dies vertreibt jede Versuchung, mich dem Kummer hinzugeben. Ich bin weit davon entfernt, solange die Weisheit und das Glück meines Vaters mich arglos anstrahlen. Als er erst einmal – mehr schlecht als recht – auf seinem *olorika* (seinem Schemel) sitzt, kommentiert er meine Geduld mit dem ihm eigenen Humor: »*Meisho enkiteng menkata.*« (Die Kuh will nicht zu früh kalben.) Ihn dann vor Lachen schluchzen zu hören, tut mir unendlich gut ...

Dennoch: Es gibt eine augenfällige Veränderung. Mit der kleinen Regenzeit, die erst letzten Monat begonnen hat, sind die ersten prächtigen grünen Pflanzen mit großen weißen Blüten aufgetaucht, die nun das Weideland der »heißen« Region geradezu überschwemmen. Doch ihre Schönheit ist trügerisch. Denn diese Pflanzen, die die Massai *oltiameleteti* nennen und die hier in rauen Mengen vorkommen, sind dieselben Windengewächse, die mir Kenny als Ursache der neuen, die Territorien der Massai seit einem Jahr heimsuchenden Plage beschrieb, welche ebenso gravierende Auswirkungen hat wie die erschreckende Dürre. »Das Leben hat nicht genug Zeit, um sich zu regenerieren«, fasst er das Phänomen zusammen. Offensichtlich mit Ausnahme dieser Pflanze! Es ist paradox: Der Regen und mit ihm das Ende der Dürre und das nachwachsende, grüne Gras, das eigentlich ein Segen sein sollte, bringen nun keine Abhilfe mehr, weil anstelle des Grases diese hochgiftigen Pflanzen wachsen und sich in Rekordzeit im gesamten Massai-Land ausbreiten ...

Im Zusammensein mit *Papaai* – der die echte Tradition und die wahre Freiheit der Massai noch kennengelernt hat – habe ich weder ein Gefühl von Verfall noch von Trauer. Ich brauche ihm nur fünf Minuten zuzuhören, und schon begreife ich, dass ihn das Interesse, das ihm auch im Alter entgegengebracht wird und das er inmitten der Seinen genießt, so unglaublich heiter stimmt. Sein ganzes Leben hat im Zeichen der oralen Kultur und der Wahrheitsliebe gestanden, und er ist dafür mit dem Ehrentitel *enkopiro* (leichte Feder) ausgezeichnet worden. Ich spüre, dass er mir etwas sehr Wichtiges zu sagen hat, vielleicht ein Geheimnis, und ich bin sehr gespannt, denn ich will alles verstehen, damit nichts davon verloren geht. Natürlich habe ich zur Sicherheit noch die Aufnahmen auf meinem Diktiergerät, doch ich möchte hier und jetzt die ganze Tragweite seiner Mission begreifen. Die Erde ist in Gefahr, die Bedrohung zeichnet sich klar ab ... und ich warte sehnsüchtig auf die Offenbarungen meines Vaters. Zu sehnsüchtig?

Der Himmel ist von rosa- und goldfarbenen Wolkenfetzen überzogen, das Muhen und die Glocken der nahenden Rinder werden lauter, wir werden von Fliegen umschwirrt. *Papaai* drückt sich sehr vorsichtig aus, doch seine Worte sind scharfkantig wie Obsidian: »*Iltauja sidan* (reine Herzen), *encipai* (Lebensfreude) und *engenoi* (Weisheit) sind die Eigenschaften, die einen Massai ausmachen, doch in der gegenwärtigen Welt sind sie uns verloren gegangen ... Nur können wir ohne sie nicht leben ... das ist unmöglich. Warum bezeichnen wir Massai uns als ein auserwähltes Volk? Weil wir ein Bewusstsein für die Bedeutung unserer Verbindung zu den universellen Gesetzen besitzen, weil wir diesen Gesetzen gehorchen. Deshalb dauert die Initiation, die unsere Jugend durchläuft, so lange: Damit die Jungen sie richtig verstehen und danach leben ... Daher rührt auch unsere Unfähigkeit, die modernen Entscheidungen zu verstehen, die auf nichts beruhen, was uns verständlich wäre …« Er macht eine Pause, um vom Kautabak und von einem *emakat* abzubeißen, und ich bin ganz gerührt, als ich sehe, dass er sein Lachen wiedergefunden hat. Er braucht unendlich lange, um seine Decke über die Schulter zu ziehen. Ich kann den Schluss seiner Rede kaum erwarten, aber ich bin beseelt von seiner innerlichen Heiterkeit, die meine ganze Aufmerksamkeit auf sich zieht.

»Für uns ist es wichtig, den Gesetzen der Natur zu gehorchen und *Enkai* für die Fülle zu danken, mit der er uns jeden Tag beschenkt«, nimmt er seine Rede wieder auf und streckt seine schlanken Hände in Richtung Himmel. Seine Stimme wird von der Macht seiner Worte getragen und klingt unerwartet kräftig. »Die Aneignung dieses Landes, dieses Wassers, dieser Luft hieße, Gott zu verleugnen, das wäre Selbstmord. Xabio, wissen die Menschen in deinem Land, dass sie dabei sind, sich mit falschen Werten zu verunreinigen? Wie kann man die Natur und ihre Gesetze respektieren, wenn man innerlich verdorben ist? … Wir, die Massai, haben immer dem Schlag unserer Herzen gehorcht, denn die Herzen sind die Schlüssel zu den Gaben *Enkais*, die uns vor Krankheiten bewahren und das Gute vorantreiben. Wie auch immer es im Moment aussieht: Das Licht wird gewinnen!« Er hat das alles praktisch in einem Atemzug gesagt, was für ihn ungewöhnlich ist. Normalerweise folgt auf jeden Satz eine kurze Pause. Das war heute nicht der Fall. Ich nehme an, dass es das Wesentliche seiner Offenbarung enthält. Ich ahne es, während ich die ersten Schreie der Kronenkiebitze vernehme. Doch ich habe kaum die Zeit, auch nur den Versuch zu unternehmen, das Gesagte zu verdauen und den tieferen Sinn zu verstehen, als *Papaai* schon meinen rechten Arm packt und mich so fest anschaut, dass ich meine, er müsse durch einen Zauber sein Augenlicht wiedergewonnen haben! Was mag es noch Wichtiges geben, was er mir nicht schon erzählt hätte?

»Du weißt es sehr wohl Xabio, du weißt es genau! … Wir anderen, wir Massai haben verstanden, dass man persönlich sehr gut entwickelt sein muss, um andere respektieren zu können. Du hast diese Erfahrung ja selbst gemacht, nicht wahr, Xabio?«

»*Ee*«, stimme ich schüchtern zu, so sehr bin ich mit dem Zuhören beschäftigt.

»Für ein Leben in der Gemeinschaft braucht man menschliche Qualitäten wie Charakterstärke, Umgänglichkeit und die Bereitschaft zu gegenseitiger Hilfeleistung. Bei uns bedeutet Reichtum nicht den

Besitz von materiellen Gütern. Reich ist bei uns der *enkaminin,* der Wohltäter, weil er in Lage ist, sich großzügig und sozial zu zeigen, weil er sich bereithält, den Bedürftigen zu helfen, und weil er einen geschärften Sinn für Humor besitzt, den wir über alles lieben. In den Diskussionen verfolgt er nur ein Ziel, nämlich abgeklärt, ausgeglichen und heiter zu einem Konsens beizutragen, den wir als *anyorraa* bezeichnen, was nichts anderes als die Gegebenheit der Liebe (*anyor* bedeutet Liebe) heißt. Genau in diesem Moment unterbricht *Mamai* den Redefluss ihres unvergleichlichen Gatten und bietet uns eine Tasse Tee an. Mit fast verschwörerischer Miene reicht sie mir einen Viertelliter der kochend heißen Flüssigkeit … *Papaai* ist das Lachen vergangen, denn er hat mir noch so viele Dinge zu übermitteln!

»Um als *enkopiro* anerkannt zu werden, muss ich all diese Tugenden besitzen, aber vor allem muss ich zuhören können, die richtigen Entscheidungen fällen und es vermeiden, Nichtigkeiten von mir zu geben. Bei uns heißt Recht *esipata,* und dieses Wort bedeutet auch Wahrhaftigkeit. Wer richten will, muss wahrhaftig sein *(asipa)* und die Wahrheit sagen *(asip).* Denn nur die Wahrheit kann uns befreien. Was heutzutage zwischen den Politikern und unseren Repräsentanten ausgetauscht wird, ist genau das Gegenteil: Sie hören einander nicht zu, aber wir müssen gehorchen … Man zwingt uns Macht, Kontrolle und Manipulation auf und hindert uns, die Gesetze des Universums und der Natur zu beherzigen, die aber schon seit ewigen Zeiten für uns gelten. Als wir das erste Mal Repräsentanten gewählt haben, die uns im Distrikt Nairobi vertreten sollten, haben wir Personen ausgesucht, die wir für die am wenigsten Begabten hielten und die nicht im Sinne unserer Traditionen aufgewachsen waren und lebten. Sie haben uns nicht helfen können, genauso wenig wie uns die Moderne hilft. Trotzdem fühlen wir uns vor jener Politik geschützt, für die wir uns nicht interessieren, weil wir sie ja auch nicht verstehen … Heute wissen wir, dass wir die Lage falsch eingeschätzt haben. Unser Leben ist unter der Maske der Politik extrem unübersichtlich geworden, und all diese Entwicklungsprojekte haben uns Armut, Elend und Not gebracht, denn sie führten zur Zerstörung unserer Weidegründe, unserer Berge, unserer Wälder und unserer Trinkwasserquellen … All diese sogenannten Repräsentanten verkörpern nichts anderes als sich selbst und ihren Egoismus! Und wir, die »leichten Federn«, die wir die wahre Massai-Kultur leben und repräsentieren, werden nicht einmal gefragt!«

Papaai ist jetzt ganz ruhig und heiter, obwohl seine Worte eine andere Sprache sprechen. Ich spüre, dass er stundenlang so weitersprechen könnte, über ähnlich ernste Dinge, und dass es ihm Freude bereitet – und seinen Zuhörern auch! Die mit Bedacht gewählten Worte scheinen bei ihm zu einer Ausschüttung von Endorphinen zu führen … Meine Lungen füllen sich mit der kühlen Abendluft, und er fährt mit seiner zwar geschwächten, aber noch immer magnetisierenden Stimme fort: »Ich werde bald meinen Körper verlassen, weißt du, um hinüberzugehen … Ich werde euch in dem Augenblick verlassen, da ihr die Grenze der Zerstörung der Umwelt und der Menschheit erreicht. Ich hatte einen Traum: Die Menschen der ganzen Welt wurden mit klarem Wasser gereinigt … Zu viel Unmenschlichkeit, Gewalt, Chaos, Ausbeutung und Leid … Die Massai verstehen nicht, wie man Land besitzen kann, die Politiker aber haben uns gezwungen, ihr System des Privateigentums zu übernehmen, welches wir stets als ein Übel abgelehnt haben. Und nun ist es so, dass man uns auf diesem Umweg alles wegnimmt …«

Ich fühle mich *Papaai* so sehr verbunden, dass seine Seele weiter zu mir spricht, obwohl seine Worte eine Pause machen. Später fährt er unermüdlich fort: »Weißt du, Xabio, seit drei Jahren gibt es eine ganze Reihe von Massai – unter ihnen auch viele junge deiner Altersklasse –, die sich ganz bewusst entschließen, ihre Körper zu verlassen, so wie einige tierische Arten sich opfern. Diese große Säuberung soll die Überlebenden die Negativität und Ablehnung erkennen lassen, von der sie durchflossen werden, und sie inspirieren, sich in diesem Bewusstsein wieder den alten Werten zu verschreiben. Dieser Schritt ist für uns unerlässlich: Jeder muss für sich selbst entscheiden, muss sein eigener Herr sein, ob und wann er seinen Körper verlässt. Noch vor zehn Jahren war so etwas undenkbar … Xabio, du bist in einem früheren Leben ein Massai gewesen, du verstehst das alles, du wirst unsere Botschaft den anderen Völkern der Erde übermitteln … Du bist erwählt worden, den anderen Völkern zu erklären, warum sie aufhören müssen, die göttlichen Gesetze, auf denen die Kultur der Massai bis heute basiert, zu überschreiten. Wir haben lange widerstanden, und ich bin sicher, dass unsere Werte wie Empathie und Liebe wieder an Bedeutung gewinnen werden und dass sich diese Botschaft wie ein Lauffeuer verbreiten wird.«

Ich brauche lange, bis ich verstehe, was er meint. *Papaai* tätschelt mir die Hände, als wolle er mich über das Traurige seiner Botschaft hinwegtrösten; er selbst lässt sich hingegen zu keinem Zeitpunkt zu irgendeiner Rührseligkeit hinreißen. Ich spüre, dass er an mein Gewissen appeliert, und er weiß das, denn dieses Gewissen haben alle Menschen gemeinsam – wenn sie es denn überhaupt befragen. Bei mir hat er es erweckt oder wiedererweckt. Jetzt wird mir auch meine zukünftige Mission klar! *Ashe naleng, naleng, Papaai lai!* (Vielen Dank, mein geliebter Vater!) Ich werde als wahrer Massai handeln, ich werde es schaffen!

Freitag, 7. Januar, Naibor Ilariak, Hütte von Selenoi, 19.00 Uhr

Ich habe den Weg genommen, den ich 1983 mit der schönen, zärtlichen Selenoi gegangen bin. Selige Erinnerungen kommen mir in den Sinn, etwa an meine damalige Unbesiegbarkeit … Ich gehe auch hinunter zu dem lauschigen, von Schirmakazien beschatteten und vielen Steinen durchsetzten Bächlein, an dessen Ufer wir uns umschlungen hielten. Ich erinnere mich auch an das, was das Leben später für mich bereitgehalten hat, und ich komme zu dem Schluss, dass ich mich nicht verändert habe. Ich glaube, ich war immer offen und habe angenommen, was mir das Leben bot, was ich brauchte und noch mehr, aber immer eingedenk dessen, dass alles zusammenpassen muss: das Denken und das Fühlen und das Handeln. Wenn ich mich auch nicht gewandelt habe, so vermag ich das über die Ebene von Kerasha nicht zu sagen, die heute weiß ist – wegen der Invasion der anmutigen weißen Blüten – und deshalb von den Wiederkäuern gemieden wird. Bestürzt stelle ich fest, wie stark sich eine fruchtbare Umwelt in so kurzer Zeit verändern kann.

Nachdem ich mich viele Male verlaufen habe, komme ich schließlich doch in Naibor Ilariak an, wo ich Selenoi treffe! Sie lebt hier bei ihren Eltern, nachdem sie sich von ihrem Mann getrennt hat. Ja! Das gibt es auch bei den Massai! Ihr Mann hatte dreiviertel seines Landes verkauft, und dann angefangen zu trinken und seine Frau regelmäßig zu schlagen. Die Ältesten – mit *Papaai* an der Spitze – haben ihr letztes Jahr erlaubt, ihn zu verlassen und ihre beiden Kinder sowie die geerbte Herde mitzunehmen.

Selenoi rückt den dicken Myrrhenholzscheit unter dem Kochtopf zurecht. Schon züngeln Flammen aus der Glut, und der Schein des tanzenden Feuers spiegelt sich auf ihrem sanften Gesicht. Ihre Züge haben nichts von ihrem früheren Ausdruck verloren, und sie hat sich offensichtlich ihren natürlichen Stolz bewahrt, obwohl sie mit ihren zu einem hohen Dreieck aufgekämmtem Haar und den drei Kreisen, die sie sich mit Pflanzensaft um ihre großen, mandelförmigen Augen gemalt hat, aussieht wie die leibhaftige Königin von Saba! Drei Kindern hat sie inzwischen das Leben geschenkt: zwei goldigen Mädchen von nun sechs und drei Jahren, die sie mit ihrem Mann bekam, und ... einem Jungen von knapp drei Monaten, der an einer ihrer süßen Brüste saugt. Sie muss ihn mit einem Liebhaber gezeugt haben ... aus meiner Altersklasse! Am liebsten würde ich mich wie ihr Säugling eng an ihren Bauch schmiegen und mich von dem lieblichen Wiegenlied, das sie ihrem Jüngsten singt, sanft einlullen lassen. Diesen bezeichnen die Massai als *olentito*, einen töchterlichen Sohn, der damit nicht wie seine beiden Halbschwestern dem Clan seines Vaters, sondern dem seiner Mutter zugerechnet wird. Diese Praxis ist durchaus verbreitet, und solange alle Parteien damit zufrieden sind, stört sich niemand daran. »*Ng'oto Péron!*«, necke ich sie mehrmals, denn wenn ein Mädchen einen Sohn bekommt, nennt man sie die Mutter von (*ng'oto*) und setzt den Namen des Sohnes ein. Und ich vergnüge mich mit der Vorstellung, sie habe ihn nach mir Péron genannt. Sie aber wiederholt darauf immer wieder: »Das ist nicht dein Sohn, das ist nicht dein Sohn!«

Ein wenig später kommt sie zu mir auf das große Bett. Ihren kleinen Jungen hält sie noch immer an der Brust. Während sie mit mir spricht, streichelt sie mein Gesicht. Tenor und Ernst ihrer Äußerungen kommen den eigenartigen Offenbarungen *Papaais* sehr nahe: »Wie du siehst, verändert sich hier alles. Alles geht sehr schnell, die Erde ist im Umbruch, die Menschen sind verwirrt ... Aber ich weiß, dass etwas Großes aus diesem Chaos erwachsen wird. Ich gebe niemandem die Schuld. Nun, da ich allein, also ohne Ehemann bin, spüre ich, dass ich auflebe, dass ich intensiver lebe, mich stärker auf das konzentriere, was ich tue, und dass ich zuversichtlicher in die Zukunft schaue. Ich habe geträumt, dass die Frauen die Massai aus ihrer derzeitigen Isolation retten werden. Viele Männer haben die Verbindung zur Natur und zu *Enkai* verloren und mit ihr alle Hoffnung ... Ich liebe dich, Péron, weil du zuhören kannst ...«

9

– 2003 –
Mit Kenny Matampash ole Meritei
unterwegs
auf den Straßen Frankreichs

»Du fürchtest doch wohl nicht die Sonne?«, fragt Marc Kenny, der gerade die Gegenlichtblende herunterklappen will. Wir befinden uns irgendwo auf der Autobahn von Paris nach Lyon. Mein Freund und Komplize Marc hat sich angeboten, Kenny und mich auf unserer Rundtour durch die großen Städte Frankreichs zu chauffieren. Nachdem ich intuitiv die dringende Notwendigkeit erkannt hatte, das Gewissen der Menschen zu wecken, habe ich meinen *pakiteng* gebeten, hier an Ort und Stelle zu lehren, was man nicht aus Büchern lernen kann. Auf dem Programm stehen zehn Vorträge im ganzen Land. Nach Veranstaltungen in Poitiers und Paris, wo Kenny die zahlreich erschienene Zuhörerschaft zu Tränen gerührt hat, sind wir jetzt unterwegs in die ehemalige Hauptstadt der Gallier, damit mein Massai-Bruder dort ein neues Publikum begeistern kann. In Begleitung von Kenny verstreichen die ermüdenden Kilometer wie im Flug. Anmut, Heiterkeit und Leichtigkeit zeichnen uns aus und führen uns zum Ziel. Ich merke, dass es das ist, was die Leute beeindruckt, was sie dazu bringt, ihre Masken fallen zu lassen. Männer, Frauen und natürlich Kinder erkennen sich in ihm wieder …

»Nein«, antwortet er, »ich brauche die Sonne, um mich wieder aufzuladen, so wie du dein Auto mit Benzin auftankst!« Marc wendet sich ihm zu und bricht in ungestümes Lachen aus. Auch wenn das Auto offensichtlich sicher weiterrollt, meine ich, ihn von der Rückbank aus zur Ordnung rufen zu müssen, wo ich zwischen unzähligen Büchern, Massai-Hirtenstäben und Reisetaschen eingezwängt bin. Doch unser Fahrer ist viel zu sehr in die Unterhaltung mit Kenny vertieft, als dass er mich hören würde. »Du musst in einem früheren Leben ein Pharao gewesen sein! Die Ägypter lebten nämlich im Rhythmus der flimmernden, energetischen Schwingung der Sonne, die sie in ihrem Sonnengott Amun-Re verehrten.« Kenny dreht sich wortlos zu mir um, aber am Funkeln seiner Augen erkenne ich zweifelsfrei, wie sehr Marc ins Schwarze getroffen hat. »Soviel ich weiß, sind die Massai die Berater der Pharaonen gewesen, und auf Maa heißt beten *aomon!*«, belehrt uns Kenny wie selbstverständlich und fängt an zu lachen. Dem Klang seiner Stimme nach zu urteilen, ist das kein Scherz! Wissenschaftlich ist dies nicht bewiesen, und natürlich laufe ich jetzt Gefahr, als ein wenig glaubwürdiger »Erleuchteter« belächelt zu werden. Aber ich habe diese Geschichte mit den Pharaonen schon immer geahnt, wenn auch noch nie ausgesprochen. Es ist jedenfalls sehr wahrscheinlich, dass die Pharaonen von der Existenz der Massai wussten, und dass die Vorfahren jener *loiboni kitok*, die ich persönlich getroffen habe, sehr wohl am ägyptischen Hof gewesen sein könnten, um dort etwa bestimmte Initiationsgeheimnisse auszutauschen ...

Seit wir zu dritt sind – und das Gefühl haben, uns seit ewigen Zeiten zu kennen, obwohl Marc und Kenny sich erst vor drei Tagen kennengelernt haben, als dieser aus dem Flugzeug stieg –, in diesen letzten drei Tagen also, sind tausend Dinge passiert, von denen mir eines merkwürdiger als das andere erscheint. Zum Beispiel das Zusammentreffen mit einem Mädchen, das sehr gut veranschaulicht, was mein Bruder über die ägyptische Verbindung gesagt hat: Wir waren halb verhungert, weil wir wegen der engen Termine und der Autofahrt seit dem Vorabend nichts mehr gegessen hatten. Also machten wir vor irgendeinem Fast-Food-Tempel an der Autobahn halt. Und als wir gerade an einer unsäglichen Tiefkühlpizza knabberten, kam wie aus dem Nichts ein kleines Mädchen angelaufen, das ich wegen seines rasierten Schädels und dunklen Teints für eine Massai gehalten hätte. Dieses Kind stürzte sich auf Kenny, sprang ihm buchstäblich auf den Schoß und kuschelte sich sekundenlang an ihn. Doch das war erst der Anfang! Denn nun kam die ganze Familie – ja, wirklich die ganze Familie, bestehend aus dem Vater, der Mutter, dem Großvater, der Großmutter, den Brüdern und Schwestern, den Onkeln und Tanten und vielleicht auch den Cousins und Cousinen! – angelaufen, stellte sich im Halbkreis um ihn herum, und alle verneigten sich tief. Ich hörte einige auf Arabisch gemurmelte Sätze, und laut Kenny waren es ... Ägypter! Ein banaler Zufall? Das glaube ich kaum! Und was haben sie gesagt? Ich fragte natürlich danach, aber mein Bruder hat nie geantwortet. Warum wohl?

Mein Leben hat in den letzten drei Jahren ebenfalls eine merkwürdige Wendung genommen. An einem Wochentag Ende des Jahres 2000, als ich wie immer nach der Arbeit von der Place de la Concorde hinauf zum Montmatre ging, kaufte ich eine Karte von der Bretagne. Zu Hause angekommen, breitete ich sie vor mir aus, schloss die Augen und ließ einen Stift hinunterfallen. Die Spitze landete auf Pont-l'Abbé, der Hauptstadt des Bigoudenlandes im Departement Finistère. Obwohl ich diese Gegend kaum kannte, zögerte ich nicht eine Sekunde. In der folgenden Woche suchte ich mir dort eine Wohnung, in die ich umgehend einzog. Ich hatte gewürfelt, aber das Ergebnis konnte ich kaum als reinen Zufall ansehen.

Am Tag meiner Ankunft in Pont-l'Abbé wurde ich von Nebelschwaden empfangen, welche die im Hafen vertäuten Schiffe wie Gespenster aussehen ließen. An diesem Tag machte ich die Bekanntschaft einer Magnetiseurin namens Mireille, die seit mehreren Jahren in der stolzen, aus Granit erbauten Stadt lebte. Sie erzählte mir, sie habe an jenem Morgen eine von einem Gesandten des Papstes gehaltene Messe besucht, in der ihr offenbart wurde, dass Pont-l'Abbé ein bedeutender Ort für die Aussöhnung der Menschheit sei. Die Aussöhnung? War das nicht ein anderer Ausdruck für die friedenstiftende Ausgeglichenheit der Massai? Das verwirrte mich! Doch was folgte, sollte mich noch viel mehr in Staunen versetzen. Am nächsten Tag hatte ich gerade mein Telefon anschließen lassen, dessen Nummer niemand kennen konnte, als dieses Telefon zu klingeln begann. Ich nahm den Hörer ab. »Hallo? Herr Péron? Xavier Péron? Hier ist das Außenministerium, wir erwarten Sie nächste Woche am Sitz der OSZE in Wien. Sie sind zum Democratisation Officer im Kosovo berufen worden ...« Und was war die Aufgabe eines solchen Democratisation Officers? Natürlich aussöhnende Versammlungen mit Serben, Albanern und Roma zu veranstalten! Ich bin also ins Kosovo gefahren und dort fast das ganze Jahr 2001 geblieben, um den Versuch zu unternehmen, die Lehren der Massai in die Praxis umzusetzen. Manchmal allerdings unter lebensgefährlichen Bedingungen ... Wie etwa bei der Überquerung der berühmten Brücke von Mitrovica über den Iban in meinem gepanzertem Cherokee, als ich beinahe in eine tödliche Falle geriet. Mein Beifahrer wollte gerade seine Tür für ein paar Kinder öffnen, als mir wie ein Blitz der Mann aus meinen Träumen in den Sinn kam. Reflexartig – denn für eine bewusste Entscheidung fehlte die Zeit – verriegelte ich die Türen, und zwar genau in dem Moment, als sich hinter den Kindern eine Barrikade formierte, von der aus wir angegriffen werden sollten. Wieder einmal hatte mich mein Schutzengel gerettet! Und in diesem Augenblick wurde mir klar, dass die Massai durch mich auf den Balkan gekommen waren und ihre Erleuchtung – nämlich die friedliche Lösung der ethnischen Auseinandersetzungen – umzusetzen suchten.

Kenny ist inzwischen eingeschlafen, aber seine bloße Anwesenheit erfüllt mich – wie es im Hohelied Salomos geschrieben steht: »Er schlief, aber sein Herz wachte.« 1996 hat er die Neighbours Initiative Alliance gegründet, eine Hilfsorganisation für vetriebene und in Not geratene Hirten, die inzwischen enormen Zulauf bekommen hat, und das, obwohl die Massai sehr zurückhaltend sind, wenn es darum geht, den Status eines Menschen gegenüber einem anderen zu definieren. Dadurch und wegen seiner umfassenden Kenntnisse der Massai-Traditionen wie auch der Geheimnisse der Moderne ist Kenny in meinen Augen zum bedeutendsten Fürsprecher der Massai geworden.

Mittwoch, 26. November, Kongresszentrum L'Embarcadère in Lyon, 20.00 Uhr

Ich war erschöpft, aber jetzt stehe ich mit Kenny vor sehr vielen erwartungsvollen Zuschauern auf der Bühne und habe meinen alten Tatendrang wiedergefunden, mit dem ich die Kraft seiner oftmals sehr ausführlichen und bildhaften Äußerungen übersetze und verdeutliche. Ich fühle mich so wie immer: vor dem Vortrag unendlich müde, dabei und auch nach den mehr als zwei Stunden dieser One-Man-Show, in denen er alles gibt – und ich auch –, sehr leistungsfähig, lebensfroh und von dem Gefühl erfüllt, den glücklichen Erwählten zu einer neuen, wunderbaren Energie verholfen zu haben. Kenny ist in mehrere *ilkarash* aus dickem roten Stoff gehüllt, hält in der linken Hand einen *olkuma orok* und benutzt seine freie Rechte, um eine Beziehung zum Publikum herzustellen. So entsteht eine Art unsichtbarer Verbindung zwischen ihm und den Zuhörern, die ihn die wechselnden Emotionen der Versammelten beherrschen lässt. Gerade zeigt er mit dem Finger auf das erstarrte Publikum und ermahnt es zu einer pedantischen Prüfung seiner selbst, anstatt andere zu beschuldigen: »Denn wenn ich, wie jetzt, mit dem Finger auf Sie zeige, um Sie all der Übel anzuklagen, die mich erdrücken, dann sehen Sie nur einen Finger, auf mich aber zeigen drei: der Mittelfinger, der Ringfinger und der kleine Finger. Sie sehen, es nützt alles nichts, hören Sie auf, nach einem Sündenbock zu suchen!«

Es folgt eine tiefe Stille. Kenny ist ein ausgezeichneter Psychologe, aber er weiß auch, dass es die vielen Gebete zu *Enkai* sind, die uns mit diesem Gott verbinden. Es ist, als werfe er eine Flasche ins Meer, wenn er sagt: »Kommen wir nun zum Ergebnis unserer Gedanken: Wir alle haben individuell und kollektiv die Verantwortung für unsere Zukunft. Wir dürfen uns nicht von der Schwarzmalerei der Medien vergiften lassen, die uns weismachen wollen, der einzige Weg sei die Akzeptanz des Schicksals … Ich glaube an die junge Generation, die die gnadenlose Kälte des Systems ablehnt und eine Welt mit mehr Liebe, Hellsichtigkeit und Menschlichkeit fordert. Ich persönlich weiß um die Weisheit unsichtbarer, freundlich gesinnter Kräfte, die uns zu neuen, unbekannten Ufern leiten und die Menschheit aus dem Stillstand ihrer bisherigen Geschichte herausführen werden. Wir, die Massai, haben immer gewusst, wie lebenswichtig es ist, ebenso natürlich wie die Natur selbst zu existieren, verbunden mit der Erde und allem, was sie umgibt. Jeder lebt so verantwortungsbewusst, wie es in seiner Macht steht und wie Respekt und Würde es ihm auferlegen. Warum soll der Mensch die Erde besitzen? Damit er mit ihr machen kann, was er will? Die Folgen sind überall zu sehen … Die Erde gehört nicht uns, sondern sie ist für die nachfolgenden Generationen bestimmt. Unser Aufenthalt auf der Erde ist kurz, das sollten wir immer in Erinnerung behalten. Respektieren wir sie, zum Wohle derjenigen, die uns folgen. Dünger, Schädlingsbekämpfungsmittel und andere, für den Menschen giftige Dinge drohen die Erde innerhalb der nächsten 20 Jahre zu zerstören … Und was bleibt dann der folgenden Generation? Das alles dient nur dem Wohl der Konsumgesellschaft und denen, die nach immer mehr verlangen.«

Alle Abgeordneten des »Departements am Ende der Welt« sind gekommen, um Kenny zu empfangen. Es ist ein wahres Fest. Auch viele Repräsentanten von lokalen Umweltschutzgruppen sind zugegen.
Kenny hat vom Präsidenten einen »cromach« (einen keltischen Hirtenstab aus den Monts d'Arée) erhalten, in den sein voller Name ein-
geritzt ist. Er mustert ihn intensiv, aber dann gibt er ihn mir, damit er
seine berühmte rechte Hand benutzen kann. Die Linke ist bereits mit
dem *olkuma orok* und einem imposanten *esiare narok* (dem Stab der
Ältesten als Zeichen ihrer Verbindung zu *Enkai*) beschäftigt. Nach den
ersten, einvernehmlichen Plänkeleien stimmt Kenny einen Ton an,
der keine Widerrede zulässt: »Sie im Westen sind dabei, das Wesentliche zu vergessen – die Menschlichkeit und die Solidarität. Der Westler scheint mir ein scheuer Einzelgänger zu sein. Er hat Angst … Aber
wovor? Irgendetwas fehlt ihm. Wir alle sollten diese Erde zu einem le-
benswerten Ort machen, und zwar nicht, um immer mehr zu produ-
zieren und immer größere Gewinne einzustreichen. Die Ausbeutung
unserer Mutter Erde schafft nichts als Einsamkeit und Angst … Der
Westen ist dabei, sich selbst zu ersticken! Eine Sache wundert mich
besonders: Warum kaufen Sie Wasser in Flaschen? Wasser ist Leben!
Was sollen Ihre Kinder davon halten?« Ich lache innerlich über seine
Fähigkeit sich anzupassen, denn Kenny hat sehr wohl bemerkt, dass
neben ihm der Togolese Kofi Yamgnane steht, ein ehemaliger Minister, der heute Vizepräsident des Conseil Général und verantwortlich
für die Wasserpolitik des Landes ist. Direkter könnte die Botschaft
nicht sein: »Wissen Sie, dass Ihr Körper zu mehr als dreiviertel, genau zu 85 Prozent, aus Wasser besteht? Die wichtigsten Flüssigkeiten
enthalten Wasser, etwa das Blut, die Lymphe, das Sperma, das Hirn-
wasser … Dieses Wasser dient der Regenerierung des Körper von den
in ihm produzierten Giftstoffen. Das Wasser kann, wie alle anderen
Energiequellen der Erde, je nach Nutzung und Nutzer, sein Energie-
potenzial reaktivieren und neutralisieren. Denken Sie daran, dass alles im Universum geplant ist und auf die Schwingungen reagiert, die
Sie aussenden. Sie sind nicht allein, Sie sind miteinander verbunden;
also schwingen Sie doch in der Frequenz Ihres Lebensraumes, aus
dem Sie Ihre Energie beziehen und in dem Sie sich harmonisch re-

generieren können! Wenn Sie aber die Elemente, aus denen sich Ihr Planet zusammensetzt, vergiften, bringen Sie Ihren Körper aus dem Gleichgewicht. Heute ist Ihr Bewusstsein so vergiftet, dass es die Umwelt verpestet. Ich bin sicher, dass sie die Auswirkung bereits spüren, das geht heutzutage ganz schnell! Die Welt ist aus *Enkai* hervorgegangen, alles ist heilig. Wer sich dessen bewusst ist, nimmt die Harmonie, die Fülle und den Frieden wahr, die unseren Geist, unseren Körper, unser Herz und damit auch unsere Erde erfrischen ...«

Mittwoch, 5. Dezember, Grundschule Stang ar Coat in Quimper, 11.00 Uhr

Gabrielle und die anderen 350 Kinder, die hier zusammengekommen sind, staunen über Afrika. Um sie zu fesseln, sind weder Dias noch Filme oder CDs nötig. Kenny allein reicht völlig. In diesem Augenblick krabbelt er auf allen Vieren und markiert sein Territorium mit kleinen Spritzern Urin, die er auf Büsche und Baumstämme verteilt. Er scharrt am Boden, entrindet Bäume und stößt heisere Schreie aus, die an eine Säge denken lassen, mit welcher man tote Äste entfernt – die perfekte Imitation eines Leoparden! Dann ist der Gepard an der Reihe, mit dem uns Kenny – mit düsterem, tränenüberströmtem Gesicht – die Tragik des Tötens näherbringt. Einen Augenblick später beobachtet er von einem imaginären Termitenhügel herab seine Beute, schleicht sich an, erstarrt, sobald er sich erkannt fühlt, streckt plötzlich seine langen, schlanken Beine und stürzt sich auf sein Opfer. Der Schrei eines Neugeborenen zerreißt die Luft über der Savanne: Kenny mimt nun eine Hyäne, die sich im Passgang, mit leicht gekrümmtem Rücken und mächtigen Klauen nähert! Eine Minute später schreitet eine Königin mit langem Hals wie in Zeitlupe durch das Klassenzimmer – eine Giraffe.

Die Kinder verfolgen das Spektakel mit ungeteilter Aufmerksamkeit, als hätte Kenny es seit Wochen mit ihnen geprobt. Sein imposanter, fast feierlicher Gang vermittelt jetzt einen wunderbaren Eindruck von der Mächtigkeit des Königs der Tiere, des Löwen – Symbol von Aristokratie und Tapferkeit, dessen eindrucksvolles Brüllen Kenny nahezu perfekt beherrscht. So treten sie alle auf, die Tiere des Landes der Massai, einschließlich der Vögel, zur großen Freude der verblüfften Kinder! Dann malt Kenny die Fährten, welche die von ihm gespielten Tiere in der Wildnis hinterlassen, an die Tafel und erzählt ihnen, was er seinen eigenen Kindern erzählt, damit diese die Tiere erkennen lernen ...

Dienstag, 9. Dezember, bei mir zu Hause in Pont-l'Abbé, 1.00 Uhr

Wir sind gerade von meinem Bruder Patrick zurückgekommen, der uns zu einem wunderbaren Meeresfrüchteessen eingeladen hat. Nach diesem feuchtfröhlichen Abend haben wir nichts anderes im Kopf als endlich einmal auszuschlafen! Trotzdem biete ich meinen Gästen noch einen Sternanis-Tee an, damit ihnen ein eventuelles Sodbrennen nicht die Nacht verderbe. Während der Tee zieht, werfe ich einen flüchtigen Blick auf Kennys Rückflugticket, und plötzlich habe ich das Gefühl, der Boden unter meinen Füßen beginne zu schwanken. Hab ich mich verguckt? Nein, es ist alles klar. Seine Maschine vom Flughafen Roissy-Charles-de-Gaulle geht morgen Abend um 10.30 Uhr. Wir haben also alle Zeit der Welt, um diesen Abend – als Abschluss der beiden vergangenen Wochen, die wir gemeinsam verbracht haben – genussvoll und angemessen ausklingen zu lassen. Die Termine, die Kenny am morgigen Nachmittag mit zwei Vertretern der UNESCO hat, habe ich schon vor langer Zeit vereinbart. So bleibt uns genügend Zeit, um in aller Ruhe aufzustehen und dann am Vormittag aufzubrechen. Alles scheint klar – doch da steht es schwarz auf weiß: 10.30 Uhr, und nicht 22.30 Uhr! Also in wenigen Stunden! Ein solcher Fehler ist mir noch niemals in meinem Leben unterlaufen! Ich bin eher ängstlich und denke beim Organisieren an das kleinste Detail – und nun das! Zu allem Überfluss muss Kenny von Kenia gleich nach Äthiopien weiterreisen und darf sich keine Verspätung erlauben, wenn er nicht einen vor ewigen Zeiten aufgestellten Zeitplan durcheinanderbringen will ...

»Morgen früh schon! Das Flugzeug fliegt ... morgen früh!« Marc, der mir der Ausgeruhteste von uns allen zu sein scheint, zögert nicht eine Sekunde. »Wir haben genug Zeit, Xavier. Mach uns statt dem Tee einen Kaffee, ich glaube, den können wir gebrauchen!« Kenny ist die Gelassenheit selbst und verzieht keine Miene. Er ist so guter Dinge wie eine Minute zuvor, als er noch die Wonnen eines warmen Bettes vor Augen hatte. Nun steht uns eine eisige Nacht bevor. Natürlich hat er seine traditionellen Tücher noch vor der Abfahrt gegen eine Jeans, ein Wollhemd und einen Pullover eingetauscht, aber trotzdem! Ich fühle mich schuldig und frage mich, wie wir mit all dem Alkohol im Blut bis Paris wach bleiben sollen. Ich kann mich schon jetzt kaum noch auf den Beinen halten. Marc und ich verabreden, uns alle zwei Stunden am Steuer abzuwechseln; der eine fährt und der andere schläft. Eine geniale Idee! Kenny nähert sich Marc, schließt ihn in die Arme und sagt: »Du bist ein erleuchtetes Wesen. Nimm zum Andenken an mich meinen *esiare narok!* Er wird dich schützen, er wird – mit mir und mit dem gesamten Volk der Massai – deine Verbindung zu *Enkai* sein. Wenn du mit ihm durch einen Wald gehst, wird er dich mit neuer Lebenskraft erfüllen. Wenn du daran glaubst, wird er dir Inspiration zukommen lassen. Wenn du daran glaubst, wird er dir Überfluss bringen. *Ashe naleng, naleng!*«

Ein Nebelhorn durchdringt meine Träume, und ich fühle mich wunderbar. Doch plötzlich schrecke ich hoch, und mir wird klar, dass dieser Ton von einem riesigen Sattelschlepper kommt, der versucht uns aufzuwecken. Es ist in der Tat höchste Zeit! Unser Wagen zieht unaufhaltsam in Richtung Mittelleitplanke. Marc sitzt noch immer am Steuer, doch sein Kopf ist auf das Lenkrad gefallen, und ich meine, gar ein sanftes Schnarchen unseres Chauffeurs zu hören! Oder kommt das von Kenny? Der Beifahrer rührt sich ebenfalls nicht, und es besteht kein Zweifel daran, dass er schläft. Das Ganze erscheint mir so unglaublich, dass ich eine volle Sekunde – eine Ewigkeit – brauche, um zu reagieren.

Alle halbe Stunde versuchen wir, ein kleines Schläfchen herauszuschlagen und nähern uns doch stetig der Hauptstadt. Kenny ist nicht einmal aufgewacht. Doch jetzt ist es bereits 9.30 Uhr, und wir stecken in einem Stau. Ich stöhne: »Es hat keinen Zweck! Das Flugzeug hebt in weniger als einer Stunde ab, und Roissy ist noch weit! Und dann noch dieser Stau …« Marcs Antwort verwirrt mich angesichts dieser Umstände: »Kenny wird sein Flugzeug erreichen!« Und tatsächlich löst sich der Stau plötzlich auf. Marc gibt Gas, er ist sich sicher: Wir werden rechtzeitig dort sein. Eigentlich ein Ding der Unmöglichkeit, selbst wenn wir jetzt gut durchkommen, denn ich weiß, dass jemand, der erst wenige Minuten vor Abflug am Flughafen erscheint, nicht mehr mitgenommen wird …

»Flitzt ihr schon mal los, ich lasse euch am Eingang raus. Ich muss das Auto im Untergeschoss parken, hier kann ich wegen der Polizei nicht bleiben!«, ruft uns Marc am Flughafen zu. Ich halte Kennys Gepäck schon in den Händen. Er reißt meinen Mantel vom Leib, und wir rennen, als ginge es um unser Leben. Ich glaube noch immer nicht an einen Erfolg. Am Gate Nummer 20 bleibt Kenny plötzlich stehen: »Ich habe mein Ticket in der Manteltasche gelassen!« Schon rast er zurück. Das war's wohl! Aber immerhin haben wir es versucht. Es vergeht eine Minute, bis Kenny mit Marc zurück ist. Der hat doch noch einen Parkplatz am Eingang bekommen. Bis zum Abflug sind es keine zehn Minuten mehr. Wir hasten zum Check-in für den KLM-Flug nach Nairobi. Wir rennen, ich denke an nichts, wir laufen so schnell wir können … Der Schalter ist verwaist. Nein, da sind noch zwei Damen vom Bodenpersonal, die sich gerade anschicken zu gehen, denn das Check-in ist natürlich seit ewigen Zeiten beendet …

»Dringend! Botschaft! Kenia!« Marc spricht diese Worte mit resoluter Stimme. Eine halbe Ewigkeit bleibt die Situation in der Schwebe, dann endlich sehe ich ungläubig eine Hand zum Telefon greifen. Der Flugkapitän sitzt schon im Cockpit, das Flugzeug ist unterwegs zum Start. Jetzt bin ich mir sicher: Kenny wird heute Abend in Kenia sein. Ich wuchte den Koffer auf die Waage, er rollt auf das Laufband. Lauf, Kenny, lauf, mach keine Pause, *ayia naa duoo sere, ashe naleng* (auf Wiedersehen, bis bald, vielen Dank) … Was immer auch passiert, gib niemals auf, es wird sich noch eine Tür auftun.

Epilog
– 2006 –

Nur wer frei bleibt von und gegenüber allem und allen,
kann die Freiheit auf Erden verkündigen und erhalten.
Stefan Zweig

Sonntag, 8. Oktober, Karrec-Hir, Pays Pagan, Bretagne,
bei Springflut (Koeffizient 114), eine Stunde nach Beginn der Flut

Ich bin schon seit etwa zweieinhalb Stunden beim Fischen, und ich habe das merkwürdige Gefühl, dass die wichtigsten Bilder meines Lebens an mir vorbeigezogen sind, während sich vor meinen Augen Löwenschwänze geschlängelt haben (aber hier gibt es nur Algen). Der Nebel ist inzwischen noch dichter geworden, und das Wasser beginnt mich einzukreisen. Um mich herum lassen sich Seeschwalben und Möwen wie Steine aus der Luft fallen und delektieren sich an einem Schwarm Sprotten. Ich bin völlig erschöpft, aber glücklich. Ich halte einen Augenblick inne, lege mein Krabbennetz auf den Boden, lüfte die Perücke aus Seetang, die meinen Fang schützt und fahre vorsichtig mit der Hand durch die Felsengarnelen bis auf den Grund des Korbs. Das müssen fast 800 Gramm sein! Das ist wohl schon genug! Wenn ich auf meine innere Stimme hören würde, müsste ich sie an Ort und Stelle wieder freilassen, so sehr fühle ich mich schuldig, weil ich sie ihrer natürlichen Umgebung beraubt habe. Aber ihr Fleisch ist so schmackhaft, vor allem auf einem Stück getoastetem, mit gesalzener Butter bestrichenem Weißbrot …

Ich entschließe mich, zur Düne zurückzukehren. Nicht, dass ich fürchtete, der Haufen Steine, auf dem ich stehe, würde plötzlich zu einer kleinen Insel, denn noch ist die zweite Phase der Flut nicht erreicht, bei der das Wasser so schnell steigt, dass ich vielleicht gezwungen wäre, mit dem Korb auf dem Kopf an Land zu schwimmen. Nein, ich glaube einfach, dass ich genug gefangen habe. Es geht mir wie den Seeschwalben, die satt davongeflogen sind. Gerade in diesem Moment landet eine Formation von Kormoranen genau dort, wo ich herkomme, als wollten die Vögel mir beweisen, dass hier in den folgenden zwei Stunden die reichste Ernte zu erwarten sei. Die Natur unterliegt wirklich einer geheimnisvollen Ordnung und sendet Zeichen aus, die für uns meist unsichtbar sind. Wenn ich dieses Mal früher nach Hause zurückkehre als üblich, dann liegt das bestimmt auch an den erschütternden Erinnerungen, die mein Gedächtnis in mir hat aufleben lassen. Zweifellos trägt die Tatsache, dass ich soeben den zweiten Film über die Massai* mit Kenny als Hauptdarsteller beendet habe, zu dieser Flut an Erinnerungen bei.

Mein Ziel war es, die Aufmerksamkeit auf den Schaden zu lenken, der den Massai seit Jahren zugefügt wird, auf unsere falschen Werte, auf das Geld, das die Werte erstickt, auf das dezimierte Land. Ich wollte dies genau in dem Augenblick tun, da die Massai begonnen haben, von der britischen Krone Rechenschaft für die schändlichen und ungerechten Verträge von 1904 und 1911 zu fordern. Zu diesem Zeitpunkt wurde auch Kennys Neighbours Initiative Alliance von der UNO anerkannt, allerdings traurigerweise in der Absicht, sie mit der Verteilung dringend benötigter Hilfsgelder im Land der Massai zu betrauen, das von einer beispiellosen und nicht enden wollenden Serie von Dürreperioden heimgesucht worden war.

Zufälligerweise hatte ich zur Zeit dieser geopolitischen Ereignisse die Regisseurin Kristin Sellefyan kennengelernt, die nicht nur diese Eindrücke adäquat umzusetzen versprach, sondern auch mein Anliegen verstand … Der Film ist ein Schrei, Kenny selbst hat es so ausgedrückt. Er schreit Stopp! Ein Schrei für das Leben. Ein Schrei für einen neuen Atem. Und dieser unversehrte Atem eines »Naturvolkes«, das trotz seines beklagenswerten Schicksals noch immer lebt, ist – und das weiß ich genau, und ich schreie es heraus – der zweite Atem, den die Menschheit so sehr benötigt, und mit dem die noch mit dem Universum und der Erde verbundenen Menschen ihre Mission erfüllen und uns helfen zu überleben. Sie bilden ein Reservoir an Liebe und Brüderlichkeit, einen Lungenflügel voller Sauerstoff und ein gutes Beispiel für unsere Kinder, denn gemäß der Quantenphysik ist alles eins, und die schlimmsten Ausbeuter werden die ersten sein, die von der veränderten Haltung profitieren – sie werden am Ende noch gestärkt! …

*Maasai, Terre interdite, Dokumentation, 52 Minuten, Co-Produktion mit der Schweizer Regisseurin Kristin Sellefyan, Dev-TV, TSR, 2006

Der Film meines Lebens spult sich vor meinem geistigen Auge noch einmal in seiner ganzen Farbigkeit ab. Das wahre Leben an diesem nassen Sandstrand sehe ich in schwarzweiß. Der Nebel lichtet sich, und ich zittere – vor Kälte?

Wortschatz:
Einige Worte Maa und Kiswahili

Agam: vereint sein
Aibonoki: weissagen
Aipok: reinigen, läutern
Anyor: lieben
Aomon: beten
Asip: wahr reden
Asipa: wahr sein

Chai: Tee
Chapatis (Kiswahili): Reisfladen

Ee: ja
Emakat: Salzstein
Emanyata (pl. *imanyat*): Dorf
der Morane
Emayian: segnen
Emowuo olkiteng: Zeremonie
des Rinderhorns
Emurata: Beschneidung
Emurata tatene: Beschneidung
der »rechten Hand«
Emurata kedianye: Beschnei-
dung der »linken Hand«
Enkaji: traditionelle Hütte der
Massai
Enkaminin (pl. *inkaminin*):
Wohltäter
Enkaminino: Großzügigkeit
Enkang: Dorf
Enkang olorikan: für die Zere-
monie des »Dorfes der
Hocker« errichtete Siedlung
Enkanyit: Respekt

Enkipaata: Zeremonie des
Tanzes
Enkishomi: Grenze innerhalb
der Familie (wörtlich und
im übertragenen Sinn)
Enkitok: die Frau; etwas
Großartiges, Wertvolles,
Wichtiges
Enkoitoi: Weg
Enkopiro: »leichte Feder«
Enkukuo: Holzkohle
Enkurma: (flüssiger) Brei aus
Maismehl
Entaloishi: Pfosten
Eruat kitok: großes Bett
(Doppelbett)
Esiare narok: (Wander-)Stab
aus Ebenholz
Esipata: Wahrheit, Recht
Eunoto: Zeremonie der
»Pflanzung«

Ilkarash: traditionelles Gewand
aus Tüchern, die über der
Schulter geknotet und am
Körper vernäht sind
Ilmao: Zwillinge
Ilmerisho: Sieger
Iloiboni kitok: spiritueller Füh-
rer, der zugleich ein großer
Diener und Vermittler Got-
tes, Prophet und Medizin-
mann ist

Iloopapaai enkimai: »Vater meines Feuers«

Iloshon: räumlich begrenzte Sektion eines Stammes

Iltepes (pl. von *oltepesi*): Seyal-Akazie

Ing'udisin: Hirtenstab

Inkaminin: pl. von *enkaminin*

Inkanasan: großes Dorf, in dem mehrere Familien leben

Inkishu: Rinder

Isipolio: kürzlich beschnittene Jungen

Karibu (Kiswahili): Willkommen

Kule naaoto: Dickmilch

Loibon: westl. Ausdruck für einen *oloiboni*

Mamai: Mutter

Matatu: Gemeinschaftstaxi

Nanyokie: rot (wie die Erde)

Narok: schwarz (wie die Nacht)

Ng'oto: Mutter von

Odomong'i: rechte Hälfte (rot wie die roten Rinder)

Oinkat: Gnu

Olalem: kurzes Schwert

Olamal: rituelle Vertretung, Entsendung

Olashumpai: Europäer

Olentito: Sohn der Tochter

Olkarasha: pl. von *ilkarash*

Olkishuroto: Bestrafung der Männer, ausgeführt von Frauen, im Fall einer Überschreitung eines (sexuellen) Verbots durch eine Frau und einen Mann

Olkum orok: Stab des Wortführers

Olmarei: Patchwork-Familie

Olmosori: Kalebasse zur Aufbewahrung von Honigwein

Olmurrani (pl. *ilmurran*): Moran

Olngesher: Fest des Fleischrostes

Oloiboni (pl. *iloiboni*): Medizinmann, Loibon

Olorika: Hocker mit drei Beinen

Olotuno: Pflanzer

Olpiron: Stab eines Mannes zum Entzünden eines Feuers; im übertragenen Sinn: Patenschaft, Verbindung von Mitgliedern verschiedener Altersklassen

Oltepesi (pl. *iltepes*): Seyal-Akazie

Orokiteng: linke Hälfte (schwarz wie schwarze Rinder)

Osingira: große Hütte für Zeremonien

Papaai: Vater

Ugali (Kiswahili): Brei aus Maismehl (Maa: *enkurma*)